ENQUÊTE SUR LES MYSTÈRES DU CONFESSIONNAL

Giordano Bruno Guerri

ENQUÊTE SUR LES MYSTÈRES DU CONFESSIONNAL

TRADUIT DE L'ITALIEN
PAR
DANIELA PEREGO

filipacchi

A mon père
qui ne m'a jamais accablé
avec le sens du péché.

Les vrais problèmes à débattre

(Deuxième introduction à la première édition italienne)

Ce livre aurait dû être publié par les éditions Mondadori mais, une fois la couverture prête et les commandes des libraires déjà effectuées, le directeur a mis son veto. Jamais auparavant une maison d'édition telle que Mondadori, dont la réputation est d'être œcuménique et libre de toute idéologie, n'avait censuré un livre. Ce cas sans précédent a créé autour de cet essai un débat acharné et aveugle, puisque tout le monde parlait d'un livre que personne n'avait encore lu. Tout ceci m'offre, en tout cas, l'opportunité de répondre aux premières critiques.

Une objection, pour le moins curieuse, est celle concernant l'usage du magnétophone, qualifié de *détestable*. Pourquoi ? L'enregistrement sert à préserver les prêtres, moi-même, et surtout les lecteurs, contre toute sorte de manipulation. C'est Mondadori qui l'avait demandé (pour ma part je l'avais envisagé dès le début), afin d'éviter quelque critique que ce soit.

Mais il y en eut néanmoins. Mgr. Ersilio Tonini écrit dans son article : « Qui nous dit que ces confessions ont réellement eu lieu ? Et que les mots prêtés aux confesseurs ne sont pas inventés par Guerri ? »[1]

Je serais un très grand écrivain si j'avais su inventer cent langages si différents et si étranges, cent personnalités si éloignées de la mienne. Tout aussi déplacée me paraît une remarque supplémentaire de Mgr.

1. Ersilio Tonini, « Le Confessionnal violé par l'athée rampant », article paru dans *L'Avvenire* du 17 juillet 1993.

Tonini, selon laquelle aucun prêtre « ne pourra jamais se défendre, à cause du sévère secret qui le lie ». Mais quel secret ? Du moment que mes confessions sont « fausses » et que je les diffuse de mon propre gré ?

Une autre critique porte sur la méthode, autrement dit j'aurais *abusé de la bonne foi des prêtres en me servant de fausses confessions*. Je peux rétorquer que si le « pénitent » n'était pas tel qu'il le laissait entendre, les prêtres ne pouvaient pas le savoir, et qu'ils ont donné les mêmes réponses qu'ils auraient faites aux vrais pénitents. Affirmer que j'ai « abusé » de leur bonne foi signifie qu'eux-mêmes fourniraient des réponses différentes en dehors du secret de la confession. Or, c'est exactement ce que je crois, moi aussi, et c'est la raison pour laquelle j'ai voulu révéler ce que les prêtres disent vraiment dans les confessionnaux. En réalité, je n'ai divulgué aucun secret car, ce qui se raconte dans les confessionnaux est — ou devrait être — la synthèse appliquée de la doctrine catholique, connue de tous. De plus, je n'ai nullement porté préjudice aux prêtres impliqués, bien au contraire, en divulguant, avec une documentation à l'appui, le comportement d'une catégorie sociale fort considérée, je n'ai fait que remplir une tâche d'intérêt public. Cela répond également à la critique absurde du théologien Gino Concetti dans *L'Osservatore Romano*, qui dit textuellement : « Guerri — qui s'autoproclame athée — a abusé d'un sacrement qui ne le concerne pas. »[1] Ainsi, un non-croyant n'aurait pas le droit d'étudier des questions portant sur la religion et le clergé : ceci ressemble plus à un souhait qu'à une opinion.

Mais, on affirme que j'ai *commis un sacrilège*. En effet, si j'avais mené une enquête analogue auprès des avocats, des médecins ou des conseillers juridiques, l'indignation aurait été infiniment plus modérée, voire inexistante. Tout au contraire, j'aurais rencontré une énorme solidarité, car *on sait* que tous les représentants de ces catégories n'exercent pas convenablement leur activité. Maintenant, nul n'ignore qu'il en est de même pour les confesseurs qui, agissant sur les consciences (celles des enfants en particulier), peuvent nuire à la société encore plus gravement. Quant au sacrilège, je pourrais facilement répondre, de manière tout aussi polémique, que des

1. Gino Concetti, « Un abus extrêmement grave », article paru dans *L'Osservatore Romano* du 21 juillet 1993.

millions de catholiques en commettent tous les jours en se mariant à l'Eglise (ou en faisant baptiser et communier leurs enfants) uniquement par convention sociale, sans donner aucune valeur à la signification profonde de ces actes. Et si ces mêmes catholiques s'indignent contre moi, c'est la preuve que le catholicisme a pénétré dans les consciences du plus grand nombre en tant que composante subculturelle, non en tant que foi. Mais celle-ci n'est qu'une réponse polémique. Ce que je crois profondément c'est que l'utilité objective de ma recherche va au-delà du respect du rite : l'outrage, s'il y en a un, est bien au rite, non au sacrement.

Pour souligner la gravité de ma « faute », *L'Osservatore Romano* fait remarquer que le sacrement de la confession a été *fondé par le Christ*. Cette « vérité », établie par le concile de Trente en 1551, est contestée depuis des siècles et avec des arguments remarquables, par tous les théologiens protestants, qui sont tout autant dignes de foi que leurs collègues catholiques[1].

L'autre soupçon concernant cet ouvrage est que *j'aurais interrogé intentionnellement des prêtres âgés*. Compte tenu du fait que les églises sont pour la plupart désertées, il n'est déjà pas facile de trouver des prêtres disponibles, par conséquent, chercher uniquement des prêtres âgés aurait représenté une gageure presque impossible. En revanche, il est souvent plus facile de tomber sur les curés (c'est-à-dire les prêtres les plus influents et pas nécessairement les plus âgés), car les autres sont voués à l'enseignement ou bien sont constamment occupés à remplir les tâches les plus variées. Par ailleurs, c'est l'Eglise elle-même qui interdit aux jeunes prêtres de pratiquer la confession. Ce livre est donc le reflet de la moyenne des prêtres, même du point de vue de l'âge, du moment qu'ils ont été choisis selon le plus hasardeux des critères : le premier rencontré. Il se trouve que presque un tiers des prêtres italiens a dépassé les soixante-cinq ans[2]. Si l'Eglise les laisse en activité, tout en estimant qu'ils ne répondent pas à ses besoins, c'est une responsabilité qui revient au Vatican, sûrement pas à moi. Et enfin, Jean-Paul II a bien soixante-quatorze ans !

Mais ce qu'il faut souligner c'est que la plupart de ces confessions

1. Sur ce sujet, voir le chapitre : De la pénitence au « rite de la pénitence » : histoire de la confession.
2. Voir la conclusion, note 4, pp. 301-302.

ont été faites par des « professionnels », car elles ont eu lieu dans des sanctuaires ou dans des églises où les confessionnaux sont ouverts au public en permanence. Les confesseurs y sont si nombreux que je ne risque pas de compromettre leur anonymat en révélant que les confessions indiquées sous la ville de Foggia, ont eu lieu en réalité à San Giovanni Rotondo, dans la province de Foggia, où il y a des confesseurs « spécialisés », formés à l'école de padre Pio de Pietrelcina[1], etc. Les confessions romaines se situent, en grande partie, à Saint-Pierre, avec des prêtres parlant plusieurs langues et qui devraient être considérés comme les plus remarquables et crédibles. En clair, la plupart des confessions ont été réalisées avec des prêtres spécialement affectés à cette tâche par l'Eglise elle-même.

Un croyant, riche et puissant, m'a posé une question insolite : pourquoi, au lieu d'aller auprès de « prêtres ordinaires » ne me serais-je pas adressé à des « conseillers spirituels », beaucoup plus cultivés et raffinés, qui auraient été susceptibles de me donner des réponses autrement plus subtiles que celles que j'ai obtenues ? La raison est simple : malheureusement, la plupart des fidèles doivent compter sur les prêtres que j'ai moi-même rencontrés, pas sur ceux qui prennent en charge les âmes des gens aisés[2].

Jusqu'à présent, l'analyse la plus sensée est celle de Ferdinando Camon, catholique, qui juge cette *Enquête sur les mystères du confessionnal* « extrêmement utile » spécialement pour l'Eglise, car « elle répond à une exigence qui la concerne directement » : la vérification constante des confesseurs. Paradoxalement, il termine ainsi : « L'Eglise réagit avec l'excommunication par une solution

1. Francesco Forgione (1887-1968), padre Pio, religieux capucin de San Giovanni Rotondo dans les Pouilles. Stigmatisé depuis le 20 septembre 1918. Des millions de pèlerins ont vu ses plaies.

2. A propos d'argent : le clergé n'a pas hésité à insinuer que *j'aurais écrit ce livre pour « gagner de l'argent »* (*L'Osservatore Romano* cité plus haut). Les faits suivants prouvent à quel point cela est faux : a) Mon contrat avec Mondadori était identique à celui qui avait été établi pour mon livre précédent. b) Lorsque Mondadori a pris la décision de ne pas me publier, j'ai renoncé à mes avances sur droits, selon les termes établis par le contrat lui-même. c) Etant obligé de trouver un nouvel éditeur, j'ai refusé les sommes de plus en plus importantes qu'on m'offrait (ce qui aurait été particulièrement rentable) parmi ceux qui désiraient publier cet ouvrage. La raison est que je ne souhaitais pas qu'il soit édité par le plus « généreux », mais par celui qui voulait vraiment « s'approprier » son contenu. Mon agent — new-yorkaise et juive — en désavouant toutes mes décisions, s'est exclamée : « Tu es un vrai catholique ! »

défensive et punitive à la fois. La pire. Il en existe une autre : légaliser ce travail, embaucher Giordano Bruno Guerri, l'envoyer dans les confessionnaux, tous les trois ou quatre ans, et rendre publique le résultat de son travail ».[1] Ce n'est pas mon ambition. Incidemment, j'ajouterai que ces recherches ont été psychiquement et physiquement, fort éprouvantes. Je souhaite seulement que l'Eglise en tire profit pour avancer, dans l'intérêt de tous.

J'aimerais, pour conclure, citer un passage de la « Mise au point des auteurs » qui a suivi les premières éditions de *Il sesso in confessionale* (Le Sexe au confessionnal), un ouvrage semblable au mien publié en 1973, qui prouve bien qu'en vingt ans rien n'a changé :

> *« Malheureusement, la plupart des critiques assenées sur ce livre donnent libre cours à des peurs viscérales se transformant en accusations et en injures superficielles (mais, dans notre naïveté, nous pensons qu'au fond elles pourront être utiles car, en discréditant ceux qui les portent elles valorisent automatiquement ceux qui les subissent). »*
>
> ...
>
> *« Nous revendiquons tout de même le droit de contribuer à la vérité dans un domaine où, par souci de tranquillité, celle-ci est trop souvent ignorée, voire mystifiée. »*[2]

J'espère qu'il y aura des démentis et un débat public afin que les catholiques acceptent de discuter le contenu du livre au lieu de s'enliser dans un procès ridicule autour de la façon dont il a été conçu. Je souhaite également que les laïcs ne se laissent pas intimider, et qu'ils ne s'arrêtent pas face à la réaction du clergé, comme c'est souvent le cas. Les vraies questions à débattre, affrontées dans les conclusions, sont : quelles conséquences ont provoqué et provoquent encore les confesseurs en dressant la religion contre l'éthique laïque et contre les lois de l'Etat ? Les prêtres sont-il vraiment des citoyens au-dessus de tout soupçon ? Est-il raisonnable de leur confier nos enfants dans le secret de la confession ?

New York, le 18 août 1993.

1. Ferdinando Camon, « L'Eglise devrait embaucher Guerri », article paru dans *La Stampa* du 31 juillet 1993.
2. N. Valentini, *Le Sexe au confessionnal*, Flammarion, Paris, 1973.

INTRODUCTION

Actuellement, il existe en Italie environ 26 000 paroisses, soit une pour environ 2 200 habitants. Les prêtres sont plus de 36 000, rajoutons à ce chiffre 19 000 religieux divers, ce qui représente une présence religieuse masculine tous les 1 000 Italiens. Si l'on recense les quelque 125 000 religieuses, nous arrivons à un religieux tous les 290 habitants[1]. C'est peu si l'on compare ces chiffres à ceux d'une dizaine d'années précédentes, en revanche, ce nombre est très élevé dans l'absolu surtout face à ceux des autres pays européens. En tout cas, l'opinion courante quant à l'insuffisance de religieux dans l'Italie contemporaine n'est, sur ce point, nullement justifiée.

Même le processus de sécularisation et de laïcisation de la société, qui a eu pour conséquence la chute de l'influence religieuse, apparaît beaucoup moins inexorable que ce à quoi l'on pouvait s'attendre, car, en effet, 88,6 % des Italiens se proclament « religieux » et ont recours aux sacrements dans les moments cruciaux de leur existence. 67,2 % d'entre eux affirment croire en Dieu et à l'Eglise, alors que 21,4 % croient en Dieu, mais très peu ou pas du tout à l'Eglise. En résumé, malgré cette présumée laïcisation, les deux tiers des Italiens adhèrent à l'image officielle de la religion catholique. En l'occurrence, 30 %

1. Ces chiffres sont tirés de : *Annuaire pontife 1992*, Libreria Editrice Vaticana, Cité du Vatican, 1992 ; cf. également, « La Chiesa italiana in cifre » (L'Eglise italienne en chiffres), dans *Chiesa in Italia 1992* (Eglise en Italie), EDB, Bologne, 1993.

participent aux pratiques religieuses une ou deux fois par semaine et 18 % « quelques fois par mois ». [1]

Mais, au-delà des sondages d'opinion, voici des chiffres réels : pendant l'année scolaire 1989/1990 l'option pour l'enseignement religieux dans les écoles primaires, secondaires et les lycées a été exprimée par 96,3 % des élèves. En 1991, 82 % des contribuables qui ont bénéficié de l'option Eglise-Etat ont affecté le 8 ‰ de l'Irpef [2] à l'Eglise.

Le sens du sacré et celui de l'appartenance au catholicisme sont toujours très répandus, en dépit de la sécularisation de la société italienne, de la diminution de la pratique religieuse et de l'écart entre l'éthique personnelle et celle prêchée par l'Eglise [3] : phénomènes pour lesquels le Vatican considère l'Italie d'aujourd'hui comme une terre de réévangélisation, une terre de mission, ainsi que le pape et les évêques se sont souvent exprimés [4].

Il y a, en somme, un profond écart entre l'éthique rigide et presque immuable de l'Eglise et celle, concrète, du peuple. Mais, entre la sensibilité des fidèles et le rigorisme de l'Eglise, se glisserait

1. F. Garelli, *Religione e Chiesa in Italia* (Religion et Eglise en Italie), Ed. il Mulino, Bologne, 1991. Les chiffres rapportés dans ce volume font référence à 1989, mais peu d'évolution s'est produite depuis cette date. Une enquête similaire, menée par G. Brunetta/A. Longo, *Italia cattolica — Fede et pratica religiosa negli anni novanta* (Italie catholique — Foi et pratique religieuse dans les années 90), Ed. Vallecchi, Florence, 1991, fournit des données analogues.

2. Irpef : Imposta sul Reddito delle Persone Fisiche (Impôt sur le Revenu des Personnes Physiques).

3. Dans le cas échéant, la négation des sacrements aux divorcés est considérée juste seulement par 6,9 % de la totalité des Italiens et par 11,1 % seulement des catholiques pratiquants ; de plus, deux Italiens sur trois ne partagent pas les positions de l'Eglise au sujet de la contraception et un catholique sur deux est du même avis. L'attitude vis-à-vis de la Bible suscite de graves préoccupations auprès du clergé. Depuis toujours, l'Eglise catholique a eu un rôle de médiateur entre les Livres et les croyants, surtout après la réforme luthérienne qui, au contraire, incitait à une lecture directe de la Bible. De nos jours, en Italie, 48,7 % « seulement » des catholiques reconnaissent que les Livres sacrés doivent être « interprétés par le pape et par les évêques en communion avec lui », tandis que 23,4 % confèrent ce pouvoir à la « communauté des fidèles en accord avec son prêtre » et 27 % à « chaque fidèle en son âme et conscience ». Dans G. Brunetta/A. Longo, *Italia cattolica* (Italie catholique), cité supra.

4. Ibidem.

« l'attitude pastorale d'un grand nombre de prêtres qui, grâce au contact quotidien avec les gens et leurs situations personnelles et familiales, trouvent les raisons pour une conduite " miséricordieuse ", compréhensive des choix conjoncturels. Ils donnent l'absolution lors de la confession et respectent les orientations personnelles ou de couples tout en continuant à prêcher le message évangélique dans sa difficile intégrité. » [1]

Cet axiome est-il vrai ? En réalité nous savons peu de choses sur l'action d'orientation sociale et morale engagée par les prêtres, surtout lors de la confession. En plus d'être secrète, elle constitue un puissant instrument de contrôle social : le « fidèle citoyen » confie ses propres agissements au « prêtre citoyen » qui ne se contente pas de lui donner la « pénitence » et l'absolution (s'il y consent), mais lui indique aussi la conduite à tenir dans le futur. Cette dernière concerne le domaine religieux et privé, mais surtout, le civil et le public : le « péché » n'est pas seulement « contre Dieu » mais implique, presque toujours, d'autres individus, la société et l'Etat. Par conséquent, en conseillant, en accordant ou pas l'absolution, le confesseur oriente les comportements sociaux des croyants et intervient par là même dans la vie des non-croyants et des non-pratiquants.

La société laïque ne sait rien de ce qui se passe dans les confessionnaux et ne s'en préoccupe guère, convaincue de façon atavique que la confession est simplement un acte privé. Elle est aussi persuadée, et en cela elle se trompe, que l'attitude de chaque prêtre, au moment de la confession, correspond, point par point, aux directives de la hiérarchie et à leurs affirmations officielles. Or, ce n'est pas le cas, comme nous le verrons plus loin.

L'Eglise elle-même n'est pas très sûre de la position des confesseurs, qui échappent à son contrôle depuis des siècles. Des saints comme François de Sales, Jean Eudes, Alphonse de' Liguori, Léonard de Porto Maurizio — sans parler des ouvrages spécifiques pour confesseurs — ont déployé énormément d'énergie à supplier les prêtres d'être plus disponibles, plus patients et plus discrets[2]. En juillet 1984, s'adressant aux prêtres des basiliques romaines, Jean-Paul II a souligné « le danger de manquer de délicatesse, de bonté, de

1. Ibidem.
2. J. Delumeau, *L'Aveu et le pardon : les difficultés de la confession, XIIIe-XVIIIe siècle*, Fayard, Paris, 1990.

respect des consciences, d'affabilité et, en outre, de dévouement, ce qui peut, parfois, déranger les fidèles qui recourent au Sacrement, confiants d'y trouver une manifestation concrète de Celui qu'ils connaissent comme miséricordieux ». Le pape a ensuite dédié une exhortation apostolique au « ministère de la réconciliation », qualifié « sans aucun doute comme le plus difficile et le plus délicat, le plus épuisant et le plus exigeant [...], qui nécessite, chez les confesseurs, de remarquables qualités humaines, en plus d'une vie spirituelle intense et sincère ». Les exhortations de Jean-Paul II ont été de courte durée, car, tout récemment — au moment même où je menais mon enquête pour cet ouvrage — il a adressé un nouvel appel aux prêtres pour qu'ils fassent preuve, lors de la confession, de « délicatesse et de charité », afin qu'elle ne s'avère pas « odieuse et pénible » :

> *« Le confesseur ne doit jamais montrer de surprise, quelle que soit la gravité et l'aberration, pour ainsi dire, des péchés avoués. En revanche, son attitude ferait mieux d'induire une certaine sérénité afin d'éviter les gestes qui pourraient traduire sa surprise, sa réprobation ou son ironie.*
>
> *Il ne doit jamais prononcer de mots condamnant la personne, mais le péché, il ne doit jamais inspirer la terreur, mais la crainte, il ne doit jamais interroger le pénitent quant aux aspects de sa vie, dont la connaissance ne lui serait pas nécessaire pour le jugement des actes eux-mêmes.*
>
> *Nous n'inciterons jamais assez à faire preuve de prudence par rapport aux sujets qui se rapportent au VIe commandement du décalogue* [autrement dit, les péchés du domaine sexuel].
>
> *Il ne doit jamais utiliser des termes qui offenseraient, ne serait-ce que la subtilité des sentiments et ne doit jamais se montrer impatient ou économe de son propre temps, provoquant ainsi l'humiliation du pénitent par un excès de rapidité. »*[1]

Le pape ajoutait « qu'une préparation psychologique adéquate est nécessaire », surtout en ce qui concerne les nouveaux sujets de préoccupation (évasion fiscale, pollution, etc.) pour lesquels les prêtres « n'ont qu'une préparation superficielle ». Donc, l'Eglise est consciente du problème que j'ai personnellemment constaté : au

1. Discours adressé le 27 mars 1993 aux prêtres participant à un cours organisé par la « Penitenzieria apostolica vaticana » (une sorte de « ministère des confessions ») qui s'occupe des indulgences, de la confession et des cas de conscience. Cf. les quotidiens italiens du 28 mars 1993.

moment de la confession la plupart des prêtres persistent à adopter un comportement très éloigné des admonestations de Jean-Paul II.

Le père Giacomo Cona, connu pour sa longue expérience, a écrit récemment, dans un magazine destiné au clergé, un article sévère et en des termes moins diplomatiques que ceux que le pape lui-même a utilisés, où il aborde franchement la question. Il est persuadé que la confession a « créé beaucoup de névroses », qu'elle « évoque mille fantasmes diaboliques » et qu'elle « donne l'image d'un Dieu de justice plus que d'amour ».[1] Un autre prêtre, Silvano Burgalassi, professeur de sociologie à l'université de Pise et chanoine de la cathédrale, avoue textuellement : « La vérité est que nous avons aussi des prêtres mal préparés à recevoir les confessions ».[2] On ne s'étonnera pas d'apprendre — surtout après la lecture de cet ouvrage — que le sacrement de la confession traverse une crise très profonde. Selon un sondage de source catholique, en 1939, 46 % des Italiens adultes se confessaient périodiquement ; aujourd'hui le pourcentage n'atteint qu'environ 4 %[3]. Pour la première fois, depuis le concile de Trente, l'Eglise est obligée de se pencher à nouveau sur ce sacrement[4].

Pour la société laïque, il est important d'essayer de comprendre vers quel type de comportement les prêtres poussent les fidèles. C'est seulement dans le secret de la confession que les ecclésiastiques révèlent pleinement leur personnalité et leur vision du monde. C'est uniquement dans ce contexte qu'il est possible de saisir qui ils sont et vers où ils essaient de pousser leur troupeau.

Le seul moyen d'étudier cette question est celui que j'ai moi-même utilisé.

1. Dans *Settimana* revue des pères déhoniens de Bologne, 25 février 1993.
2. M.N. De Luca, « Confessione ? Roba vecchia. Ai credenti non serve più » (La confession est révolue. Les croyants n'en ont plus besoin), paru dans *la Repubblica* du 27 février 1993.
3. Voir la note 2, pp. 297-298 de la conclusion de ce même ouvrage.
4. Voir le chapitre : De la pénitence au « rite de la pénitence » : histoire de la confession.

Le livre que vous allez découvrir

Aucun prêtre ne confierait jamais, ni à un journaliste ni à un chercheur, ce qu'il dit réellement lors de la confession. Pour le savoir, il faut simuler une réelle confession, et c'est ce que j'ai fait. Au cours du premier trimestre 1993, j'ai parcouru l'Italie en voiture, me confessant dans toutes les régions, dans les grandes villes comme à la campagne, dans les modestes paroisses de banlieue comme dans les églises anciennes et traditionnelles, dans les sanctuaires bondés comme dans les sacristies désertes. Afin d'obtenir des confessions au féminin, Barbara Cannata et surtout Claudia Rocchini, ont agi de même, fidèles à mes instructions.

Le but de cette démarche était de sonder l'attitude des prêtres face aux questions les plus diverses. Je les ai ensuite classées par catégorie (éthique, politique et sexualité), même si, au cours de la conversation, il arrivait que l'on passât très souvent d'un thème à l'autre. Toutes les confessions ont été enregistrées.

Le projet initial en prévoyait cinq cents, ceci afin d'avoir un très large échantillonnage me permettant un choix significatif. Mais dès les premiers jours, les éléments recueillis se sont révélés tellement étonnants, que j'ai vite été convaincu qu'une sélection aurait pu inciter à penser que j'avais choisi délibérément les confessions les plus mauvaises pour montrer les confesseurs sous un jour défavorable. J'ai donc opté pour la publication de cent confessions, mais dans leur intégralité [1]. De toute évidence, le résultat est encore plus significatif, car il s'agit d'une enquête froide et objective.

Pour ceux qui jugeraient que cent confessions n'ont pas de réelle valeur statistique, je rappellerai que cent confesseurs sur cinquante-sept mille correspondent à un confesseur pour cinq cent soixante-dix, ce qui équivaut, pour n'importe quel type de sondage, à une enquête

1. Pour être tout à fait honnête, certaines des autres que j'aurais pu utiliser étaient inaudibles, à cause de manipulations erronées ou de la voix trop basse du confesseur. Il y en a certaines que je ne publie pas parce que le prêtre risquerait d'être reconnu, comme dans le cas où l'on parle d'Aldo Busi et où l'on devine que l'entretien a eu lieu dans le dôme de Montichiari (Brescia).

sur 100 000 Italiens. Or, aucun sondage n'atteint jamais un chiffre pareil. D'autre part, la concordance substantielle des confesseurs sur chaque thème donne à cet échantillonnage une valeur statistiquement probante.

Je tiens à souligner que je n'ai jamais eu l'intention de mettre en doute la foi de qui que ce soit, car seules les répercussions sociales de cette foi m'intéressent.

Pour conclure, je suis persuadé de l'utilité de ce livre pour les croyants, certes, mais également pour les prêtres et l'Eglise. Les premiers auront l'occasion de vérifier combien leurs « péchés » peuvent être relatifs, et à quel point le jugement qu'on leur « garantit » divin est, en fait, humain. Les prêtres auront à leur disposition un miroir impitoyable qui leur permettra d'entamer un profond examen de conscience. Quant à l'Eglise, elle a, depuis toujours, besoin des critiques, des suggestions, même des attaques des non-croyants, afin d'échapper à un certain immobilisme qui entache toute foi. Un illustre prêtre, mal aimé par ses supérieurs, le père Lorenzo Milani, s'est ainsi adressé à un évêque : « Au fond, si les laïcs découvrent certaines de nos misères, nous ne pouvons que les remercier, s'ils n'y parviennent pas, personne d'autre ne pourra nous accorder cette charité chrétienne car, pour ce qui est de l'esprit critique, nous n'en avons presque pas l'habitude ». [1]

Iesa (Sienne), le 29 juin 1993.

1. Milani L. *Lettres de Barbiana* (recueillies par Michele Gesualdi), Ed. Mercure de France, Paris, 1976. La lettre, du 9 novembre 1958, est adressée à Mgr. Giuseppe d'Avack, évêque de Camerino.

sur 80.000 Italiens. Ce [illegible] a [illegible] pareil. D'autre part, la concordance [illegible] des [illegible] chance il [illegible] [illegible] probante.

Je [illegible] à souligner [illegible] donne la force [illegible] [illegible] conclusions [illegible] ceux [illegible]

Pour [illegible] croyants [illegible] pour les [illegible] premiers [illegible] peuvent [illegible] à quel point [illegible] garantit [illegible] d'opposition [illegible] profond examen [illegible] Quand [illegible] l'Église [illegible] toujours [illegible] non-croyants [illegible] bonne foi [illegible] Lorenzo Milani [illegible] des œuvres [illegible] remarquer [illegible] [illegible] comme nous [illegible] pas [illegible]

[illegible]

1. Milani L., *Lettre de* [illegible] des [illegible] Paris, 1976 [illegible] d'un [illegible] de Compiano.

De la pénitence au « rite de la pénitence » : histoire de la confession

La pratique de la « confession » remonte aux civilisations antérieures au christianisme ou étrangères à son influence : elle était déjà présente dans les cultes d'Isis[1], d'Orphée[2] ou de Cérès[3] et avait lieu devant le hiérophante[4] et les initiés ; les moines bouddhistes comme les jaïns[5] avouent leur propres fautes devant leur maître, de même que les sikhs se confessent face à leur gourou. C'est une forme de libération de la conscience pour la délivrer des forces maléfiques[6]. Le rite de la pénitence a également des origines très anciennes dans la culture juive préchrétienne. Tous les malheurs — de la défaite militaire à la mauvaise récolte — étaient considérés comme autant de signes de la colère divine, qu'il fallait apaiser par des prières collectives : des jeûnes, des pleurs et des actes d'humiliation tel le fait de s'asperger la tête de cendre. A travers les paroles des prêtres, la

1. Divinité de l'ancienne Egypte, adorée comme déesse du Mariage et du Foyer domestique.

2. Dans la mythologie grecque, poète légendaire de Thrace. Le mythe le plus célèbre le concernant est celui de sa descente aux Enfers pour en ramener son épouse Eurydice. Hadès, dieu des Enfers, consent à la lui rendre à condition qu'il ne la regarde pas au sortir du royaume des Morts. Orphée ne respecte pas cette injonction et provoque ainsi la seconde mort de sa femme.

3. Déesse latine des Moissons, identifiée à Déméter (déesse grecque de la Terre cultivée).

4. Prêtre qui présidait aux mystères d'Eleusis, ancienne cité grecque où avaient lieu les rites secrets attachés à un culte agraire primitif.

5. Le jaïnisme est une des religions de l'Inde, ayant pour but de guider l'âme vers le nirvana.

6. C. Vogel, *Le Pécheur et la pénitence au Moyen-Age*, Ed. du Cerf, 1982.

population tout entière se reconnaissait coupable et demandait le pardon. Celui-ci était accordé mais avec une expiation préalable : bien que David ait confessé son péché, Dieu le punit par la mort de son fils.

La sévérité des hommes venait s'ajouter à l'impitoyable justice divine, « le peuple de Dieu », ne voulant pas se rendre complice de la rupture avec l'Alliance, punissait le coupable par la mort. Pour les péchés les plus graves, comme l'idolâtrie et le blasphème, existait la lapidation. A une époque plus proche de la naissance de Jésus-Christ, venait s'ajouter une pénitence individuelle mitigée, pour les péchés considérés comme moins graves : l'expulsion de la synagogue, qui pouvait être définitive ou temporaire. Le Christ participe de la culture pénitentielle et annonce plusieurs fois la nécessité de la « conversion » et de la « pénitence ». La parabole du fils prodigue, la rencontre avec la « femme adultère », comme beaucoup d'autres épisodes de l'Evangile, témoignent que le Père sera bienveillant même avec le pécheur repenti. Le Christ n'a jamais « confessé » personne, mais « aucune autre Eglise chrétienne et aucune autre religion n'a jamais accordé autant d'importance à la confession détaillée et répétée des péchés, ainsi que le catholicisme s'y est attaché »[1].

Selon l'interprétation catholique, le sacrement a été institué par le Christ. Trois versets des Evangiles semblent en effet offrir à l'Eglise la possibilité de concéder l'absolution des péchés. Dans Matthieu, 16,19, Jésus dit à Pierre : « Je te donnerai les clefs du Royaume des Cieux : quoi que tu lies sur la Terre, ce sera tenu dans les Cieux pour lié, et quoi que tu délies sur la Terre, ce sera tenu dans les Cieux pour délié » ; toujours dans Matthieu, 18,18, Jésus répète aux disciples : « Tout ce que vous lierez sur la Terre sera tenu au Ciel pour lié, et tout ce que vous délierez sur la Terre sera tenu au Ciel pour délié. » Les plus modernes interprétations philologiques (même catholiques) de l'expression « lier et délier » soulignent que la lecture correcte est « déclarer une chose interdite et autorisée » et, en second lieu seulement, « excommunier, relever de l'excommunication » ; ou alors cette expression ferait simplement référence à l'exclusion ou à la réadmission au sein de la communauté de l'Eglise, par conséquent, il

1. J. Delumeau, *L'Aveu et le pardon : les difficultés de la confession, XIIIe-XVIIIe siècle*, Fayard, 1990.

ne s'agirait pas de « donner l'absolution ou non », mais d'un seul et unique processus pénitentiel. Et enfin, selon l'interprétation la plus récente, l'expression rabbinique « lier et délier » signifie « lier par le biais d'un sortilège et rompre le sortilège », c'est-à-dire abandonner le pécheur aux mains de Satan ou le délivrer. En définitive, cette expression indiquerait seulement l'exclusion de l'Eglise et la réconciliation, non la rémission des péchés[1]. Mais le tout récent *Catéchisme de l'Eglise catholique*, a réaffirmé et précisé ceci : « Les mots *lier* et *délier* signifient : celui que vous exclurez de votre communion sera exclu de la communion avec Dieu ; celui que vous accueillerez de nouveau dans votre communion, Dieu l'accueillera aussi dans la Sienne. *La réconciliation avec l'Eglise est inséparable de la réconciliation avec Dieu* ».[2]

Le texte sur lequel le concile de Trente s'était le plus appuyé pour sanctionner l'origine divine de la confession est dans Jean, 20,23 : « Ceux à qui vous remettrez les péchés, ils leur seront remis ; ceux à qui vous les retiendrez, ils leurs seront retenus ». La phrase de Jean est moins sujette à équivoques, mais, même de l'avis de certains pères de l'Eglise — et de personnages schismatiques comme Calvin — elle indique uniquement le pouvoir de remettre les péchés à travers le baptême. Le débat porte sur les verbes *afiemi* et *krateo*, de difficile interprétation dans ce contexte précis, puisqu'il s'agit du seul et unique verset qui apparaît dans le Nouveau Testament où ces verbes font référence au péché. Finalement, l'explication du verset en tant qu'institution divine de la confession est loin d'être évidente, elle est même très controversée par la plupart des auteurs protestants.

En tout état de cause, la *rémission* des péchés a été traduite de manière extrêmement restrictive, ceci depuis les premiers siècles du christianisme et jusqu'au VIe siècle. Saint Paul exclut de la communauté chrétienne — les laissant aux mains de Satan — tous les pécheurs notoires qui offensent la communauté, c'est-à-dire les « impudiques », les avares, les idolâtres, les médisants, les ivrognes, les voleurs[3]. Mis à part la rigueur de Paul, il semblerait que les

1. J. Ramos-Redigor, *Il sacramento della penitenza* (Le Sacrement de la pénitence), Elle Di Ci, Turin, 1992. Le plus complet et le plus récent abrégé de l'histoire de la confession dans lequel j'ai largement puisé.

2. Ouvrage collectif, *Catéchisme de l'Eglise catholique*, Mame/Plon, 1992.

3. Première épître aux Corinthiens, 5,11.

coupables d'idolâtrie, d'homicide, d'adultère et de fornication ne furent pas non plus pardonnés par la plupart des chrétiens. Ce n'est que vers l'année 220 que le pape Calixte accorde le pardon pour l'adultère. Trente ans plus tard sont admis les *lapsi*, c'est-à-dire ceux qui, au temps des persécutions, revenaient au paganisme et, avec le concile d'Ancyre, ou Ankara (314), également les assassins.

En ce temps-là, les péchés graves devaient être soumis à la pénitence publique, tandis que les autres étaient purgés en privé, par la prière, la charité, le jeûne. Mais tout, ou presque, était considéré comme un péché mortel, notamment les bals, l'envie, la colère, l'orgueil, l'ivresse. En revanche, entre conjoints, le rapport sexuel n'ayant pas pour but la procréation, était jugé comme simple péché véniel[1]. Toutefois, « il reste à prouver que, dans la pratique, la pénitence ecclésiastique soit allée au-delà des cas notoires de péchés capitaux »[2], pour la simple raison que la pénitence était vraiment affligeante.

Le pécheur pouvait être convoqué par l'évêque, s'il était reconnu publiquement, ou bien se présenter spontanément et avouer ses fautes. L'évêque fixait la pénitence et, si le coupable ne l'acceptait pas, il était exclu de l'Eglise ; s'il s'y soumettait, d'autres ennuis commençaient alors pour lui car, s'il n'était pas systématiquement obligé de déclarer devant tous, ses péchés, son humiliation, en revanche, était présentée à tous les fidèles. Souvent, l'évêque en personne lui imposait de prendre le cilice, et, dès ce moment-là, le pécheur appartenait à « l'ordre des pénitents ». Mais, contrairement aux ordres religieux, celui des pénitents revêtait des caractéristiques infamantes et visibles par tous ; suivant les lieux, il fallait se raser le crâne, ou bien, barbe et cheveux devaient être longs et hirsutes. De plus, le pécheur repenti devait commencer la longue chaîne des œuvres pénitentielles, privées et publiques. Les premières consistaient à jeûner, dormir sur un grabat parsemé de cendres, ne pas se laver, pleurer et prier ; et, il avait l'obligation de porter le cilice à l'extérieur. Les pénitents se distinguaient en quatre catégories : les *flentes*, qui

1. C. Vogel, *Le Pécheur et la pénitence dans l'Eglise ancienne*, Ed. du Cerf, 1982.
2. K. Rahner, « La teologia della penitenza in Tertulliano » (La Théologie de la pénitence chez Tertullien), dans l'ouvrage collectif, *La penitenza della Chiesa* (La Pénitence de l'Eglise), Ed. Paoline, Rome, 1964.

demeuraient devant les églises implorant les fidèles de prier pour eux et qui étaient souvent insultés et ridiculisés ; les *audientes* pouvaient se rendre à la messe, mais devaient sortir au moment de l'eucharistie ; les *substrati* étaient obligés de se prosterner au moment de la célébration eucharistique ; et enfin les *consistentes* y assistaient debout. Les passages d'une catégorie à l'autre étaient très lents, allant de deux à sept ans. Au IVe siècle, saint Basile le Grand édicta qu'il fallait demeurer quatre ans parmi les *flentes* et les *consistentes*, cinq parmi les *audientes* et sept parmi les *substrati*.

Entre le IVe et le VIe siècle, les pénitences devinrent de plus en plus sévères et codifiées. Elles comprenaient, entre autres, l'abstinence de tout aliment carné, l'obligation de transporter les morts à l'église et de les ensevelir, ainsi que de véritables exclusions de la vie civile pouvant même se prolonger après la « réconciliation » : il était interdit d'accéder à des charges publiques, d'exercer des activités commerciales, de faire le service militaire et, « pendant toute la durée de la période d'expiation, défendu à la personne mariée de vivre selon les normes conjugales avec son conjoint »[1]. Tous ceux qui refusaient ces pénitences, ou qui les interrompaient, étaient exclus à vie. Au terme de cette laborieuse et angoissante pénitence, le fidèle était réaccepté dans la communauté, mais à condition de ne jamais plus pécher, la confession n'étant possible qu'une seule fois dans la vie et étant considérée de la même manière qu'un nouveau baptême. Une seconde absolution n'était pas accordée, pas même au moment de la mort, à ceux qui « reviennent, tels des chiens et des porcs, à leurs premières vomissures » : ainsi s'exprimait le pape saint Sirice en 385.

Dans ces conditions, peu nombreux étaient ceux qui allaient volontiers confesser leurs péchés. A travers les conciles, les textes des papes et des savants, l'Eglise elle-même suggéra une échappatoire astucieuse et opportuniste destinée à avoir par la suite une incidence sur le comportement des catholiques et des Italiens en particulier. A titre d'exemple, saint Ambroise conseille de se confesser lorsque *defervescat luxuria*, la luxure sera apaisée. Et c'est ainsi que les gens finirent, presque tous, par se confesser à un âge avancé ou juste avant de mourir, si bien que « à la fin du VIe siècle la situation était devenue insoutenable : la pénitence, de fait et de droit, était inaccessible

1. C. Vogel, Ibidem.

justement à ceux-là mêmes qui en avaient le plus besoin, c'est-à-dire aux personnes adultes et dans la fleur de l'âge. L'*Ordo paenitentiarum* n'était plus qu'une sorte de troisième ordre religieux, réservé aux vieillards infirmes, aux veufs ou aux célibataires désabusés »[1].

Plutôt que d'affronter la pénitence, nombreux étaient ceux qui préféraient se faire moines car ce type d'existence « en dépit de sa rigueur, n'était pas infamante et beaucoup plus confortable que la pénitence publique qui, pour cette même raison, finit par être supplantée. Ainsi l'effectif des " frères convers " augmenta, bien souvent au détriment de la qualité de la vie religieuse »[2]. Une nouvelle réflexion sur la pénitence était désormais devenue indispensable.

Depuis des siècles, s'était répandue l'habitude se confesser également auprès des presbytériens, afin d'obtenir un réconfort et de savoir si les péchés devaient être expiés dans le cadre de l'*Ordo paenitentiarum* ou par la simple prière. A partir du IVe siècle, cela devint une pratique courante, et les presbytériens s'avérèrent de plus en plus tolérants au fur et à mesure qu'augmentait le nombre des chrétiens baptisés depuis la plus tendre enfance et qui devaient supporter cet héritage sans l'avoir choisi. De plus, la sévérité de la pénitence empêchait presque tout le monde de recevoir l'eucharistie. Pour enrayer ce phénomène, le concile d'Agde (506), près de Montpellier, imposa aux chrétiens de communier au moins à Noël, à Pâques et à la Pentecôte. Tiraillés entre l'*Ordo paenitentiarum* et l'obligation de communier, les fidèles prirent une habitude — tout spécialement en Espagne — dictée par le concile de Tolède (589) : « A chaque fois qu'ils ont péché, ils demandent au prêtre d'être pardonnés ». Malgré la condamnation du concile, les prêtres étaient de plus en plus portés au compromis, suivant en cela l'exemple des moines irlandais qui voyagèrent dans toute l'Europe, à partir du VIe siècle. Dans les îles barbares de Grande-Bretagne et d'Irlande, en effet, seule la pénitence privée était de rigueur. En peu de temps l'usage de la *confession auriculaire*, renouvelable autant de fois qu'on le désirait au cours d'une vie, s'imposa à tel point que le concile de Chalon-sur Saône

1. R. Lorìa, « La penitenza nei secoli » (La Pénitence à travers les siècles), dans l'ouvrage collectif, *La Penitenza*, Elle Di Ci, Turin, 1976.

2. C. Collo, *Riconciliazione e penitenza* (Réconciliation et pénitence), Ed. Paoline, Turin, 1993.

(647-653) proclama que cette nouvelle pratique s'avérait « de la plus haute utilité ».

Cette confession fut qualifiée de *tarifée* ou *taxée*, car le prêtre avait une liste de péchés dont chacun correspondait à une pénitence précise. Au bout d'une longue confession-interrogatoire, le fidèle recevait les pénitences. Une fois celles-ci accomplies, il pouvait revenir pour recevoir l'*absolution*, mot qui, à partir de ce moment, remplacera la *réconciliation* primitive. Les clercs, qui jusqu'alors ne pouvaient se repentir et, en cas de péchés graves étaient exclus, reçoivent également ce nouveau type de sacrement. Les évêques, quant à eux, ne sont plus les seuls à exercer officiellement ce pouvoir.

L'énumération schématique des péchés contribua, de manière déterminante, à vider de son sens réel la confession, pour la transformer en un acte privé se déroulant entre le prêtre et le fidèle. La pénitence par là même perdait sa signification originelle, y compris dans le domaine social. Quant aux tarifs, ils furent codifiés de façon rigoureuse afin que les pénitences soient égales pour tous. Elles consistaient tout particulièrement en jeûnes (pas de vin, de viande, de gras, etc.) et pouvaient se prolonger pendant des décennies [1]. En voici quelques exemples d'après le *Pénitentiel de saint Colomban*, l'un des plus répandus : « Pour le péché de masturbation, un an de jeûne, si le coupable n'est point trop avancé en âge », autrement bien plus. « Celui qui aura commis un homicide ne devra s'alimenter que de pain et d'eau pendant trois ans, il ne portera pas d'armes et vivra en exil.

1. Ce n'est que le 17 février 1976 que Paul VI a sanctionné, à travers la constitution apostolique *Paenitemini* (Repentez-vous), la fin d'un système de jeûnes, imposés au peuple chrétien pendant deux millénaires, pratique qui s'avérait totalement obsolète : « Les « bulletins diocésains » des années précédentes publiaient de longues listes de personnes dispensées de jeûne et d'abstinence ; après une lecture rapide on pouvait conclure que seuls les gens sans problème (sur le plan économique et physique) et les inactifs pouvaient être exemptés de ces dispositions canoniques. En feuilletant les importants traités de casuistique sur le jeûne et l'abstinence, dans lesquels on distingue et on estime, par le biais des aliments, les péchés mortels et véniels, il nous semble impossible que les générations chrétiennes aient supporté pareil poids depuis le début de ce siècle. [...] Il paraît incompréhensible que des pratiques de pénitence et d'ascèse nées dans les milieux monastiques aient été étendues au peuple chrétien, sous couvert de péché mortel, pendant autant de siècles ». (L. Della Torre, *Conversione e riconciliazione* (Conversion et réconciliation), Ed. Paoline, Turin, 1993.) Après la *Paenitemini* les évêques italiens ont établi que la non-consommation de viande ne devait être exigée que les vendredis de carême.

Passée cette période, il pourra regagner l'endroit où il vivait, mais devra se mettre au service de la famille du défunt, en prenant sa place. » « Si un laïc a un enfant de la femme d'un autre, c'est-à-dire s'il commet un adultère, il devra faire pénitence pendant trois ans en s'abstenant de manger gras et de se livrer aux pratiques du mariage, de plus il devra restituer le prix du déshonneur au mari de la femme abusée. » « Si un laïc a forniqué de manière sodomique, il devra faire pénitence pendant une période de sept ans : les trois premières années il se nourrira exclusivement de pain, d'eau, de sel et de légumes secs, pendant les années suivantes il s'abstiendra de boire du vin et de manger de la viande. » Les tarifs pour les clercs étaient d'autant plus élevés que leur rang était important dans la hiérarchie.

Dans la mesure où les peines liées à chaque péché s'additionnaient, elles finissaient par dépasser la durée même de la vie du pécheur. Par conséquent, on dut instituer une série très compliquée de tableaux de *commutation*, afin de remplacer les pénitences les plus longues par d'autres plus brèves mais plus sévères. Quelques exemples d'après les *Canones Hibernenses* : « Commutation pour un jeûne de trois jours : rester debout pendant un jour et une nuit sans dormir (ou à peine), ou bien réciter cinquante psaumes avec les cantiques correspondants ». « Commutation pour un jeûne d'une année : passer trois jours dans la tombe d'un saint sans dormir ni se déshabiller, sans boire ni manger tout en chantant les psaumes. » Ou bien : « Passer trois jours dans une église, sans boire ni manger ni dormir, complètement nu et en restant debout. Pendant ce temps le pécheur doit chanter les psaumes avec les cantiques et réciter l'office choral. Lors de cette prière il fera douze génuflexions. »

Peu à peu s'instaura la pratique du rachat des peines par le biais de l'argent. Pour éviter que les riches soient favorisés, on institua des peines différentes : pour racheter une année de jeûne, un pauvre paiera « le prix d'un esclave », tandis que pour la même somme le riche ne se rédimera que d'un mois. Mais cette distinction durera peu.

La confession se transforme alors en un véritable marché, surtout lorsque l'on commence à établir que les pénitences peuvent être commuées en messes, payables aux prêtres. Ainsi, selon le *Pénitentiel du Pseudo-Théodore*, « une messe rachète trois jours de jeûne et trois messes rachètent une semaine de jeûne ». Les messes se vendent par lots : 100 sous d'or donnent le droit à cent vingt messes. Au IXe siècle, pour faire face au nombre exorbitant de messes, une multitude de moines sont ordonnés prêtres ; certains codes essaient, en vain, de freiner l'accroissement du clergé en limitant au nombre de sept les offices qu'un prêtre peut célébrer par jour. Mais, à la demande du pénitent, certains religieux disent jusqu'à vingt messes, voire plus, par jour[1].

Et on arrive à l'abus le plus scandaleux, favorable aux nantis, sanctionné par le *Pénitentiel du Pseudo-Théodore* : « Si d'aucuns ne connaissent pas les psaumes et si, à cause de leur faiblesse, ils ne peuvent pas jeûner, veiller, faire des génuflexions, tenir les bras soulevés ou se prosterner, ceux-là choisiront de payer des personnes qui accompliront les pénitences à leur place, car il est écrit : " Portez les fardeaux les uns des autres ". » Pour les pauvres, en revanche, il est écrit : « Car tout homme devra porter sa charge personnelle. »[2] Voici comment, selon un autre canon, « l'homme puissant ayant beaucoup d'amis » peut racheter sept ans de pénitence en trois jours : « Il prendra douze hommes qui jeûneront à sa place pendant trois jours, ne s'alimentant que de pain, d'eau et de légumes secs. Il cherchera aussi vite que possible sept fois cent vingt hommes qui jeûneront à sa place durant trois jours. Les durées de jeûne ainsi additionnées correspondent au nombre de jours contenus en sept ans. »[3] Généralement c'étaient les moines qui assumaient ce type de pénitence, ce fut même l'une des raisons de l'enrichissement des monastères, surtout depuis la propagation — comme forme d'« arrangement » — de l'usage de demander aux plus riches le don de terres ou la construction d'églises et de couvents. Les tentatives de l'Eglise pour combattre cette pratique furent peu nombreuses et, pour la plupart, symboliques. Entre le VIIIe et le Xe siècle, les rois carolingiens s'y appliquèrent avec plus de sérieux, mais sans réel résultat.

L'usage de la pénitence tarifée devait peu à peu disparaître, entre le XIIe et le XIIIe siècle. En effet, à partir du IXe siècle, on donnait de plus en plus souvent l'absolution avant (et non plus après) la pénitence, car celle-ci se résumait pratiquement toujours, en plus de quelques

1. Voir J. Ramos-Redigor, op. cit. et C. Vogel, *Le Pécheur et la pénitence au Moyen-Age*, op. cit.

2. Les deux versets sont tirés de l'Epître de saint Paul aux Galates, 6,2 et 6,5.

3. Cf. R. Lorìa, op. cit. et C. Vogel, *Le Pécheur et la pénitence au Moyen-Age*, op. cit.

prières, en une offre à l'église ou au confesseur lui-même. Et, jusqu'au XVIIe siècle le scandale des religieux se prêtant à l'absolution de manière extrêmement expéditive afin d'obtenir le plus grand nombre possible de confessions, sera une pratique courante.

Vers la fin du XIIe siècle on introduit une nouvelle forme de « pénitence publique non solennelle », le pèlerinage. Très répandu, celui-ci est réservé aux laïcs qui ont commis des péchés à la face du monde, certes, mais « moins scandaleux », c'est-à-dire qui n'entrent pas dans le domaine sexuel ou théologique (vols, homicides, etc.). « Les pèlerins pénitents étaient peut-être des pécheurs repentis, ils étaient sûrement des brigands et, en grande partie, des clercs criminels. Pour cette même raison, les pèlerinages pénitentiels ont représenté un scandale permanent au sein de la chrétienté moyenâgeuse : les bandes de pèlerins qui allaient théoriquement d'un sanctuaire à l'autre pour expier leurs péchés, commettaient, en réalité, toute sorte d'abus inimaginables. »[1] Longtemps devait se prolonger — jusqu'au XVIIe siècle et au-delà — le scandale de prêtres qui abusaient du confessionnal pour jouir d'aventures galantes. Les nouvelles de Boccace témoignent fort bien de l'inépuisable lutte entre pénitents et confesseurs pour se gruger mutuellement. En ce sens, l'histoire du sieur Cepparello est exemplaire : pécheur impénitent, grâce à une confession tardive, grandiose et on ne peut plus fausse, il parvient à être sanctifié.

En 1215, lors du concile de Latran IV, Innocent III établit que la confession est obligatoire, au moins une fois par an. Parallèlement aux croisades, se répandent « les absolutions générales ». Ces dernières sont à la base du scandale des indulgences, qui fut déterminant au moment du schisme luthérien. Même à l'égard de la confession, « les réformateurs rendirent publique une contestation qui avait été, jusqu'alors, cachée » dans le monde chrétien, par opportunisme[2].

Selon Luther, la confession est un sacrement de moindre importance, parce qu'il n'a pas été explicitement institué et réglementé par Jésus-Christ, comme le baptême et l'eucharistie. Plus radicale encore est la position des calvinistes et des anglicans pour qui la confession

1. C. Vogel, op. cit.
2. J. Delumeau, *L'Aveu et le pardon : les difficultés de la confession, XIIIe-XVIIIe siècle*, op. cit.

n'est en aucun cas un sacrement. Luther soutient que la *contrition parfaite* — c'est-à-dire la haine du péché commis et la résolution sérieuse de ne plus jamais le commettre — est impossible chez l'homme, alors que celle imparfaite (*attrition*), due surtout à la peur de l'enfer, est une hypocrisie et un nouveau péché qui s'ajoute aux autres. D'autre part, toujours selon Luther, l'homme ne peut être entièrement conscient du mal et le prêtre a d'autant moins le droit d'interférer dans sa conscience. En outre, la justice divine ne peut pas être comblée par des œuvres humaines, même si celles-ci sont avantageuses pour le clergé. Par conséquent, Luther nie au prêtre l'autorité d'assigner des pénitences et d'accorder le pardon qui émane directement de Dieu. C'est donc à travers la foi, et non à travers la confession rituelle, que le pécheur reçoit le pardon divin. L'Eglise ne peut pas obliger les fidèles à se confesser, pas même à communier, car il n'apparaît nulle part dans les Evangiles que Jésus ait lié les deux sacrements. Toutefois, d'après Luther, le bon chrétien doit se confesser souvent et volontiers, mais le confesseur ne peut être qu'un laïc. Par la suite, l'usage de la confession générale, au moment de la messe, fut adopté aussi bien chez les luthériens que chez les calvinistes.

L'Eglise catholique ne tolérant pas une minimisation aussi draconienne de son pouvoir, réaffirma énergiquement la valeur de la confession traditionnelle lors du concile de Trente. En particulier, pendant les sessions qui devaient avoir lieu entre le 15 octobre et le 25 novembre, il fut ratifié que la confession est *vere et proprie sacramentum* (un sacrement à part entière), instituée par Jésus en tant que *vitae remedium* (aide de vie). La valeur de la contrition et de l'attrition fut également confirmée. Une à une on réfuta toutes les affirmations des protestants, notamment celle selon laquelle les laïcs auraient le droit de confesser.

Pour combattre les réformistes, une conséquence — parmi les plus importantes du concile — liée au problème de la confession, fut l'affirmation d'une conception du péché en tant que fait personnel qui offense Dieu et soi-même.

En revanche, disparaissait la notion de péché en tant que responsabilité sociale, qui était fondamentale pour l'Eglise ancienne. Cet événement culturel se révélera par la suite déterminant pour la formation des différents « caractères nationaux ». Chez les catholiques, en effet, le sens de la responsabilité sociale semble moins essentiel.

Immédiatement après le concile, l'Eglise lançait une campagne de grande envergure en faveur de la confession. Tandis que les missionnaires devaient s'occuper du peuple, les Jésuites avaient à prendre en charge l'élite. Dans les séminaires, la préparation des confesseurs fut uniformisée et rendue plus stricte. Les nombreux manuels rédigés à leur usage devinrent les « best-sellers » de l'époque. Mais, si d'un côté ils s'avérèrent très utiles quant au perfectionnement de la formation des confesseurs, de l'autre ils furent la cause d'un ultérieur nivellement bureaucratique et fiscal.

Le concile institua également les confessionnaux clos, et ce pour réaffirmer le concept d'individualité et le rapport étroit avec le prêtre. Le confessionnal servait aussi à lutter contre les tentations charnelles, très fréquentes entre le confesseur et les pénitentes (ou les pénitents). En 1561, Pie IV publia une bulle contre les prêtres qui incitaient *ad turpia* (à la débauche) pendant la confession. Un an plus tard, Grégoire XV devait également intervenir au sujet de ce délit. A titre d'exemple, au XVIIe siècle soixante-dix-huit procès pour « proposition illicite » au confessionnal eurent lieu, rien que dans l'Etat de Venise. Et en 1745, Benoît XIV publia à son tour un décret pour lutter contre les confesseurs qui « blessent les pénitents en leur donnant une pierre au lieu de pain, un serpent au lieu de poisson »[1]. De nos jours, la plupart des abus sexuels perpétrés par des prêtres sur des enfants, découverts aux Etats-Unis, ont lieu dans les confessionnaux.

Après le concile de Trente, cette « pénitence » qui, aux origines de l'Eglise avait été un acte unique, donc ne pouvant se répéter, se mua en une voie vers la sainteté. Dans son traité sur la béatification, Prospero Lambertini (1675-1758), futur pape Benoît XIV, soutient que l'un des critères de sainteté est l'assiduité, même quotidienne, à la confession[2]. Ce sacrement ayant pris, aux yeux de l'Eglise, une importance extraordinaire, le débat s'intensifia au sein des théolo-

1. R. Canosa, *La restaurazione sessuale* (La Restauration sexuelle), Ed. Feltrinelli, Milan, 1993. P. Lucà Trombetta, *La confessione della lussuria* (La Confession de la luxure), Ed.Costa & Nolan, Gênes, 1991.

2. Cf. L. Della Torre, *Conversione e riconciliazione*, (Conversion et réconciliation) op. cit.

giens, partagés entre « rigoristes » et « laxistes ». Il y eut des polémiques interminables au sujet de la contrition, de l'attrition, du « probabilisme » (la possibilité de choisir librement que faire, lorsque la loi apparaît incertaine ou douteuse), de la « casuistique » (le classement des problèmes de conscience avec des solutions proposées au cas par cas). Les difficultés inhérentes à la confession eurent,

> *« dans les préoccupations de l'époque —* mutatis mutandis *(toutes choses égales, par ailleurs) — une place comparable à celle qu'occupent aujourd'hui, auprès des médias et de l'opinion publique, la contraception, l'avortement, les différents types de fécondation artificielle et l'euthanasie. [...] Pour le catholique de l'époque, il était important d'avoir en face de lui, dans la pénombre du confessionnal, un prêtre qui savait se montrer soit intransigeant, soit indulgent. En effet, son réconfort mental, ses relations et son comportement quotidien pouvaient être modifiés par les exigences que l'Eglise lui imposait à la fois en tant que " père ", " médecin " et " juge " ».* [1]

Même si les effets ne furent pas immédiats, la confiance dans la confession fut minée à la base par la constatation que le jugement des prêtres — qui tenait lieu de jugement divin — était aussi variable que les interdictions étaient nombreuses : un opuscule datant du XVIIe siècle dénombre 2753 différentes manières de pécher [2].

Jusqu'à la fin du XVIIIe siècle les rigoristes eurent le dessus. Par la suite, surtout après les bouleversements et la diminution des fidèles provoquée par la Révolution française, s'imposa la tolérance, prêchée par l'évêque napolitain Alfonso Maria de' Liguori (1696-1787). Son ouvrage *Theologia moralis* et ses manuels destinés aux confesseurs, modérés et conciliants, finirent par supplanter et inspirer tous les autres depuis la sanctification de son auteur (1839) honoré en outre du titre de docteur de l'Eglise (1871). Saint Alphonse s'efforça, en règle générale, de rendre acceptable l'obligation de la confession, sans qu'elle soit perçue comme une torture à craindre à cause de confesseurs inflexibles. Il affirma surtout une tendance qui s'avéra

1. J. Delumeau, *L'Aveu et le pardon : les difficultés de la confession, XIIIe-XVIIIe siècle*, op. cit.. Aujourd'hui encore le code du droit canonique (Can. 978) affirme : « Le prêtre doit se rappeler qu'en écoutant les confessions il accomplit à la fois une tâche de juge et de médecin ».

2. C. Di Meglio, *Le Sexe au confessionnal*, op. cit.

lourde de conséquences pour les peuples catholiques : même si un pécheur retombe fréquemment — ce qui inclinerait à douter de la sincérité de son repentir — il est important de lui donner à chaque fois l'absolution.

Au XIXe siècle émergea la mode des confesseurs célèbres, comme le curé d'Ars, tant était fort le besoin d'hommes d'Eglise plus sensibles et capables d'instaurer un dialogue personnel. Toutefois, la préoccupation des dangers de la chair demeura, de manière obsessionnelle, tant dans les ouvrages que dans l'esprit des confesseurs les plus mitigés. Un des manuels les plus répandus au XIXe siècle précise : « Sont considérés comme luxure : les pensées voluptueuses, les baisers, les contacts et les regards impudiques, les vêtements féminins (sic !), les peintures et les sculptures indécentes ; les danses, les bals et les spectacles. »[1] La luxure ne fut donc pas le moindre des motifs — après le siècle des lumières et la Révolution — à provoquer une crise irréversible de la confession, d'abord en France et puis dans les autres pays :

> *« Certaines personnes voulaient réellement renouer avec l'habitude de la messe dominicale et célébrer Pâques à nouveau. Mais elles étaient récalcitrantes à l'idée de se confesser et finalement s'éloignèrent de l'Eglise. Au XIXe siècle se répandra publiquement une violente hostilité, surtout chez les hommes, à l'encontre de la confession. On la taxera de s'insinuer dans l'intimité des familles, de dresser la femme contre son mari, d'opposer la religion à la politique, l'école confessionnelle à la laïque, d'entretenir la nostalgie à l'égard de l'*Ancien Régime *au détriment du progrès républicain. Elle sera dénoncée comme un abus de pouvoir. »*[2]

En 1905 Pie X décréta que la confession devait avoir lieu fréquemment, de préférence une fois par semaine. Pie XII le confirme également pour les péchés véniels dans l'encyclique *Mystici Corporis* (Le Corps mystique) de 1943, tout comme le concile Vatican II. De l'avis même des auteurs catholiques, si l'usage de la confession assidue « a été utile pour forger les consciences et maintenir à un haut niveau moral une grande partie des populations chrétiennes [...], il a aussi apporté une sorte d'individualisme et de schématisme qui rend la

1. J.B. Bouvier, « Manuel secret des confesseurs », dans *Venere e imene* (Vénus et hyménée), Ed. Bastogi, Foggia, 1981.
2. J. Delumeau, op. cit.

confession formelle et automatique ».[1] En réalité, la plupart des catholiques eux-mêmes repoussent cette idée de « haut niveau moral » appliquée presque exclusivement à contrôler la sexualité, fuyant la confession qu'ils considèrent comme une emprise sur leur vie personnelle et sociale.

De nos jours, la gravité de la crise de la confession provoque un débat intense au sein de l'Eglise. Le Vatican est en train de tester, avec prudence, la *confession communautaire*, d'origine populaire et spontanée. Entre 1947 et 1948, en Belgique, lors d'une messe dans une paroisse ouvrière, invités par le prêtre, les fidèles réfléchirent sur leurs propres péchés, se repentirent et reçurent une absolution collective. Cette pratique devait rapidement s'étendre à toute la zone de langue française, puis à toute la chrétienté[2]. Le concile Vatican II réaffirma que la confession auriculaire restait la seule et unique voie de rémission des péchés graves, tout en donnant une directive bien précise : « Il faut repenser le rite et les formules de la pénitence, de manière à en exprimer plus clairement la nature et le sentiment du sacrement. »[3] L'indication la plus importante du concile fut la redécouverte de l'incidence sociale du péché, au point d'inviter les confesseurs à inculquer dans l'esprit des fidèles « les conséquences du péché » à l'intérieur de la société[4].

Le 19 juin 1972, après des années d'étude et l'examen détaillé des sollicitations « modernistes » des différentes Eglises nationales non latines, la Sainte Congrégation pour la Doctrine de la Foi promulgua les *Normes pastorales concernant l'absolution sacramentelle générale*, sur lesquelles est basée la confession actuelle. Le premier point affirme que « la doctrine du concile de Trente doit être fermement prise en compte et fidèlement appliquée. [...] La confession individuelle et complète, avec l'absolution, demeure le seul et unique moyen réconciliant les fidèles avec Dieu et avec l'Eglise ». En outre, « ceux qui voient leurs péchés graves absous par le biais de la

1. J. Ramos-Redigor, op. cit.
2. F. Funke, « Sintesi degli scritti più significativi sulla confessione negli ultimi dieci anni » (Synthèse des écrits les plus marquants autour de la confession dans les dernières décennies), dans *Concilium*, n. 7, 1971.
3. « Costituzione sulla sacra liturgia » (Constitution sur la liturgie sacrée), *Sacrosanctum concilium*, n. 72.
4. Ibidem, n. 109b.

confession collective, doivent s'approcher de la confession auriculaire avant de recevoir à nouveau une telle absolution ». On confirme également l'obligation de se confesser « en privé, au moins une fois par an, à un prêtre », la confession auriculaire devant être fréquente et encouragée, même pour les péchés véniels (« les prêtres ne doivent pas se permettre de dissuader les fidèles... »). [1]

Le 2 décembre 1973 a été promulgué, en latin, le texte sur le nouveau *Ordo paenitentiae* (Ordre de la pénitence), appliqué en Italie depuis le 21 avril 1974, suite à la publication de ce même texte en italien : *Rito della penitenza* (Rite de la pénitence). On ne parle plus, ici, de *confession*, mais de *réconciliation*, soulignant que « confesser ses péchés » ne constitue qu'une partie du rite, le sens profond devant être *se repentir*, donc « se réconcilier » avec Dieu et avec l'Eglise. Cependant, vingt ans après, l'ancienne définition, ainsi que le concept qui l'accompagnait, prédominent toujours dans le langage de la quasi-totalité des fidèles et des prêtres. Non seulement l'effort de donner à la pratique de la confession une plus grande dignité rituelle découlant directement de la parole de Dieu n'a pas été accepté, mais les anciennes pénitences n'ont pas davantage été remplacées par des actions de réparation [2].

Le nouveau texte confirme que le confesseur « personnifie l'image du Christ Bon Pasteur » et reconnaît trois types de confession : a) traditionnelle auriculaire qui demeure la seule valable pour tous les cas ; b) « rite pour la réconciliation de plusieurs pénitents, suivi de la confession et de l'absolution générale », immédiatement adopté par les fidèles et les prêtres, avec un enthousiasme tel qu'il parut excessif

1. J. Ramos-Redigor, op. cit.

2. Conferenza Episcopale Italiana, *Rito della penitenza*, Libreria Editrice Vaticana, Cité du Vatican, 1984. Le *Rito della penitenza* prévoit la lecture d'un passage de la Bible, de la part du confesseur ou du pénitent. Le prêtre ne doit abréger le rite que dans des cas exceptionnels. Or, lors d'*aucune* confession figurant dans cet ouvrage, le confesseur n'a lu la Bible, bien que souvent il en aurait eu le temps et l'opportunité. Ainsi le *Rito della penitenza* suggère que la « pénitence » donnée par le prêtre (même si le nouveau nom suggéré est « satisfaction ») doit être autre chose que les prières habituelles : « Le genre et la portée de la satisfaction doivent se rapporter à chaque pénitent, afin que l'expiation de chacun ait lieu là où on a manqué, et pour soigner son propre mal de façon efficace. Il est donc nécessaire que la peine devienne vraiment un remède au péché, modifiant, en quelque sorte, la vie ». Rien de tout cela n'a eu lieu dans mes confessions, où l'on continuait à parler de « pénitence » en la quantifiant au travers de prières.

lors de la Conférence épiscopale italienne, si bien que celle-ci se hâta, le 30 avril 1975, de publier une note réaffirmant que cette version n'est acceptable que dans des cas rarissimes, comme le danger de mort ; c) « rite pour la réconciliation de plusieurs pénitents, suivi de la confession et de l'absolution individuelle ».

Cette « troisième voie », compromis entre le passé et la recherche d'une progression, implique un nombre de prêtres important dont on ne dispose presque jamais ; de plus elle exacerbe l'impression d'une confession « absolutionniste » privée de tout contenu. Une solution logique, libératrice et pleine de dignité pour tous consisterait à laisser au croyant le choix entre la confession privée et la communautaire. Les options de conscience et de liberté ne sont pas une prérogative de l'Eglise.

Ce débat oppose ceux qui prêchent un retour aux anciennes coutumes (c'est-à-dire d'accorder l'absolution seulement après que le fidèle ait fait preuve d'une réelle volonté de changer par une véritable pénitence), à ceux qui soutiennent que le sacrement devrait être uniquement communautaire. N'excluons pas ceux qui souhaiteraient une catéchèse plus approfondie du péché, et ceux qui voudraient abolir l'obligation de la confession avant la communion, ou ne la rendre obligatoire que pour les vrais péchés « mortels », à distinguer des péchés « graves ». Mais cette différentiation est extrêmement complexe. Les théologiens débattent même de la possibilité — éloignée — d'accorder aux laïcs l'opportunité de confesser en des occasions spécifiques. D'aucuns pensent qu'il serait opportun de déplacer la première confession *après* la première communion. On commence en effet à se rendre compte, grâce à certaines études de psychologie moderne, qu'un enfant de sept ou huit ans est incapable de saisir le sens chrétien du péché [1]. En tout cas, une voie s'est ouverte qui, à plus ou moins longue échéance, mènera à une transformation radicale de la confession telle qu'elle est en usage depuis huit siècles.

1. Voir L. Kockerols, *I fanciulli e la penitenza* (Les Enfants et la pénitence), Elle Di Ci, Turin, 1971, et la conclusion de cet ouvrage.

NOTE DE L'AUTEUR

Les confessions dans lesquelles ne paraît pas le signe : [...], sont rapportées intégralement, mis à part les formules et les prières rituelles au début et à la fin.

J'ai éliminé la plupart des défauts ainsi que les inévitables répétitions du langage parlé. En revanche, j'ai gardé telles quelles les fautes grammaticales et de syntaxe.

Les phrases et les mots écrits en lettres capitales indiquent un ton de voix plus élevé.

Le lecteur remarquera que, souvent les confesseurs passent du « tu » au « vous » lors de la même confession : j'ai donc respecté les formules employées au fur et à mesure.

La plupart des entretiens ont eu lieu dans les confessionnaux traditionnels, avec le pénitent agenouillé et le confesseur assis derrière la grille. En de rares occasions, il nous est arrivé d'utiliser des confessionnaux modernes, dans lesquels le pénitent peut choisir d'être assis ou agenouillé, et regarder ou non le confesseur. D'autres entretiens se sont déroulés : debout devant le confesseur qui était assis dans le confessionnal, sur les bancs de l'église, dans les sacristies ou dans le bureau du prêtre.

Je remercie tout particulièrement Claudia Rocchini, pour la patience dont elle a fait preuve lors de nos déplacements.

Valeria La Via m'a totalement paniqué à cause d'un nouveau programme d'ordinateur en plein milieu de ce travail, mais elle s'est rachetée ensuite par une lecture très scrupuleuse des épreuves.

Gabriella Ungarelli a été la meilleure *editor* que je puisse souhaiter.
Aldo Busi m'a obligé à comprendre que la défense de son propre travail est, pour un écrivain, plus importante que l'amitié, fût-elle la nôtre.

Ethique

Sous le terme générique d'« éthique » j'ai regroupé plusieurs thèmes : rapports avec l'Etat et le travail, pollution et falsification des denrées alimentaires, drogue, corruption politique, petite délinquance et criminalité organisée, génétique, euthanasie, divorce, avortement, cas de conscience et problèmes de société.

Il s'agissait de vérifier si, et dans quelle mesure, l'opinion des prêtres s'éloignait de la position officielle de l'Eglise, du sentiment commun de la société laïque ainsi que des lois de l'Etat. La profonde contradiction de l'Eglise moderne est, en effet, d'avoir adhéré à contrecœur aux sociétés bourgeoises nées de la Révolution française, afin d'assurer sa propre survie, sans toutefois adapter les principes fondamentaux de ces mêmes sociétés qui sont : la liberté totale du comportement individuel, dans le respect des droits des autres, et l'acceptation des lois de l'Etat démocratique. De ce fait, s'érigeant en « présence salvatrice », l'Eglise agit surtout dans le domaine de la vie privée (et familiale) et focalise son attention sur la répression des libertés de chacun, attachant beaucoup moins d'importance à l'incidence sociale des comportements de ces mêmes individus.

Par ailleurs, si l'Eglise-institution s'efforce, depuis quelques années, d'être plus attentive quant à l'aspect social du « péché », son nouveau message n'est presque jamais écouté par les prêtres qui ont reçu une formation antérieure traditionnelle. Par conséquent, aujourd'hui comme il y a vingt ans,

> *« derrière sa grille, le confesseur ressent inévitablement la grave coresponsabilité de l'Eglise dans la création d'un climat fondamentalement*

antisocial. Sur la liste des péchés, que le prêtre a étudiée dans la quiétude de son séminaire, on trouve une très riche casuistique sexuelle, mais un vide éloquent en ce qui concerne les défaillances sociales et la dégradation de la vie politique en général. Par conséquent, la corruption, la spéculation, la fraude fiscale, le clientélisme[1] *et l'opportunisme sont jugés avec une bienveillance coupable qui favorise l'individu malhonnête et ne tient pas compte des valeurs sociales. En revanche, les attitudes comme le respect social, la liberté idéologique et les doutes métaphysiques sont considérés avec beaucoup de méfiance et un rejet évident* ».[2]

La plupart des prêtres ne semblent pas être suffisamment préparés à affronter des thématiques complexes afin de donner des réponses adéquates et aller au-delà des formules rituelles. Mais, compte tenu de la diversité des solutions proposées, de l'engagement et de la préparation culturelle de chaque religieux, on constate tout de même que l' « éthique » catholique, basée sur les dogmes et sur les mises au point du Vatican, s'éloigne sensiblement de l'éthique et des lois civiques. Pour donner un exemple, un prêtre estimera qu'il est grave d'ajouter des éléments cancérigènes dans les produits alimentaires, tandis qu'un autre condamnera le trafic de drogue, mais tous les deux jugeront beaucoup plus sévèrement le pénitent qui trompe son épouse ou qui cohabite avec une femme hors du mariage. Un troisième considérera insupportable que le pénitent (un garde du corps) accompagne un homme politique chez sa maîtresse, sans s'occuper du fait que celui-ci soit corrompu et que le pénitent ne le dénonce pas ; en revanche, il se réjouira (« il faut ce qu'il faut ») quand la police passera à tabac les personnes arrêtées. On pardonnera, avec une extrême facilité, au pollueur, à celui qui fraude le fisc ou qui renvoie ses ouvriers, au responsable d'accidents du travail, au corrompu et au trafiquant d'armes, mais on sera particulièrement dur avec le traducteur d'œuvres anticléricales (à qui l'on refusera l'absolution) ou avec celui qui néglige l'acte de confirmation pour son fils. Un cas exemplaire : on pousse le pénitent à cesser d'écrire dans *il manifesto*[3] pour ne pas ruiner la carrière d'un démocrate-chrétien corrompu. De

1. Fait, pour un homme politique ou un parti, de chercher à élargir son électorat potentiel par des procédés plus ou moins démagogiques.

2. N. Valentini, *La politica in confessionale*, (La Politique au confessionnal) Ed. Bompiani, Milan, 1974.

3. *il manifesto*, quotidien de gauche.

la même manière le comptable recevra un aimable reproche pour l'aveu de l'aide apportée à ses clients dans l'évasion fiscale, mais quand il reconnaîtra verser de façon frauduleuse le 8 ‰[1] de ses clients (et contre leur volonté) à l'Eglise, cela ne lui attirera pas de réprobation particulière.

Les soixante-cinq confesseurs dont il est question ici sont, en définitive, très préparés et déterminés à lutter contre les péchés qui heurtent les dix commandements, en revanche, leurs efforts sont moindres lorsqu'il s'agit de dissuader les pénitents de commettre des péchés concernant la société civile. Ils attachent donc davantage d'importance à une éducation morale et à la défense de l'Eglise qu'à une formation éthique.

Par « défense de l'Eglise » j'entends également défense des croyants vis-à-vis de la société civile, puisque les prêtres estiment que le péché est vraiment annulé grâce à l'absolution. Nous verrons beaucoup de cas de pénitents en pleine crise de conscience qui expriment le désir de se soumettre aux autorités civiles pour les péchés qu'ils ont commis : euthanasie, homicides involontaires ou volontaires (par exemple le cas de la femme-policier qui a tué un voleur en lui tirant dans le dos, celui du parricide et de la femme qui a assassiné la maîtresse de son mari). Pour toutes ces situations la réponse sera toujours : « Non, il ne faut pas te dénoncer. » De même, l'on n'encouragera pas celui qui voudrait découvrir au grand jour la faute d'un proche (mari corrompu, mari mafieux, frère drogué, abus de confiance), ou celui qui mettrait en péril sa propre personne ou son travail (l'infirmière qui a découvert un trafic d'organes, le témoin d'un cambriolage ou d'un homicide). Le principe demeure invariablement le même : « Il existe une éthique supérieure : la sauvegarde de la vie humaine. » C'est ce que répète sans cesse le confesseur au « médecin d'un établissement correctionnel » contraint de fournir des ordonnances qui avantagent les détenus mafieux. On demandera au croyant une fermeté « héroïque » pour la préservation de sa propre vertu (sexuelle, en particulier), mais jamais pour ce qui est de la vie sociale.

A propos de la Mafia, les six confessions — dont cinq effectuées en Sicile — qui abordent ce thème ne sont surprenantes qu'en apparence.

1. Le 8 ‰ du produit des impôts est automatiquement affecté à des œuvres. Le contribuable peut choisir de l'attribuer à l'Eglise, à l'Etat ou à des œuvres humanitaires reconnues.

Deux prêtres nient que la Mafia soit une organisation criminelle spécifique, soutenant qu'il s'agit de criminalité normale, « comme dans le Nord » (l'un d'eux ajoute même qu'au moins « elle donne du travail »). Un troisième réconforte un pénitent qui a payé un pot-de-vin, lui suggérant de ne se livrer à aucune dénonciation et de ne pas chercher à savoir si son argent servira au financement d'autres délits ou forfaitures. Le quatrième conseille à celui qui blanchit l'argent sale, et qui s'est approprié celui de la Mafia, de le restituer tout simplement car il ne lui appartient pas. J'ai déjà parlé plus haut du cinquième qui exhorte le médecin d'une maison de correction à « sauver la vie ». Seul un sixième invite le pénitent à tout avouer à la police.

Je ne soutiens pas que les confesseurs sont des mafieux, ni qu'ils sont favorables au crime en général. Mais leur comportement de « don Abbondio »[1] correspond à une logique différente de celle de la société civile. Pour le prêtre-confesseur ce qui compte avant tout est le *repentir* et la *conversion*, ce qui lui permet d'obtenir la promesse que le péché ne se répétera pas. Quand il est parvenu à ses fins et qu'il a donné l'absolution (c'est-à-dire, accordé « le pardon de Dieu »), il n'attache que peu d'importance aux responsabilités civiles, pénales et sociales. Par conséquent, on remarquera l'extrême facilité et la rapidité avec lesquelles on passe sur les péchés-délits graves, mais qu'on aurait beaucoup de mal à réitérer, tels l'euthanasie ou l'achat d'enfants. Ces actions sont tenues pour infiniment moins répréhensibles que l'insémination artificielle, le divorce ou l'usage de contracep-

Malheureusement, la *conversion* du pécheur ne va que rarement de pair avec la confession, et les prêtres eux-mêmes en sont tout à fait conscients. L'inévitable pardon finit par se transformer en tolérance envers l'irresponsabilité et le danger que représente le pénitent pour la société.

⁂

Foggia

Le confesseur : — *Depuis quand tu ne t'es pas confessé ?*
Le pénitent : — Depuis tout petit, mon père.

1. Personnage de prêtre lâche et mesquin du chef-d'œuvre d'Alessandro Manzoni (1785-1873), *Les Fiancés*.

— *Quel âge as-tu, maintenant?*

— J'ai quarante ans.

— *Pratiquement, tu ne t'es pas confessé depuis ta première communion.*

— Depuis l'âge de treize ans.

— *D'où viens-tu?*

— De Milan.

— *Les prêtres n'existent donc pas à Milan?*

— Le fait est que je ne suis pas croyant, enfin, que j'ai perdu la foi.

— *Forcément, c'est comme si tu ne mangeais jamais, tu t'affaiblirais, ça t'étonne si quelqu'un qui ne s'alimente pas perd ses forces?*

— Non.

— *Ah! Et comment conserver la foi si on ne prie pas? Tu es sur le droit chemin qui mène en enfer. Remercie la Vierge de t'avoir envoyé ici et change de voie. Es-tu marié?*

— Oui.

— *Et envers ta famille, quel genre de péché as-tu commis?*

— Voyez-vous, je lisais il y a un instant cette brochure sur les péchés que j'ai trouvée ici, je les ai tous faits, tous, sans exception.

— *Quoi? Tous les péchés!... Les péchés on peut les faire plusieurs fois et sous des formes différentes. Je te donne un exemple : tu as tué, d'accord, mais combien de fois as-tu volé? Le nombre change tout. Même la façon de voler. Tu peux voler cinquante ou cent mille lires, tu peux voler cent millions ou un milliard de lires. Comment as-tu volé? As-tu volé en trompant ou en tuant? Par effraction? Il y a beaucoup de formes et beaucoup de façons. Maintenant, raconte-moi ce dont tu te souviens, et de quelle manière. Quand tu auras terminé, ce sera mon tour d'intervenir et... mais dis-moi...*

— Hum! Alors, mon père, voyons un peu, « Tu n'auras pas de Dieu autre que Moi ». Moi, j'ai souvent renié Dieu, son existence et je ne suis toujours pas convaincu, je vous le dis.

— *Tu n'es pas convaincu?*

— Non.

— *Pourquoi n'es-tu pas convaincu?*

— Parce qu'il y a beaucoup de mal dans le monde, est-il possible qu'un Dieu de bonté puisse permettre tout cela?

— *Ecoute-moi bien, cette bague, c'est toi qui l'as faite?*

— Non.

— *Qui c'est qui l'a faite ?*

— Un orfèvre.

— *Ah ! Et s'il n'y a pas d'orfèvre, peut-on travailler l'or ?*

— Non.

— *Tu as une maison ? La maison s'est-elle bâtie toute seule ? Ou c'est le maçon qui l'a bâtie ?*

— Le maçon. Mais pourquoi Dieu tolère-t-il le mal ?

— *Ah ! Ecoute-moi bien, Dieu ne le tolère pas, ou plutôt Il ne le veut pas, mais Il respecte ta liberté. Combien d'enfants as-tu ?*

— Deux.

— *Est-ce qu'il font toujours ce que tu veux ?*

— Non.

— *Ah ! Et si tu commences par les forcer, dis-toi bien que tu vas les perdre. Ils vont fuguer, ou réagir et ainsi de suite. Notre Seigneur nous a créés, il nous a faits libres... mais après il y a le Jugement. Si tu fais le bien, tu seras récompensé et ton âme sera sauve.*

— Mais Dieu aurait pu faire le monde de façon à ce que...

— *C'est inutile de dire cela. Dieu a fait ce qu'Il a cru bon de faire, car il aurait pu faire cinquante mille choses. Qu'est-ce que j'en sais des autres mondes qu'Il a créés avant le nôtre ? Et quand celui-ci sera fini, qu'adviendra-t-il après ? Lui, il ne me dit pas ce qu'Il fait.*

— L'Eglise a brûlé Giordano Bruno [1] aussi parce qu'il disait que Dieu pouvait avoir créé d'autres mondes.

— *Bon alors, écoute, ce que tu dis n'a pas de sens, le fait de brûler ou pas c'est, pratiquement, un moyen social pour punir les délinquants qui changent selon les époques. D'ailleurs, toi aussi tu finis en taule si tu fais le mal, mais est-ce que cela se fait comme au siècle dernier ?*

— Non, mais si vous aviez sorti cette histoire des mondes il y a trois siècles, vous seriez un hérétique.

— *Eh ! les punitions changent selon les sociétés, selon les époques et les systèmes judiciaires.*

— Alors, l'Eglise change par rapport à l'homme, non par rapport à Dieu.

1. Giordano Bruno (1548-1600), philosophe italien. Dominicain jusqu'en 1576, il critiqua l'aristotélisme, défendit la théorie de Copernic et développa une vision panthéiste du monde. Accusé d'hérésie par l'Inquisition, incarcéré sept ans, il fut brûlé vif.

— *Oui, oui, non. Elle change, l'Eglise vit avec les hommes, Elle est parmi eux. Elle est faite par des hommes et les gouverne selon leurs exigences. Je ne sais pas ce que l'Eglise a pu faire en l'an 1000, mais ce qu'elle a fait en 1200, est sûrement différent. L'Eglise est du côté des hommes, un péché reste un péché, mais la façon de le punir dépend de l'époque. De nos jours c'est pareil, avant tu commettais un délit grave et on te tuait, aujourd'hui tu n'as même pas la prison à vie. La société* s'évolue. *Elle s'adapte à l'homme, car chaque punition doit être comme un médicament, elle doit guérir l'homme, si elle ne le guérit pas, à quoi sert-elle ? La pénicilline, avant, elle existait ?*

— Non.

— *Tu vois ! Ils mouraient tous. Quand j'étais gosse, beaucoup mouraient pour une appendicite, une bronchite. Maintenant, plus personne ne meurt. S'il y a une infection, on prend la pénicilline et on est guéri. Aujourd'hui il y a le cancer, quelqu'un a-t-il découvert le remède pour guérir le cancer ? Non. Ça aussi on le soignera à l'avenir. Donc, petit à petit, nous voilà ici, tout change, selon les temps et les époques.*

— Oui, mais souvent l'Eglise n'est pas juste. C'est ce qui m'a éloigné de la religion.

— *Quelle Eglise ?*

— Les prêtres, le Vatican.

— *Ecoute-moi, ces bavardages stupides sont inutiles, car moi, je devrais te dire, combien de fautes... Ta famille à toi, c'est une famille nombreuse ?*

— Non.

— *As-tu beaucoup de parents ?*

— Oui, beaucoup.

— *Ah ! Et ils sont tous des hommes d'honneur ?*

— Oui, je crois... Il me semble que oui.

— *Ecoute-moi, t'en es sûr ?*

— Oui, eh bien, presque.

— *Ah ! L'Eglise est faite d'hommes qui sont aussi des pécheurs, pourquoi ne regardes-tu pas les éléments sains de l'Eglise ? Toi, tu regardes ce délinquant, ce prêtre qui est devenu une fripouille, ce prêtre qui s'est marié et qui s'est peut-être enfui avec une femme. Mais pourquoi ne regardes-tu pas saint François, ou sainte Thérèse ? Pourquoi ne regardes-tu pas padre Pio ? Parce que nous regardons les mauvais éléments et nous regardons... l'Eglise est faite de saints. Padre Pio était quelqu'un comme moi, saint Antoine aussi, tout comme saint Benoît, qu'ont-ils [incompréhensible]. Nous allons toujours voir ce qui est pourri, mais jamais ce qui est bon. Je te demanderai une chose, admettons que tu doives descendre au village et que tous les fils électriques soient coupés. Ils tombent par terre. Or, tu fais bien attention à ne pas marcher sur un fil à haute tension ?*

— Bien sûr.

— *Voilà ! Tu essaies de marcher dans une petite ruelle, là où tu ne risques pas de te compromettre, autrement tu serais foudroyé. Pourquoi donc ne regardes-tu pas dans la vie les bons éléments pour avancer correctement, au lieu de marcher parmi les mauvais éléments et devenir mauvais à ton tour ? Quoi d'autre ?*

— Voilà, comme je disais, j'ai commis tous les péchés des dix commandements.

— *Eh, forcément ! Voyons, pratiquement tu as dit des blasphèmes, tu as été superstitieux, tu as jeté des sorts... Tu n'as pas respecté le nom de Dieu car tu n'as jamais été à l'église, même pas pour les grandes fêtes, et ainsi de suite. « Honore ton père... », est-ce que tu honores tes parents ? En as-tu ? Des beaux-parents aussi ? Comment les traites-tu ?*

— Hum, normalement, je dirais bien et mal, ça dépend.

— *Quatrième : « Honore ton père » et cinquième « Tu ne tueras pas »... As-tu déjà tué ? Non ?*

— Si.

— *Qui tu as tué ?*

— Au cours d'une bagarre, pour une histoire de voiture...

— *Donc, un homicide.*

— Oui.

— *Tu as commis le meurtre physique, mais le meurtre moral, l'as-tu également commis ? Quand tu dis du mal des autres, tu exprimes des jugements défavorables. Rien qu'un mot et l'autre est déshonoré... N'est-ce pas, là aussi, un meurtre moral ?*

— Il me semble que le meurtre physique est plus grave.

— *Non, mon cher, les deux le sont.*

— Heureusement, on ne m'a jamais...

— *Jamais... ?*

— ...découvert.

— *Dieu t'a découvert, tu sais ? C'est ce qui compte. Tu ne tueras pas.*

Quand nous disons du mal de quelqu'un et que les autres croient ce qu'on dit… c'est un meurtre moral, le meurtre physique est un péché grave, bien sûr, mais le type est mort, c'en est fini de lui. Alors que celui qui doit vivre toute sa vie couvert de déshonneur… Le meurtre moral est le plus terrible, car il te salit, toi, ta femme, tes enfants. Essaie donc de chercher du travail, personne ne te prend. Sixième commandement : « Tu ne commettras pas d'actes impurs ».

— Enormément.

— *Seul et en compagnie. Sous toutes les formes…*

— N'est-ce pas là une des plus belles choses que la vie nous offre ?

— *C'est-à-dire ?*

— Le sexe.

— *Oui, oui…*

— Pourquoi l'Eglise ou Dieu devraient-ils nous en priver ?

— *Non, non. On ne t'en prive pas, c'est la fonction que Dieu t'a donnée. Attends un peu, Dieu t'a donné des yeux pour voir, mais est-ce que tu peux volontairement te priver de la vue ?*

— Non.

— *Bon ! Dieu t'a donné un estomac pour manger. Mais, est-ce que tu t'empiffres pour autant, au point de risquer l'infarctus ?*

— Non.

— *Ah ! Dieu t'a donné la langue pour parler, mais est-que tu fais des insinuations, tu dis des calomnies ou autre ?*

— Non, mais le sexe est …

— *Non, non, le sexe a une fonction. Nous sommes tous* sexuels, *mais le sexe a une fonction ma-tri-mo-nia-le, car il est fait pour que l'homme et la femme s'unissent pour procréer, alors que quand on fait des saletés tout seul ou en compagnie, on fait du sexe, mais de la manière la plus anormale… Il n'est fait que pour le mari et la femme, mais quand les hommes le font entre eux, ça c'est de l'homosexualité. Même la masturbation, on finit par faire avec sa main ce qu'il faudrait faire avec sa femme, tel que Dieu l'a établi pour tout le monde. Tout ce que Dieu a fait, Il l'a fait dans un but. Toi aussi, tu dois pouvoir entendre avec ton oreille, mais si tu écoutes des ultrasons, tu deviens sourd.*

— Mais qui a dit que le sexe ne peut être juste un plaisir ?

— *Non, non, il a une finalité.*

— Il a aussi une finalité.

— *Non, non, il a une finalité et non les finalités que tu voudrais, toi. Ecoute-moi, tu dois travailler, mais tu ne dois pas voler : « Je prends l'argent parce que j'en ai besoin ». Non, alors ! Non... et donc, essaie d'utiliser avec sagesse ce que sont les biens de la terre, mais non de façon malhonnête, non comme une canaille. Voilà la finalité des choses. Tu as besoin d'une bonne catéchèse, d'une confession et d'une communion... je te confierai à la Vierge... et quand tu seras rentré à Milan... Tu habites Milan ?*

— Oui.

— *Trouve-toi un bon prêtre, qui te confesse souvent et t'éduque sur la vie et la doctrine chrétienne, c'est-à-dire la doctrine de Jésus-Christ dans l'Evangile qui t'apprend ce que tu dois faire.*

— Comment trouver un bon prêtre ?

— *Ah ! mais il y en a beaucoup. Comment trouver un bon médecin ?*

— En demandant ici et là.

— *Demande ! Essaye ! Eh ! Comme ça, par exemple : « Où est-ce que je peux trouver un bon prêtre, pour que je puisse m'éduquer, comprendre ? » Dans beaucoup de paroisses il existe même des cours maintenant, pour les gens qui, comme toi, doivent revenir à la foi et pratiquer. Il y a même des cours pour les fiancés, les gens mariés, pour ceux... tout quoi... Tâche de trouver quelque chose de bien. Renseigne-toi auprès d'un ordre religieux, parle avec un père, dis-lui : » Excusez-moi, où est-ce que je pourrais trouver ceci et cela ? Un endroit où je puisse m'éduquer, pour bien connaître l'Evangile, bien le connaître ? Où trouver quelqu'un qui m'enseigne, qui m'apprenne le catéchisme, comme on dit ? » Une fois trouvé, ce prêtre va te* dresser, *il va te mettre au courant et tu commenceras à comprendre qui est Jésus-Christ, comment on s'inspire de Jésus-Christ, comment on vit la loi de Jésus-Christ. Ainsi tu redeviens normal, ainsi seulement. Mais on ne peut pas y arriver en une seule fois.*

— Mais ne serait-il pas possible... je préférerais un dialogue direct avec Dieu, sans...

— *Oui, tout ce que tu voudras, mais comment savoir si Dieu te répond ? Le dialogue se fait à deux. Dieu se manifeste à travers les sacrements, tu n'es pas en train de parler avec moi, mais avec Jésus-Christ. Tu vas à l'église ? Le prêtre célèbre la messe ? Mais c'est Jésus-Christ qui la célèbre. Tes enfants, tu les as faits baptiser ? Ce n'est pas le prêtre, c'est le Christ lui-même qui les a baptisés. L'eau, c'est toujours*

Jésus-Christ, toujours, mais les robinets sont différents. Si tu as un petit robinet, tu auras peu d'eau. Si le robinet est propre, l'eau qui coule sera limpide. Est-ce que tu la prends d'un robinet sale ?... Demande à padre Pio cette grâce, tout à l'heure fais un détour par l'église, confie-toi à la Vierge, après tu pourras retourner à Milan... Fais en sorte que ce poids que tu traînes s'envole, ainsi tu redeviendras pur, comme le Seigneur t'a créé. Je t'ai dis ce qu'il te reste à faire. Il est vrai que... une telle confession, mon fils, un autre te dirait : « Mon fils, je suis là pour te confesser, ce lieu n'est pas fait pour discuter ». Mais ton âme doit être éduquée... Fais ce que je dis, je te donne ma bénédiction, non l'absolution de tes péchés, mais la bénédiction, que cela te fasse du bien. De cette manière ton cœur sera plus léger, tu auras plus confiance en la vie, ne t'inquiète pas, dans ta maison il y a beaucoup de choses, la paix d'abord, le salut viendra aussi...

— Mais pourquoi ne me donnez-vous pas l'absolution ?

— *Non, mon fils, je ne peux pas faire cela, car tu voudras communier et tu ne peux pas le faire.*

— Mais j'ai dit mes péchés.

— *Non, non, mon fils. Ecoute, au tribunal tu dois faire ce que te dit le juge, en ce moment tu es l'accusé, le juge c'est moi. Je vois que dans ces conditions tu ne peux pas communier, car tu n'as pas une instruction religieuse, tu ne sais pas ce qu'est l'eucharistie. Prie, maintenant... Mon fils, c'est ce que je ressens, en toute conscience, car c'est moi qui gère les sacrements. Maintenant, si tu trouves quelqu'un d'autre qui ne fait pas comme moi... Mon fils, moi, je ne peux pas penser ce que ferait un autre, mais je sais ce que moi, j'ai à faire.*

— Mais vous êtes Jésus-Christ, vous avez dit que vous êtes Jésus-Christ...

— *Tais-toi ! Tout ce que tu veux, mais les robinets sont différents, je te l'ai dit. Je juge selon ce que je crois être le mieux. Si tu vas chez quelqu'un d'autre... il y a beaucoup de confesseurs, je ne suis pas le seul.*

— Alors, la justice divine n'est pas la même pour tous.

— *Non, va à la messe. Ecoute-moi, le droit, le code civil sont valables pour tous, mais la façon de les interpréter varie d'un juge à l'autre, suivant les cas rencontrés. Maintenant tu voudrais me suggérer ce que je dois faire avec ma conscience. Va voir un autre. Moi, je te dis ce que tu as à faire, si tu n'en es pas convaincu, va voir quelqu'un d'autre. C'est clair ?*

— Oui.

— *Porte-toi bien.*

— Merci. Je vous ai retardé.

— *On termine à 11 heures et à 11 heures et demie on ferme.*

— Désolé, je ne savais pas.

— *Ne t'inquiète pas. C'est pas grave.*

— Nous sommes enfermés.

— *Tu connais un bureau qui reste ouvert vingt-quatre heures sur vingt-quatre ?*

***

Foggia

— *Depuis combien de temps ne vous êtes-vous pas confessée ?*

— Je me confesse toutes les semaines, mon père. J'essaie de vivre en bonne chrétienne, de suivre les préceptes de l'Eglise. Mais j'ai quelques difficultés, certains me semblent trop rigides.

— *Mais pas impossibles, n'est-ce pas ? Il y a les passions, mais Jésus intervient. Le diable favorise les passions et le monde est en proie au diable. On est sur la bicyclette, il faut pédaler avec les muscles que Dieu nous a donnés. C'est fondamental. Il faut travailler avec force ! On ne naît pas saint... c'est comme le champion, on ne naît pas champion, on fait de l'exercice, avec sa force de volonté. Le saint est le champion de Dieu, vous comprenez ? On a la volonté que Dieu nous a donnée ! Il faut s'approcher de la sainteté. Les saints pourraient être beaucoup plus nombreux. Ce qu'il faut, pour plaire à Dieu, c'est avoir beaucoup de force de volonté, recourir à la prière et au sacrement. Mais on ne s'arrête pas là, n'est-ce pas ? Il faut concentrer l'énergie spirituelle !*

— En certains cas j'ai commis un péché d'omission.

— *Le péché de fragilité et de faiblesse existe, mais il y a le péché de malice, intentionnel ! Etes-vous mariée ?*

— Oui.

— *Avez-vous des enfants ?*

— Pas encore.

— *Depuis quand êtes-vous mariée ?*

— Un an environ.

— *Et toujours rien en vue ?*

— Pas pour le moment.

— *Mais vous ne faites rien pour empêcher, hein ? Je souhaite que non !*

— Non, c'est-à-dire, on ne ...

— *Rien au sens négatif ou positif. Non seulement, c'est-à-dire, vous comprenez, en faisant attention vous ne faites pas de l'onanisme, n'est-ce pas ? Il faut avoir les idées claires, non ? Dans le doute, on demande au prêtre ! Si vous étiez malade, vous n'iriez pas chez un avocat ou un ingénieur, vous consulteriez un médecin, pas vrai ? Pour le conseil moral, en revanche, on va chez le prêtre !*

— Excusez-moi, mon père, pourrais-je m'asseoir en face de vous ?

— *Non ! J'aime mieux ne pas voir ni être vu. Ça donne plus de liberté. Il y en a qui le permettent, mais moi, je n'aime pas*[1]*. Donc, vous disiez ?*

— Concernant l'onanisme. Nous n'avons jamais utilisé de contraceptifs, mais...

— *L'onanisme est se retenir, ne pas aller jusqu'au bout. Dans le mariage, l'acte est un simple moyen. Dans le mariage, le but ce sont les enfants ! C'est comme à l'usine : si les machines marchent à fond, les ouvriers se portent bien... il faut produire, pas vrai ? Ne fermez pas les portes, d'accord ? La religion dérange la jouissance ; elle est dure, mais elle a une logique parfaite : si les propos sont justes, les conséquences le sont aussi ! Au contraire, le monde a une logique de facilité, n'est-ce pas ? Mais les mathématiques ne sont pas une opinion ! Ce qui coûte le plus, c'est la morale. Croire ne coûte pas grand-chose. Après tout, qu'est-ce qu'on perd ? Un peu d'humilité et on atteint l'eucharistie, l'absolution, etc. Et puis, les dogmes ne sont pas nombreux : la vie éternelle, la rémission des péchés, etc., le Saint-Esprit, la Vierge Marie qui a donné la naissance de Jésus par la grâce du Saint-Esprit... Enfin, au grand maximum, ils doivent être une vingtaine les dogmes de vérité et de foi, sous peine d'hérésie, mais... c'est le côté moral qui coûte, le côté moral ! Les prêtres et les religieux le savent bien, qui ne sont faits ni de bois ni de marbre, ils le savent même plus que les autres. Si on ne*

1. Exactement un mois auparavant, Jean-Paul II avait exhorté les confesseurs à laisser aux fidèles le choix de rester derrière la grille, de s'agenouiller ou d'être face au confesseur.

mange pas, on a plus faim que celui qui mange, pas vrai ? Nous ne mangeons pas, c'est-à-dire, nous n'avons pas de plaisir, hein ? Nous avons aussi des tentations comme les autres, au contraire, plus que les autres, PLUS QUE LES AUTRES ! Eh, ma fille... MAIS NOUS LUTTONS ! Nous ne perdons pas de temps. Je ne perds pas une minute, moi ! Je lis, je prie, je confesse, je prêche...toujours ! Jamais un instant de répit, excepté celui du repos, et même là, pas beaucoup. Il faut toujours employer son temps, le temps représente l'éternité ! On dit que le temps c'est de l'argent : bêtises ! Le temps est le reflet de l'éternité. On ne gâche pas son temps, compris ? !

— Ainsi, vous dites que nous sommes en train de pécher ?

— *Certainement ! Vous gâchez l'énergie procréatrice, en prenant des précautions. L'Eglise est très ferme sur ce point depuis de longues années : le prêtre doit refuser l'absolution à ceux qui n'ont pas voulu faire comme, hum !... à ceux qui ne font pas bien les choses dans le mariage !*

— Mais mon père, nous voulons des enfants. Nous sommes mariés depuis peu, pour l'instant, économiquement, nous ne pouvons pas.

— *Vous auriez dû attendre ! Il n'y a rien de mal à ça, ma fille. Mais, excuse-moi, quand il faut bâtir un palais, on ne le fait que si l'on peut, mais si vous commencez, vous ne pouvez pas laisser tomber à moitié, pas vrai ?*

— Mais il avait été transféré à cause de son travail, nous nous sommes mariés pour être ensemble.

— *Bon d'accord, mais au moins utilisez les périodes non fécondes, voyez la méthode Ogino-Knaus ou la Billings*[1] *: c'est toléré quand la raison n'est pas égoïste, mais loyale, du moins on suppose qu'elle est loyale, même si, ça se discute, bon, laissons tomber... En tout cas, admettons, qu'elle soit loyale, faites-le à ce moment-là. C'est comme si on semait à une époque où rien ne pousse.*

— Ah ! D'accord ! Donc, cela est bien ?

— *Oui, mais pas tout à fait ! C'est toléré. Ce n'est pas conseillé. Ce qui est conseillé, en revanche, c'est d'éviter les péchés. Mais c'est tout de même se dérober aux lois de Dieu, même s'il y a des raisons économiques, physiques ou autres. C'est ça. D'ailleurs l'amour a un*

1. Méthode de la glaire cervicale (mucus cervical) ou méthode Billings. Mise au point dans les années 50 par deux médecins australiens, John et Evelyn Billings.

prix, il ne mesure pas... De nos jours aussi les gens émigrent en Allemagne, en Amérique, en Australie, et ils s'aiment quand même. Ils ne se voient pas pendant des années et ils s'aiment, n'est-ce pas ?

— Nous ne pouvions pas vivre séparés, nous avons voulu nous marier tout de suite.

— *Bon d'accord, vous marier... Mais je vous conseille ceci : dormir dans des lits séparés. Loin des yeux, loin du cœur ! C'est normal, le contact développe la passion. Mais si on est éloigné on prie, chacun de son côté.*

— En espérant qu'entre-temps une autre ne réveille pas la passion. Je suis jalouse, il est si beau, si convoité...

— *Quand il sort, n'oubliez pas, allez-y avec lui ! Ne le laissez pas tout seul, il ne faut pas le laisser seul !*

— Mais nous sortons toujours ensemble, nous allons en boîte avec des amis.

— *Voilà, ça il ne le faut pas trop, et s'il rencontrait d'autres femmes... ?*

— Mais je l'ai à l'œil !

— *Oui, mais il pourrait se distraire différemment... Je veux dire, euh, je ne veux rien insinuer par là. Mais je déconseillerais le bal ! Puis il y a tous ces bals... et si on l'invite, il ne peut pas refuser, ce ne serait pas poli. Refuser un bal, ça ne se fait pas, ce n'est pas conforme aux règles de la société !*

— Nous aimons beaucoup danser...

— *Mais je vous le déconseille ! C'est dangereux ! Le bal est une étreinte, des mouvements, encore des étreintes, eh, eh ! il y a beaucoup de passion ! Il n'y a rien à redire ! Nous sommes faibles. Entre le mari et la femme, je dirais que oui, allons, c'est permis, mais le danger ce sont les autres qui interviennent, subtilement... Il peut même arriver qu'on le suive, il se rend à son travail et on le suit, eh, eh ! il y a des salopes très envahissantes ! Pardonnez-moi, je suis d'une nature très puissante ! Mais quand il le faut, il le faut, c'est sûr ! De nos jours il y a de ces bonnes femmes... des putains ! Moi aussi, j'ai été jeune. Quand j'avais vingt-cinq ans, les femmes, moins elles se montraient et plus elles me plaisaient ! Plus elles se montraient et plus elles me dégoûtaient. On s'amusait et tout, mais en essayant d'être correct, voyons ! Moralement correct. Sans être envahissant ! L'occasion fait le larron, ça c'est bien vrai ! Elles nous ont réduits à ça, vraiment ! La Vierge pouvait passer à travers le feu sans se brûler, c'est-à-dire, au milieu des hommes sans avoir la moindre arrière-pensée, car elle était immaculée, pleine de grâce, etc. Elle a su se préserver du péché originel, pas vrai ? Dans les litanies... EXTRÊMEMENT PRUDENTE ! Non seulement prudente, PRUDENTISSIME ! Que signifie ceci ? Eviter toutes les occasions ! Quand il a envoyé les apôtres dans le monde, Jésus a conseillé la prudence avant tout. Nous sommes des hommes simples, comme eux. C'est ainsi, nous devons être comme ça !*

— Vous savez, mon père, j'ai surpris mon mari à regarder une cassette pornographique. Je l'ai brûlée.

— *BIEN SÛR ! Il faut faire attention ! Qu'est-ce qu'il fait, des saletés ? Il veut s'exciter ? Nous avons besoin de calmants, non d'excitants ! Je suis objectif : j'admets que l'on puisse commettre un péché, mais je n'admets pas qu'on aille le chercher ! Mais voyons ! Je pose toujours la question : « Est-ce que vous avez regardé des choses indécentes à la télévision ? » Et quand quelqu'un a péché en ce sens, je dis : « Ah bon ! Alors, deux péchés ! Deux ! Un pour la vision, un autre pour l'action ! » La vision a permis l'action, car elle a excité les sens ! Compris ? ! C'est déjà difficile d'éviter le péché, tout en essayant d'éviter les occasions...Plus on les cherche et plus vite on tombe, pas vrai ? Vous avez compris ?*

— Je sais, mais voyez-vous, mon mari est très passionnel. Il arrive parfois que le soir, en rentrant en voiture, il voit les prostituées sur les boulevards, et qu'est-ce qu'il fait ? Il ralentit exprès !

— *Soyons clair ! Je vais être très explicite ! Essayez de les voir mortes : plus elles ont des formes et plus elles sont dégoûtantes ! Pourquoi ? Plus il y a de formes, et plus il y a de vers ! En quelques jours, quelques semaines seulement, c'est la décomposition, la putréfaction. C'est puant, c'est infect, les médecins le disent aussi. Toucher les restes pourris d'une femme ou d'un homme morts ? Des cadavres... en quelques mois, des squelettes, des yeux vides, vides ! Ces yeux fascinants pour certains, vides ; ces os décharnés, en quelques années, rien que poussière qui, mélangée à de l'eau... Les milliers de personnes qui s'exhibent sur les écrans, elles dégoûtent Dieu, voilà ce qui est terrible ! Elles sont dangereuses pour la vie éternelle, c'est un scandale ! Pas plus tard que ce matin, il y avait, à la messe, une jeune femme, bien en chair, plus très jeune, les vingt-cinq ans passés...* mamma mia *! En robe courte, au moins cinq centimètres au-dessus du genou ! Je lui ai dit* *que comme ça même pas dans la rue, parce que c'est scandaleux! Elle est partie! Très bien! Mais si elle n'était pas partie, je l'aurais chassée! Si padre Pio était encore là, il en aurait chassé trois sur quatre, je vous le dis! Il ne plaisantait pas, lui! Mais celles qu'il chassait revenaient, même celles à qui il avait refusé l'absolution! Et il la refusait, et comment! Il avait une influence sur les âmes et disait qu'il ne faut pas gâcher le sang du Christ! Voilà!*

— Quant aux sept œuvres de miséricorde corporelle, j'ai quelques difficultés. A propos de l'assistance aux pèlerins, par exemple : tous ces musulmans qui viennent ici, ils nous considèrent comme des infidèles, ils construisent des mosquées...

— *Mais à la condition qu'ils nous laissent construire AUTANT d'églises chez eux! Nous avons été faibles, nous, faibles! Mais ils sont à plaindre : ils sont éloignés de la religion, loin de chez eux, il vivent dans la misère! Et puis, il y a les Albanais, des athées, c'est le peuple le plus athée qui soit, pas vrai? En tout cas, une femme sainte est née là-bas, une sainte immense, mère Teresa de Calcutta... Ils ont des millions de femmes, là-bas, des millions!*

— Oui, mais beaucoup de femmes italiennes se convertissent à l'islamisme!

— *Heureusement, nous le souhaitons!*

— Comment cela?

— *Ah! à l'islamisme! Je croyais* de *l'islamisme! Eh bien! Qu'est-ce que cela signifie? Une ignorance épouvantable! Il faut leur donner des règles, à ceux-là... Mais je parlais plutôt des Croates qui sont en guerre, ces salauds de Serbes les bombardent, les VIOLENT! Des choses épouvantables, épouvantables!*

— Je me demande ce que je ferais si j'étais à la place d'une de ces femmes violées et enceintes. Tout en étant catholique, mon père, je doute : qu'est-ce que je ferais?

— *Eh bien! il faut tenir compte des principes, n'est-ce pas? Ces créatures sont innocentes, nous ne pouvons pas. Le pape l'a dit clairement. Ce sont les principes chrétiens :* dura lex, sed lex *(la loi est dure, mais c'est la loi!)! Ce n'est pas la faute à ces pauvres innocents! Et puis, parmi eux il y aura peut-être des religieux, des prêtres, même des saints, qui sait? On ne doit pas, on ne doit pas, la faute est sur ces bâtards de Serbes qui violent. Mais ils paieront devant le Christ, devant le Christ! En Chine quelqu'un a violé cent seize femmes. On l'a pendu.*

Il pleurait, le salaud. Ah, bon? Tu pleures, maintenant? CRÈVE, SALAUD!!! Il est mort. Souhaitons-lui le salut. L'enfer... je ne souhaite l'enfer à personne. Mais le purgatoire jusqu'à la fin des temps, si, avec une possibilité de rédemption. Car, je me dis que s'ils ont le salut, ils aimeront Dieu éternellement, alors que s'ils vont en enfer, ils n'auront pas la possibilité de l'aimer, pas vrai? Certainement. Son frère aussi, mais lui, il a eu la prison à vie : il a fait aussi du mal, mais pas autant que l'autre. Bon alors, repentez-vous de tout! Je vous le redis, pas de stérilet, pas de pilules ni rien du tout, et encore moins l'onanisme. Abstenez-vous un petit peu. Utilisez les périodes non fécondes, consultez un médecin, en calculant d'après vos règles, il pourra vous dire les périodes non fécondes, compris? Pas loin d'ici, il y a le professeur [...], il est à la retraite maintenant, mais toujours très en forme, hein? Il vient à la messe et communie tous les jours. Et il a dix enfants! Dix enfants! Un saint homme! Un saint homme! Il y en a encore, grâce à Dieu! Il y avait une femme qui venait voir padre Pio : seize enfants! Seize!!! Après-demain c'est la fête de sainte Catherine de Sienne : savez-vous combien de frères et sœurs avait-elle? Elle était l'avant-dernière de ... dites un chiffre.

— Bah! je ne sais pas... onze?

— *Onze, psitt! VINGT-CINQ ENFANTS! VINGT-CINQ ENFANTS! Chaque enfant est la grâce de Dieu, chaque enfant, compris?*

— Je le sais, mon père, mais on n'est plus à la même époque!

— *Mais c'est nous qui les avons bouleversés, les temps! Il faut avoir le courage d'aller à contre-courant, ma fille. Et il en existe toujours des familles comme ça!*

— Mais, vous le savez bien, l'Etat ne les aide pas, après!

— *MUSSOLINI! Il a fait du mal, mais il a également fait du bien, pas vrai? Il faisait payer une taxe à ceux qui ne se mariaient pas! Et puis, il donnait suivant le nombre d'enfants! Il aidait! Il s'est fourvoyé, mais c'est à cause de ce salaud-athée-nazi d'Hitler! Dictature! Je l'ai toujours dit; un saint dictateur : dictateur, mais saint! Mussolini était un ambitieux et un mégalomane, mais il avait aussi des bons principes. Il s'est laissé entraîner... la guerre en Abyssinie a été une erreur, il n'aurait pas dû faire la guerre : la guerre, on la fait avec le crucifix, pas avec les armes, pas vrai? On s'attire la haine, etc. UN SAINT DICTATEUR! Je l'ai toujours souhaité : honnête, précis, énergique!*

Celui qui commande doit avoir les capacités, l'honnêteté et l'énergie, et pas toute cette prudence ! Généreux avec ceux qui font leur devoir, mais sévère envers ceux qui ne le font pas ! Il n'y a pas deux poids, deux mesures !

— Et peut-être nous n'aurions pas eu tous ces communistes !

— *Il faut les éliminer ! Ce sont les ennemis de l'humanité ! Il y en a trois : le communisme, la franc-maçonnerie, le judaïsme. Le communisme apporte la violence, la franc-maçonnerie le diabolisme et l'astuce, le judaïsme l'argent ! Voilà les trois ennemis de l'humanité !*

— La Bible dit : aime ton prochain comme toi-même. Mais pas plus que toi-même...

— *NON SEULEMENT ! Mais on ne doit pas ignorer le mal, pas même chez les autres, nous devons haïr le mal, le péché, non la personne. Nous sommes comme le chirurgien : une amputation, s'il le faut, pour sauver, non pour tuer. Nous devons extirper le mal, dans la mesure de nos possibilités, sans pour autant nuire à celui qui le fait, essayer, du moins. Moi, je suis pour les peines corporelles. Corporelles ! La prison c'est trop doux ! Dix ou vingt coups de fouet, et qu'ils se le payent eux-mêmes l'hôpital ! Ça nous évitera les années de prison, entretenus, va ! Et dans certains cas... même la peine de mort. La peine de mort ! Hein ! ma fille, on ne plaisante pas ! Saint Thomas était pour. Un grand philosophe ! Le père Leonardo de Gênes a dit, en parlant du banditisme : « Qu'est-ce que j'en pense ? Il faudrait construire plus de potences que de croix ! Car je ne crois pas à la croix ! » La potence est exemplaire !*

— Œil pour œil...

— *Non, non ! Ça serait de la vengeance, non de la justice ! Et l'Etat peut faire justice, en certains cas, naturellement : préméditation, séquestration, etc. Bon alors, dites un chapelet, abstenez-vous dans les périodes fécondes... Le mari va à l'église, n'est-ce pas ?*

— Euh ! J'ai dû le forcer pour me marier à l'église... Il est méfiant vis-à-vis de l'église...

— *Mais pourquoi vous l'avez épousé, alors ?*

— Je l'aime, mon père !

— *VOILÀ ! Le sentimentalisme ! VOILÀ LE SENTIMENTALISME !*

— Mais, mon père, je ne fais pas de concessions quant à...

— *Eh ! eh ! Exemple : le dimanche vous voulez aller à la messe, lui, il veut faire une sortie. Que fait-on ?*

— Il y va tout seul, mon père.

— *Bon, d'accord. Et après, l'éducation des enfants ? Vous devez former une équipe : père et mère ensemble, pas vrai ? Or, quel exemple donnerez-vous aux enfants qui viendront ? Ils voient que vous allez à l'église et pas leur père ! Et alors, eux non plus ils n'y vont pas ! Vous devez être ferme ! Décidée !*

— Mais je le suis ! Même quand il veut avoir certains types de rapports, moi…

— *Voilà, bravo ! Ça aussi ! Moi, je n'en ai pas parlé par délicatesse, mais, à mon avis, dans certains cas, il faut se séparer, plutôt que de faire des bêtises !*

— Vous savez, il a beaucoup d'amis homosexuels… C'est pas que je n'ai pas confiance en lui, mais moi, je les tiens à distance, j'ai un peu peur.

— *Vous êtes craintive, ça se comprend ! Sodome et Gomorrhe ! Ils ont été exterminés par une pluie de feu et de soufre ! Par milliers ! Les Saintes Ecritures, le châtiment divin ! On refuse, on refuse l'absolution ! Je suis désolé, je suis désolé. C'est contre nature ! Contre nature ! Surtout s'ils n'ont pas d'attirance pour les femmes, ils n'ont d'autre attirance… Le plus grave c'est quand on est marié… Mais voyons ! On cherche le plaisir, et avec un homme en plus ! Adultère, péché impur et péché contre nature. Il y a trop de péchés ! Bon alors, tu t'es accusée de ces péchés contre le mariage… le chapelet pendant tout le mois de mai, d'accord ? Je t'absous de tes péchés…*

⁂

Milan

— Je suis comptable, c'est un moment pénible pour nous car c'est la période des déclarations d'impôts.

— *Ils vont reporter l'échéance de quelques jours.*

— Oui, ce n'est pas la quantité de travail, mais tous les ans c'est la même histoire, presque toutes les déclarations que je fais sont malhonnêtes et c'est ce que veulent les clients.

— *Je comprends, il y a aussi un problème moral, je crois. Vous devez déclarer des choses qui ne correspondent pas à la vérité. Mais alors, votre activité n'est pas tellement agréable. Du moins, de ce point de vue.*

— Oui, d'autre part, si je ne le fais pas…

— *Ils s'adressent ailleurs et vous n'avez plus de travail. J'ai compris. Toute la responsabilité retombe sur ceux qui déclarent, ce n'est pas vous, directement, qui déclarez. C'est votre déclaration à vous qui doit être honnête, n'est-ce pas ?*

— Mais je les aide à frauder.

— *Vous les aidez à faire une chose incorrecte. A mon avis, vous devriez essayer de les aider à avoir un peu plus de conscience, comme on dit, non ? Du moins sur un plan éducatif, il me semble, les faire réfléchir, les rendre un petit peu plus responsables…*

— Ils savent pertinemment ce qu'ils font, je ne me hasarde même pas à leur dire quoi que ce soit, ils me prendraient pour un fou. Je les mets simplement au courant des peines qu'ils encourent.

— *Des sanctions.*

— Oui, mais ça ne sert à rien, et puis il est tellement difficile qu'on les découvre, grâce à mon aide, aussi. Toutefois, je me demande si je ne commets pas un péché.

— *Eh oui ! c'est un problème. Il y a toujours une part de péché, quand on réfléchit à ce problème moral, il y en a toujours un peu… Voilà, de l'avis des spécialistes, il semblerait que le système fiscal est trop oppressif. Enfin, si on veut être précis, juste, suivre la loi à la lettre, on se fait plumer complètement, c'est-à-dire, le système fiscal n'est pas juste, par conséquent, l'idée serait, en gros : « Ils exagèrent avec toutes ces taxes, alors, essayons de les diminuer ».*

— Certes, le poids fiscal est très lourd, excessif.

— *Non équitable, en somme.*

— Non, non.

— *Donc, vous voyez, en ce sens, par désir d'équité, dirions-nous, voilà, on essaye de faire ce qu'on peut.*

— Vous savez, même dans ma déclaration… je fais… il y a des choses qui sont vraiment à la limite.

— *De l'illégalité ?*

— Oui.

— *En tout cas, le principe reste celui de l'équité, il me semble. Ce serait injuste, de votre part, de dire : « Je donne le minimum possible de ma contribution, exactement comme n'importe quel ouvrier qui ramène à la maison, je ne sais pas moi, vingt à vingt-cinq millions de lires. » C'est-à-dire, il me semble que vous aussi, vous devriez être raisonnable, l'équité ne doit pas se baser uniquement sur notre intérêt privé, évidemment, mais sur ce qui doit être juste. Voilà, en une année je gagne tant, il me semble, il est juste que je donne tant.*

— C'est-à-dire, que chacun juge par lui-même.

— *Oui, malheureusement on en arrive là, si vous dites que le poids est vraiment excessif.*

— Si nous devons payer toutes les taxes qu'on nous réclame, nous ne gagnons plus rien. Surtout ceux qui travaillent le plus, et ça c'est injuste. Ceux qui travaillent et gagnent le plus sont taxés de manière exorbitante.

— *A mon avis, vous devez aider vos clients à faire leurs déclarations de la manière la plus juste, lorsqu'il vous est possible. Vous qui êtes du métier... je veux dire, ils ne viennent pas chez les prêtres car nous ne parlons jamais de ces choses-là avec nos fidèles. Un petit peu, comme ça, en chaire, mais de manière générale.*

— Apparemment ils ne le considèrent pas comme un péché.

— *Oui, toujours pour la même raison, vous comprenez ? Je veux dire, ce n'est pas juste de tout payer. Mais il est possible de faire comprendre qu'il faut contribuer proportionnellement à ses revenus, pour le bien commun car, si celui qui en a les moyens contourne la loi, l'apport au bien commun n'est donné que par les salariés... il faut donc éduquer notre conscience, mais aussi, un petit peu, celle des autres. Deuxième chose, vous qui connaissez la question, qui êtes compétent, suggérez à qui de droit, à ceux qui font les lois, ce qui serait juste. Des gens honnêtes, qualifiés, qui puissent dire : « Cette loi ne va pas, elle permet à un nombre important de personnes de tricher, de manquer à leur devoir, mais vous, réduisez vos exigences, de façon à ce que tout le monde paye et pas seulement les moins malins... » Vous-même, essayez, de votre côté, dans la mesure du possible, d'être meilleur, soyez assuré que c'est un devoir que nous avons tous.*

— Voilà, mon père, je fais quelque chose qui compense un peu : quand je le peux, j'attribue le 8 ‰ à l'Eglise, même si le client m'a dit de...

— *Ah ! mais là, il ne perd rien.*

— Non, tout irait à l'Etat, de toute façon...

— *A mon avis, vous avez raison de suggérer le 8 ‰, vous devriez même expliquer qu'au fond, avec cet argent, l'Eglise finance des œuvres charitables.*

— Il y a des client qui me font confiance et je signe à leur place, et même s'ils me disent de verser à l'Etat, je verse à l'Eglise.

— *Bon, de toute façon ils n'y perdent rien.*

— Non.

— *A la limite, s'ils souhaitent faire des dons, il me semble que l'on peut déclarer jusqu'à deux millions de lires, ça aurait plus de sens, en réparation de leur fraude... l'idéal serait, toutefois, de faire en sorte que les choses soient équitables. Commençons par former les consciences. Peu de lois, claires et justes, plutôt que mille lois inutiles. Autre chose? [...] Je t'absous...*

***

Brescia

— Ça fait deux ou trois semaines que je ne me suis pas confessé, mon père. J'ai vu des films pas comme il faut.

— *Inconvenants?*

— Oui. Et puis, voyez-vous, ma femme ne veut pas d'enfants.

— *Oui, vous avez fait ce qu'il fallait?*

— Oui.

— *Oui, en tout cas, il y a de la bonne volonté de votre part, n'est-ce pas? Il faut tenir compte aussi de vos exigences.*

— ...Et puis j'ai... il y a des problèmes économiques, je n'ai pas fait une déclaration très correcte.

— *Mais c'est ainsi pour tout le monde, il y a tellement d'impôts que, de temps en temps, quelque petite magouille... Comment faire? D'ailleurs, souvent, on n'y arrive vraiment pas...*

— En effet...

— *Mêmes ceux qui ont des petites entreprises ou des emplois modestes le font, car ils doivent supporter des impôts exorbitants. Par conséquent, quelques magouilles, je crois, ne vont pas à l'encontre de la justice, d'une juste redistribution surtout. De ce point de vue, en Italie nous vivons dans une situation absurde. Nous faisons ce que nous pouvons, mais il faut bien subvenir aux besoins des familles.*

— Certainement. Une dernière chose, mais ce n'est peut-être pas un sujet de confession, hum !... j'ai justement une petite entreprise de solvants et j'ai déversé les déchets dans un fleuve...

— *Oui, oui, c'est à propos de l'écologie.*

— Je ne peux pas me permettre d'acheter un système de dépuration.

— *Vous ne pouvez pas les enterrer ?*

— Eh non ! ce sont des liquides, mon père !

— *Ah bon ? Bien, essayons de faire de notre mieux, car parfois, il y a peut-être des petits ruisseaux déjà pollués, mais il ne faut pas abîmer ceux dont l'eau est encore pure et limpide, d'accord ? Essayons de faire tout notre possible à ce propos. Demandons pardon pour tout, même pour les péchés par omission. Confions au Seigneur notre bonne volonté et tâchons de la renforcer de notre mieux. Soyons assidus dans la confession, essayez de l'être aussi dans les rapports avec votre femme. Même si ce ne sont que des péchés véniels, étant donné la situation et la nécessité, il faut également les confesser, n'est-ce pas ? Pour pénitence, offrons notre journée de travail de demain, d'accord ? Je t'absous...*

⁂

Pistoia

— J'ai reçu une offre d'achat très avantageuse pour mon entreprise et j'ai décidé de l'accepter. Reste le problème des ouvriers, que je devrais licencier.

— *Mais qui est le responsable ?*

— C'est moi la responsable. Mon père, à qui j'ai demandé conseil, m'a dit qu'il faut d'abord songer à ses propres intérêts. J'ai calculé que si j'investis mon capital à l'étranger, je peux déjà gagner 15 % de plus que maintenant, vous comprenez ?

— *Je comprends. Il faudrait, éventuellement, en parler à vos ouvriers, les prévenir un an à l'avance ou, je ne sais pas, faire en sorte qu'ils aient la possibilité, pour ne pas se trouver du jour au lendemain...*

— Ça fait six mois que je les ai prévenus. Mais ils m'ont occupé l'usine !

— *J'imagine. Mais à un moment donné, quand on a un avocat... Sur le plan moral, il faudrait trouver la possibilité de continuer à produire, etc. Mais ce n'est pas facile de donner une réponse, car au fond, chacun est libre de faire son travail, voilà, de prendre des dispositions...*

— En effet. Je n'en peux plus. Je veux vendre.

— *Je comprends. Mais je vous l'ai dit, pour ce qui est de la propriété, chacun a le droit de choisir. L'ouvrier, quant à lui, il a le droit au travail, mais dites-donc ! si je ne peux pas le leur donner parce que je n'y arrive plus ou autre, qu'est-ce que je fais ? Mais, mais, mais, de nos jours il faut y aller doucement, faire attention, voilà. Je peux comprendre qu'il y a de quoi devenir fou, mais avant d'en arriver là, vendez, vendez tranquillement. Mais, voyez aussi s'il y a une possibilité, d'une manière ou d'une autre, de continuer.*

— Mais ces ouvriers prétendent que dans le contrat de vente on stipule... que leur travail soit garanti. Et, avec l'appui des syndicats, ils m'en font voir de toutes les couleurs !

— *Oui, oui, je comprends. Mais quand on n'a rien à se reprocher sur le plan du droit civil... car il n'y a pas que nos intérêts personnels, après avoir mis notre argent à l'abri, nous n'avons pas le droit de ne rien faire. Voilà, si c'est comme ça, non. Vous devez tenir compte du concept de charité, dire, voilà, je vais donner un coup de main aux autres aussi. Malheureusement, aujourd'hui on brandit cela comme si c'était un dû, c'est acculer le patron plutôt que de lui donner un coup de main !*

— C'est vrai, moi je m'efforce de me mettre à leur place, mais eux ils ne le font pas.

— *C'est le gros problème. Pour ça je vous dis : jouez toutes vos cartes sur le plan chrétien, si vraiment vous voyez que vous n'y arrivez pas, alors SAUVEZ le droit civil, un point c'est tout. L'important c'est qu'il n'y ait pas que la partie, comment dire, matérielle. Mais quand on a fait ce qu'on pouvait faire, c'est bon, voilà. Il ne manquerait plus que ça ! Combien d'usines ont fermé à Prato... celui qui rachète n'est pas obligé de continuer ! On ne peut pas les obliger ! [...] L'important est de comprendre et de s'efforcer d'être le plus possible dans le vrai. Tout à l'heure, juste avant d'ouvrir l'église, j'étais là, avec le Seigneur. Je Lui ai dit que ce matin je suis allé, comme d'habitude, à l'église de [...], où, chaque vendredi, on fait l'adoration. Ce matin donc, j'arrive à 11 heures et je vois : « AUJOURD'HUI PAS D'ADORATION ». Voyez-vous un peu ! Alors je suis allé me confesser, histoire d'enlever un peu de poussière, comme à la maison, n'est-ce pas? On fait la poussière même s'il n'y a pas grand-chose. Pour ça je te dis, tous les mois, fais un saut, quelque part, pour nettoyer, même s'il n'y a pas beaucoup de poussière! Le sacrement est important! Il l'a institué le jour même de Sa résurrection, quand Il a dit, au moment de la Cène : « La paix soit avec vous. » Puis il a ajouté : « Recevez le Saint-Esprit. Ceux à qui vous remettrez les péchés, ils leur seront remis! » Tu te rends compte? Le jour même de Sa résurrection! Fais de ton mieux, sois sage. Souviens-toi qu'à partir de ce moment, je te recommande une seule chose : pour le passé, une fois que Dieu a pardonné... ne fais pas de tort à la miséricorde, car Lui, Il ne revient pas là-dessus. Pour le futur, ne fais aucun tort au Seigneur, car il y a la Providence. Pour le présent, souviens-toi qu'il y a Sa grâce et Sa bonne volonté. D'accord? Récitez le Credo pour renouveler votre foi et un Ave Maria à la Vierge pour votre famille.*

Rieti

— *Vous souvenez-vous de vos péchés?*

— J'ai forniqué et je n'ai pas été très honnête avec mes amis. Mais surtout, mon père, j'ai un gros poids sur la conscience. J'ai une petite entreprise de bâtiment. L'autre jour, un de mes ouvriers est mort dans un accident du travail... Je n'ai eu aucun problème avec la police, mais je sais que si j'avais fait mon devoir, que si j'avais prévu les systèmes de sécurité sur les échafaudages, cela ne ce serait pas produit. Je savais que c'était très dangereux, mais pour diminuer les frais, je ne l'ai pas fait. Je me sens donc responsable de cette mort.

— *D'accord. Vous êtes un peu en faute.*

— C'est comme si je l'avais tué de mes propres mains.

— *Ce n'est pas tout à fait comme ça, peut-être bien que... vous auriez dû savoir ce que vous faisiez, un peu de négligence, d'irresponsabilité aussi, de votre part, mais que faire? Parfois nous sommes imprévoyants, imprudents, nous avons du mal à nous soumettre à la loi. Surtout lorsque... nous avons affaire à des gens encore moins prudents. C'est à peu près ce qui arrive en voiture, le mauvais temps d'un côté, les accidents de l'autre... Bon, maintenant, on ne peut plus revenir en arrière, malheureusement. A l'avenir, essayons d'être un peu plus prévoyants, d'être... pour respecter la vie des autres qui vaut plus que tout autre chose, l'argent y compris. Donner une juste rétribution aux ouvriers signifie également les faire travailler dans de meilleures conditions, moins dangereuses, réduire au maximum les risques d'accidents. Malheureusement, tout le monde est sage après coup, comme on dit. Nous devons demander pardon au Seigneur pour notre négligence et continuer, en essayant de réparer, dans la mesure du possible, le mal que nous avons fait.*

— Je ne suis pas dans le péché, mon père ?

— *Eh bien ! même s'il y a péché, vous venez de le confesser, n'est-ce pas ? Voilà, le Seigneur vous pardonne, mais Il vous engage à être plus prudent à l'avenir, plus attentif, à respecter au maximum la vie des autres. Même si vous avez un peu plus de frais, vous aurez, au moins, la conscience plus tranquille à l'idée d'avoir fait pour le mieux. Hélas ! ce genre d'accident arrive aussi par manque de prudence... Comme je vous le disais à l'instant, les accidents de la route se produisent, le plus souvent, par inattention, on grille un stop, pour ne pas avoir fait ce qui était de notre devoir. Donc, même si nous avons fait le mal, le Seigneur nous pardonne. Comme je vous l'ai dit, il faudra réparer avec la famille de cette personne et aussi être plus prudent avec les autres ouvriers. [...] Mais ces propos doivent être sincères, autrement il ne sert à rien de se confesser si nous recommençons les mêmes fautes. Lors de la confession, le Seigneur veut notre repentir. Tu diras trois Ave Maria à la Vierge pour qu'elle t'aide à être sincère et généreux, pour être meilleur, voilà. Je t'absous...*

⁂

Grosseto

— Je crois avoir commis un péché... j'ai une petite industrie dans le Nord, oh ! pas si petite. Pour obtenir une adjudication, non seulement j'ai distribué des enveloppes, les fameux « pots-de-vin », mais j'ai mis... — je travaille dans l'alimentaire — j'ai utilisé des colorants, des conservateurs non autorisés.

— *Mais vous ne l'avez fait qu'une fois ?*

— Bah non ! malheureusement c'est une pratique courante pour ce genre de produit.

— *Mais, est-ce que ça peut nuire à la santé ?*

— Eh bien oui ! c'est ce qu'affirme la loi... mais, vous savez, elle exagère toujours. Les normes du Marché commun sont très rigides... et ce ne sont que des quantités minimes. Je ne crois pas que si on mange une de mes tomates un peu colorées on attrape le cancer.

— *Donc, disons que certains principes qui sont établis, je crois... surtout pour la santé publique... enfin, ceux qui ont établi ces normes... il peut y avoir ce danger, en somme, un désagrément, il peut y avoir un début de mal. Allez, soyez sage, tâchons d'être un peu plus honnête, non seulement en allant à l'église, mais aussi en ne renonçant pas à la droiture. La vie humaine est un don de Dieu, n'est-ce pas ? Nous devons la respecter et surtout, je dirais, la conserver, pas vrai ? Il faut donc renoncer à cette course à l'argent, au bien-être. Car, en ne respectant pas la loi, nous trompons également ceux qui achètent ces produits. Je veux dire, essayez un peu, en homme honnête et en bon chrétien, après tout, si aujourd'hui vous êtes venu vous reconcilier avec le Seigneur, cela veut dire que vous avez la foi, et cette conscience qui vous a poussé à confesser votre péché signifie que vous avez un certain respect. Essayez de modifier cette situation, enfin, la soif d'argent...*

— D'accord, mon père, mais, en dehors de ma soif d'argent, il y a aussi mes employés, je ne le fais pas que pour moi. La concurrence est terrible, si je ne suis pas toujours correct, même vis-à-vis de mes employés, pour ce qui est des salaires ou des conditions de vie... c'est justement pour cette lutte, cette concurrence impitoyable que nous devons affronter. On joue le jeu ou on est éliminé, ce qui entraîne des licenciements. Je ne sais ce qui est le mieux.

— *Je comprends ce que vous voulez dire, effectivement, c'est un vrai drame de nos jours, dans des moments si terribles, il faudrait se dire, en bon chrétien : « Pourquoi nous en sommes arrivés là ? » Personne ne devrait pratiquer cette concurrence impitoyable... Je connais peu ces problèmes, et en particulier celui d'ajouter des additifs à vos produits pour mieux les vendre. Mais pensez-y, réfléchissez. Et aussi à cette injustice vis-à-vis de vos ouvriers... Tenez, vous pouvez leur dire : « Si vous voulez garder votre travail, eh bien, dans ces conditions l'entreprise ne peut pas continuer, ou alors... » Moi j'y crois à cette fameuse participation, elle serait si importante !*

— Ils n'y croient pas eux. Vous connaissez les syndicats, ils disent qu'en réalité je ne veux pas renoncer à mon bénéfice, c'est peut-être vrai, mais ce n'est pas la seule raison.

— *Sur ce point, c'est à vous de voir, car ce n'est pas facile de juger comme ça, de loin. Je dis simplement que l'honnêteté doit passer avant toute chose. Si en plus on arrive à concilier l'honnêteté avec le travail, surtout avec les salariés...*

— Oui, je peux être plus juste avec eux si je continue à traiter mes produits de cette manière, sinon c'est impossible.

— *Là aussi, réfléchissez bien, car moi, je ne peux pas me rendre compte des conséquences que ce produit pourrait avoir sur la santé. Je dois faire appel à votre conscience chrétienne, à votre responsabilité car, je le répète, il s'agit de la santé. Pensez-y donc, vérifiez les conséquences que cela entraîne, demandez conseil à des experts.*

— Vous savez, mon père, c'est moi l'expert, je suis chimiste. Ce sont effectivement des produits cancérigènes, mais seulement si les quantités sont importantes, en de si petites quantités...

— *Vous êtes chimiste, mais plus qu'au chimiste, il faut demander conseil à un médecin, à un professeur, à un spécialiste. Parce que, si c'est à moi que vous le demandez, pour sauver la situation je peux vous répondre : « Non ! Vous ne pouvez pas faire ceci, un point c'est tout, car vous êtes malhonnête ! » Or, je ne peux pas dire ça car, je le répète, je ne suis pas expert, par conséquent, je serais trop sévère ou trop modéré, forcément. Voilà pourquoi je fais appel à votre conscience chrétienne. Si vous êtes venu ici, c'est que vous croyez que vous vous sentez responsable. Alors, renseignez-vous. La vie humaine est sacrée, vous savez, ce n'est pas la peine... On dit* primum vivere *(la vie d'abord), n'est-ce pas ? Tout le reste vient après. Donc, étant donné votre conscience chrétienne, ne comptez pas trop sur moi sur ce point, car je pourrais me tromper, dans un sens ou dans un autre. Je fais appel à votre bonne volonté... C'est tout.*

— Merci, mon père.

— *Vous vous rappelez d'autres choses ?*

— J'ai fait des torts à ma femme, je lui en fais tout le temps.

— *Vous la trompez ?*

— Oui.

— *Comment faites-vous avec votre conscience ? Ah, Seigneur ! Vous voyez que... enfin, vous courez à votre perte ! Ici il n'y a pas d'excuses, car vraiment, vous n'avez plus un comportement chrétien. Ne me racontez pas d'histoires, vous ne faites pas que tromper votre femme. Combien d'autres personnes avez-vous poussé au mal, au péché, au scandale ? Réfléchissez ! Ces femmes ont peut-être une famille, un mari, vous rendez-vous compte du gâchis que vous provoquez ?*

— ... Je suis sûr que ma femme non plus, elle n'est pas tout à fait innocente.

— *Ah ! mais moi je lui parlerais clairement... si vous en êtes convaincu ! Le comportement de votre femme ne justifie pas le vôtre, car en ce moment c'est vous qui êtes en présence du Seigneur, ce n'est pas votre femme. Si et quand elle ira se confesser, votre femme devra répondre devant Dieu, car...*

— Non, ma femme n'est pas croyante, elle ne va pas à l'église.

— *D'accord, d'accord, m'enfin, étant donné que maintenant c'est vous qui êtes devant Dieu... Dieu condamne toutes ces choses ! Si vous lisez la Bible... Tous les deux, vous n'avez pas de morale, vraiment, vous êtes des indignes, le Seigneur ne veut pas cela, Il ne peut pas le vouloir. Ce serait comme si vous vouliez faire du mal à votre fils. Jésus a dit dans l'Evangile : « A quoi bon conquérir le monde si on perd son âme ? » Vous êtes vraiment en train de compromettre votre foi, votre morale, vos principes, si vous continuez ainsi, que restera-t-il du chrétien qui est en vous ? Rien, à mon avis. Car, à quoi ça rime de se confesser une fois par an, si c'est pour dire qu'on ne va pas à la messe du dimanche ? Comment est-ce possible ? Je vous le demande ! C'est un christianisme qui n'a rien de chrétien, naturellement. Sur ce point, ou bien vous promettez au Seigneur — aujourd'hui, vraiment — de mettre un terme à cette vie immorale et malhonnête, ou alors je ne peux pas vous donner l'absolution !*

— Mais comment ?...

— *Oui, là j'en suis sûr. Autant je ne suis pas sûr de moi quant à l'autre problème, autant je le suis pour celui-là ! Je me sens effectivement le ministre de Dieu, et en tant que tel je ne peux pas admettre ce que vous me dites, car sur ce point je suis persuadé que vous vous trompez, vous offensez le Seigneur, vous allez à votre perte, vous détruisez votre famille, vous poussez au péché d'autres personnes. Il n'y a rien à faire, dans ce domaine, j'en suis sûr, voilà ! Pour l'autre question, je vous l'ai dit, demandez conseil à un médecin, à un professeur, à quelqu'un... Car, si j'étais persuadé que ce dont vous m'avez parlé est dangereux et nuisible à la santé, alors je vous dirais :*

« Ecoutez, soit vous arrêtez, soit je ne vous donne pas l'absolution ». J'ai été très clair, malheureusement je ne m'y connais pas assez pour dire que c'est ainsi, je pourrais me tromper. Je pourrais même dire : « Ce n'est peut-être pas aussi dangereux, je ne sais pas si la loi l'admet ou pas ».

— Mais je vous l'ai dit, la loi ne l'admet pas.

— *Et alors, vraiment, vous êtes un hors-la-loi vis-à-vis de Dieu, car, si la loi ne l'admet pas, comment pouvez-vous continuer ? Pourquoi insistez-vous à vous mettre contre une loi qui, de toute évidence, défend la vie de l'homme ?*

— Je vous ai déjà expliqué quel est le problème.

— *Je sais, je sais, mais si la loi le dit, ça veut dire qu'il y a des conséquences, sinon elle le tolérerait. Réfléchissez ! Réfléchissez à l'une et à l'autre chose et approchez-vous des sacrements, c'est ça, vous devez bien réfléchir.*

— D'accord.

— *Que le Seigneur vous bénisse et vous accompagne, pensez-y plus sérieusement, d'accord ? Allez en paix.*

***

Messine

— *Quels sont les péchés dont vous vous rappelez ?*

— J'ai commis beaucoup de péchés, beaucoup de péchés. Mais j'ai surtout ressenti le besoin de me confesser parce que j'ai ... transporté une importante quantité de drogue...

— *Ah ! Ça c'est mal, c'est très mal ! Vous ne devez plus recommencer avec ces choses-là, car elles sont un danger pour l'humanité, pour les jeunes. Pour ça, vous devez arrêter, vous devez promettre à Jésus de ne... voyons, de ne plus vous occuper de ces histoires, d'accord ?*

— Mais comment, mon père ? Je suis désormais... j'ai même essayé d'arrêter, mais j'ai reçu des menaces.

— *Mais non ! Il faut prier. Dites au Seigneur : « Faites-moi la grâce de me tirer complètement de là, que je puisse m'occuper d'une chose honnête, un travail... » Vous n'avez pas un travail ? Qu'est-ce vous faisiez avant ?*

— Non, avant je faisais autre chose, des vols, des hold-up...

— *Hein ? Quoi ? Quoi ? Si vraiment vous avez l'intention de revenir à Jésus, il est écrit, dans l'Evangile : « Que celui qui M'aime observe Mes commandements », et donc, si vous aimez Jésus et le Seigneur, vous devez observer les commandements qui disent que : tu ne voleras pas, tu ne commettras pas d'actes impurs, tu ne nuiras pas aux autres et toutes ces choses. Or, si on s'engage... n'est-ce pas ? Vous y engagez-vous dans cette confession ? Qui vous a poussé à vous confesser, maintenant et de cette manière ?*

— Je sais que je suis en faute, mais je ne peux faire autrement.

— *Mais non ! Vous devez promettre à Jésus d'abandonner cette voie. Vous devez absolument l'abandonner.*

— Oui, mais je risque ma vie !

— *Comment ?*

— Je risque ma vie !

— *Vous risquez votre vie. Eh bien, dites à ce type : « Je ne peux pas m'occuper, je ne veux plus m'occuper de ces choses. » Eh, quoi ? Il faut bien pouvoir... laissez tomber car... voyez-vous, si vous voulez vraiment aimer le Seigneur, vous ne pouvez continuer dans cette direction. [...] Essayez de trouver une activité honnête, faites de votre mieux et éloignez-vous de cette voie. Car sinon... qu'est-ce qui vous a poussé à vous confesser ?*

— C'est que, ça s'est passé ce matin... une sorte de délivrance.

— *Et alors, libérez-vous complètement. Allez-y, libérez-vous avec l'aide du Seigneur, vous verrez, ce soir le Seigneur et la Sainte Vierge vous aideront. Et pour la drogue, comment faites-vous ? Vous l'avez livrée une fois ? Comment... ?*

— Non, je l'ai transportée en avion. Dans mon estomac.

— *Et ensuite, vous vous êtes libéré de cette...*

— Oui, et je l'ai livrée.

— *Vous voyez bien le danger que vous courez... ! A partir de maintenant, vous devez promettre à Jésus et à la Très Sainte Vierge... vous direz : « Sainte Vierge, je vous promets, dès ce soir, de me libérer de ces embûches... », essayez de... êtes-vous marié ?*

— Je suis divorcé.

— *Divorcé ? Et vous vivez avec une autre femme ?*

— Oui.

— *Ainsi, voyez-vous, vous ne pouvez même pas recevoir d'absolution. Etant donné que vous vivez avec une femme qui n'est pas votre épouse… Tâchez de mettre de l'ordre dans votre vie, courage ! Vous ne pouvez pas revenir avec votre épouse, la première ?*

— Non, elle est avec quelqu'un d'autre.

— *Avec un autre… hein ? Mais avec la première, vous étiez mariés selon les règles, à l'église ?*

— Oui, bien sûr. Nous étions tout jeunes quand nous nous sommes mariés à l'église.

— *Avez-vous des enfants ?*

— Oui.

— *Et alors, vous voyez, vous voyez ? Vous devez prier. Allez-y et que le Seigneur vous délivre de toutes ces choses ! Si on veut vraiment prier le Seigneur, il faut se libérer de toutes ces choses, hein ? Je vous le souhaite… Je prierai pour vous, tout particulièrement pendant la messe. Sincèrement, de tout mon cœur. Que le Seigneur vous donne la joie, la grâce, la force de vous libérer de tout. Je ne peux pas vous donner l'absolution, vous savez pourquoi ? Parce que vous avez une liaison avec cette autre femme qui n'est pas votre épouse, vous comprenez ? On ne peut pas se lier avec quelqu'un quand on est marié. Il faut vivre avec son épouse.*

— Mais pour le reste, vous me donnez l'absolution ?

— *Le reste… demandez sincèrement pardon à Jésus, mais moi, je ne peux pas vous donner l'absolution, vous comprenez ? Vous devriez promettre de rejoindre votre épouse, promettre de ne plus retomber dans ce péché. Allez, je souhaite que le Seigneur vous donne cette joie, j'espère que vous reviendrez pour me dire : « Je me suis libéré de tout et de tous. »*

— Mais, mon père, je ne pense pas pouvoir recommencer avec ma femme, d'ailleurs, elle a eu un enfant avec l'autre. Elle s'est remariée.

— *Vous voyez, vous ne promettez pas. Vous ne pouvez pas recevoir les sacrements si vous vivez en concubinage, vous avez compris ? Si vous vous séparez d'elle, vous pourrez recommencer une vie normale, d'homme séparé, dirions-nous, à condition de ne plus vivre en concubinage, d'accord ? Car, voyez-vous, on ne peut pas, pour ainsi dire, promettre au Seigneur de ne pas… si on continue à vivre avec une femme avec qui on n'est pas marié. Ce n'est pas une vie chrétienne, essayez de vous en convaincre. Et même si moi… disons… même si je vous donnais l'absolution, le Seigneur ne vous pardonnerait pas, parce que vous ne vous seriez pas engagé sérieusement à vous libérer définitivement du péché. Vous avez compris ?*

— Oui, mais... comment faire ? Je pourrais essayer d'arrêter avec la drogue, mais je ne peux pas vivre de nouveau avec ma femme, ni être chaste.

— *Eh, eh ! C'est pour ça que... puisque vous ne pouvez pas promettre ceci, je ne peux pas donner l'absolution, car, car... Si vous revenez dans quelques jours... je souhaite qu'à partir de ce soir vous ayez une vie plus proche du Seigneur, j'aimerais qu'il en soit vraiment ainsi, afin que vous puissiez me dire : « Mon père, je ne vis plus en concubinage »...*

— Ecoutez, mon père, vous êtes prêt à pardonner un péché grave... et cette autre chose... je l'aime cette femme.

— *Celle qui vit avec toi, tu l'aimes ?*

— Oui.

— *Vous voyez ? On ne peut pas vivre ainsi, compris ? On ne peut pas vivre ainsi car, selon la loi... la loi... non ecclésiastique... selon la loi de Dieu... le Seigneur Lui-même a condamné en disant : « Personne ne devra répudier sa propre épouse et en prendre une autre ». Dans votre cas, votre épouse est partie avec un autre, il faudrait alors que vous viviez sans... vous comprenez ?*

— Justement, je ne suis pas un prêtre, mon père, je suis...

— *Je le sais. Bon, mais espérons tout de même, que dire ? Mais c'est cette... cette... comme je disais tout à l'heure, même si je vous donnais l'absolution, ce serait inutile, compris ? Oui, on pourrait donner l'absolution, pardonner... mais ce n'est pas moi qui vous pardonne, c'est le Seigneur ! Or, Il a mis cette condition : pour être pardonné, il faut promettre de ne plus retomber dans le même péché. Compris ? Bon, ayez confiance en Dieu, priez ! Priez le Seigneur. Allez, courage !*

— [Silence]

— *Si vous avez besoin de quelque chose pour ce soir, pour manger, quelque chose...* [il met une main dans sa poche].

— Non, mon père, je vous remercie. Au contraire...

— *Rappelez-vous, je vous attends dans quelques jours...*

— Je ne crois pas, mon père.

— *Vraiment... vraiment, je souffre de voir que vous... C'est sûr, le Seigneur vous a appelé ce soir, qui sait ? Peut-être pourra-t-il vous donner aussi la grâce... Nous, les prêtres, nous avons droit à une grâce spéciale, nous prononçons des vœux d'obéissance, d'abstinence, mais nous nous tenons à l'écart des dangers, des occasions ... mais enfin, il y a beaucoup de gens, dans le monde, qui ne sont pas mariés et qui vivent chastement... Tous mes vœux ! Que le Seigneur vous bénisse. Je vous donne ma bénédiction, la bénédiction du Dieu Tout-Puissant.*

***

Gênes

— Mon père, je travaille dans le bâtiment et... j'ai fait des spéculations, pas très correctes. J'ai obtenu des permis de construire en distribuant des dessous de table. J'ai pu ainsi construire des maisons non conformes à la loi. Je ne sais pas si c'est un péché.

— *Essayons de ne pas faire ce genre de manigance, nous savons ce qui est en train de se passer, n'est-ce pas ? Cette histoire de pots-de-vin a éclaté... on ne peut pas faire trop de combines, hein ? Les faveurs... mais désormais on ne peut plus revenir en arrière.*

— Vous savez, c'est le seul moyen pour travailler, ne pensez pas que tout va s'arrêter parce qu'ils ont coincé quelques politiciens. Les géomètres des mairies... il faudrait mettre sous les verrous la moitié de l'Italie...

— *Je sais, malheureusement c'est ainsi. D'accord, demandez pardon au Seigneur. Avec votre famille, ça va bien ?*

— Oui, oui, quelques incompréhensions, des incompréhensions avec ma femme.

— *Repentez-vous de tout, d'accord ? En paroles, mais en actes aussi, que nous pourrions faire mais que nous ne faisons jamais. Demandez pardon.*

— Peut-être... parfois les matériaux que j'utilise ne sont pas fameux...

— *Ça aussi, faites pour le mieux, hein ? Car nous devrons rendre compte à Dieu de toutes nos actions. Nous ne devons tromper personne, d'accord ? Bon, comme pénitence vous direz quelques prières. Je t'absous...*

***

Venise

— Mon père, je suis traducteur et il m'arrive souvent d'avoir des choses obscènes à traduire, ou bien anticléricales. Par exemple, mon dernier livre c'était un livre sur la mort du pape Luciani[1]. J'ai même dû ajouter des commentaires contre l'Eglise dans l'édition italienne.

— *Et tu voudrais qu'on te pardonne?*

— Mais c'est le travail, mon père.

— *Ah!... On fait ça pour de l'argent! Eh bien, non! Un travail convenable, d'accord, mais pas un travail déloyal. Pensez donc à vos responsabilités! Ainsi on a porté préjudice à l'Eglise, on a aggravé le préjudice à la* [incompréhensible]. *Si vous voulez que le Seigneur vous pardonne, dorénavant... ou plutôt, si la chose n'a pas encore été publiée, tirez-vous de là car c'est mal ce que vous avez fait.*

— Voyez-vous, mon père, si ce n'est pas moi, c'est quelqu'un d'autre qui le fera.

— *Eh bien, laissez-le faire à d'autres, mais vous...*

— Je pourrais atténuer, peut-être...

— *Vous devez détruire le mal, non le servir!*

— D'accord, mon père, mais voyez-vous, si je commence à refuser les traductions, à la longue... vous savez, c'est une activité un peu aléatoire.

— *Vous ne méritez pas l'aide divine. Etant donné la situation, et puisque vous n'avez aucune intention de réparer ni d'arrêter, vous ne la méritez pas, mon fils. Il faut que vous détruisiez le mal que vous avez déjà fait.*

— Vous savez, mon père, j'ai une famille...

— *Et alors, qu'est-ce que je dois dire? Il ne faut pas l'entretenir avec le mal. Non, un pécheur qui commet le mal à cause de sa famille, vous trouvez ça juste? Et alors?*

— Ainsi je devrais renoncer à...?

— *A ce travail. A ceux qui détruisent. Si vous pouvez empêcher la publication de ce livre, il faut le faire, autrement il n'y a pas de pardon,*

1. Il s'agit du pape Jean-Paul 1er, Albino Luciani. Elu le 27 août 1978, il n'exerça son pontificat que 33 jours et mourut dans des circonstances mystérieuses.

d'accord? Vous devez arrêter le mal, vous en écarter, même au risque de [incompréhensible].

— Au fait, si je suis là, c'est pour vous dire qu'en lisant ce livre, beaucoup de choses m'ont convaincu...

— *De mal en pis!*

— Je veux dire, l'histoire de la mort de Jean-Paul Ier est vraiment terrible.

— *Et vous voudriez le pardon? Honnêtement, je ne peux pas vous donner l'absolution.*

— Mais je voulais dire... j'en suis désolé, sincèrement.

— *Mais vous n'arrêtez pas, vous insistez... Quand est-ce qu'il doit être publié?*

— Le livre est déjà... à la photocomposition, il sortira en octobre.

— *Ah! Vous devez vous retirer de ce travail.*

— Tout ce que je peux faire c'est retirer mon nom, mais... non la traduction qui m'a déjà été payée, d'ailleurs.

— *Certes, le mal doit être réparé, il doit être réparé. Vous êtes responsable de... si vous-même vous êtes convaincu, imaginez combien de gens peuvent être trompés, éloignés de la foi, peut-être!*

— D'accord, mais c'est une histoire humaine, non...

— *Eh oui! oui mais [incompréhensible]. Ecoutez, tout ce que je peux vous dire... vous devez vous tirer de là et réparer le mal commis pour mériter le pardon du Seigneur. Après avoir réparé, vous aurez l'absolution.*

— Je ferai en sorte de ne plus accepter...

— *Allez chez votre curé et demandez-lui l'absolution, il vous connaît et pourra vous conseiller. Moi, je ne peux pas. Je prierai pour vous afin que le Seigneur vous permette de gagner votre vie autrement, non contre l'Eglise.*

— Mais je fais même partie de l'Action catholique![1]

— *Ça alors!*

— Je travaille pour l'Eglise!

— *De mal en pis!*

— Faire une critique ne signifie pas détruire l'Eglise, au contraire, je crois que...

1. Association dont la vocation est le prosélytisme. Dans les années 50, elle fut très proche de la Démocratie chrétienne.

— *Ecoutez ! Je vous ai dit ce que je pense. En toute conscience, je ne me sens pas le courage de vous donner l'absolution. Vous faites partie de l'Action catholique, vous faites le mal et vous insistez !*

— ... Je n'ai même pas le droit à votre bénédiction ?

— *Je prierai pour toi, afin que le Seigneur te fasse comprendre le mal que tu fais. Que le Seigneur te bénisse.*

⁂

Rome

[La pénitente déclare avoir tué son père malade, arrivé en phase terminale, non par compassion mais par haine. Toute petite, il l'avait violée.]

— [...]

— *Certes, certes, certes... certes... C'est très douloureux, c'est sûr, ce qui est fait est fait, désormais, adressez-vous au Seigneur en toute confiance, en toute... le Seigneur est Tout-Puissant, miséricordieux, Il est plein de compréhension. Bien sûr, c'est une action très grave. En tout cas, on voit bien que vous vous repentez réellement pour ce qui est arrivé, n'est-ce pas ?*

— Oui, bien sûr. J'en suis bouleversée...

— *Bouleversée, enfin, repentie...*

— Mais je voulais aller me rendre à la police.

— *Non, laisse tomber, non, non... ne fais pas ça, c'est inutile, que se passera-t-il ?...*

— Je ne sais pas, j'irai en prison.

— *Mais non, enfin... non, non, au lieu d'aller en prison, essayez plutôt de mener une vie de prière et de pénitence, pour réparer ce qui est arrivé ! En prison vous purgez la peine, mais ce que vous pouvez faire dehors, c'est beaucoup mieux, non ? En étant libre... une plus grande prière, un plus grand sacrifice...*

— Mais selon vous, Dieu me donnera l'absolution... pour ce que mon père m'a fait... ?

— *Dieu pardonne tout, vous savez, tout, parce que...*

— Seulement, la justice divine n'est pas la justice terrestre.

— *La justice terrestre, laisse tomber, personne ne s'est aperçu de rien, les choses se sont passées ainsi...*

— [...]

*
**

Bergame

[La pénitente a renversé un jeune Africain, et ne lui a pas porté secours.]

— *[...]*

— Si ce garçon venait à mourir... Qu'est-ce que je fais ? Je me rends ?

— *Non, savez-vous ce que vous pouvez faire ? Sans aller jusqu'à la police, bien entendu... Continuez à prendre de ses nouvelles, s'il meurt en laissant une famille ou autre, de façon anonyme, envoyez une certaine somme, nous sommes d'accord ? Pour aider en quelque sorte... Ce qui est fait est fait désormais, n'est-ce pas ?*

— [...]

*
**

Campobasso

[Le pénitent a assisté à un hold-up, et pendant leur fuite les malfaiteurs ont tué un policier. Par la suite, ils ont été arrêtés, mais il n'existe pas de preuves suffisantes pour les condamner. Le témoignage du pénitent serait déterminant, mais il n'a pas le courage de les identifier, il a peur. Le prêtre tente de le convaincre, puis il renonce, à la condition que le pénitent ne commette pas de sacrilège.]

— [...]

— *Enfin, agissez selon votre conscience, je ne veux pas non plus vous obliger à un geste héroïque. A la limite, ne prêtez pas serment.*

— Mais, au tribunal, je ne peux pas.

— *Maintenant la loi l'autorise, si on ne veut pas jurer sur la Bible... ça c'est permis. Si on a la foi, on peut jurer devant Dieu, sinon la parole d'honneur suffit. Il me semble que c'est ainsi.*

— Alors, je dis que je ne suis pas croyant ?

— *Non, non, ça il ne faut pas. Dites que vous jurez sur l'honneur. Il me semble que c'est possible...*

— [...]

***

Rome

— La raison de ma confession est que je traverse une crise profonde. Mon mari possède une société concessionnaire de voitures, et il fait du commerce d'occasion. J'ai découvert, depuis peu, qu'il trempe dans un trafic de voitures volées et que malheureusement il est impliqué dans ces histoires de pots-de-vin et de Mafia. Je ne sais plus quoi faire…

— *En l'occurrence, c'est lui qui commet un péché, pas vous.*

— Oui, je sais, mais je voudrais le dénoncer… je ne sais plus quoi faire… Je l'aimais, mais maintenant je ne peux plus. C'est terrible de découvrir une chose pareille. Ce que j'ai constaté est extrêmement grave, comment vous dire ? En plus des voitures volées, il y a la drogue. Il est lié à la Mafia…

— *Ecoutez, vous avez des enfants ?*

— Oui.

— *Et alors, comment faire ? Il faut plutôt essayer de guérir le mal, si possible, tenter de le guérir, au lieu de l'aggraver…*

— […]

***

Rome

[La pénitente a découvert que son mari est impliqué dans des histoires de pots-de-vin.]

— *[…]*

— Enfin, j'ai trouvé des papiers à la maison, je pourrais très bien le dénoncer et ensuite demander la séparation.

— *Mais madame, qu'entendez-vous par là ? Ça me paraît incorrect de la part d'une épouse, pourquoi voulez-vous le dénoncer ? Il n'y a pas d'obligation d'ordre… car chacun… je veux dire, étant donné que vous appartenez à la même famille, il me semble que vous ne devriez pas le dénoncer.*

— […]

⁂

Rome

[Le mari de la pénitente est parvenu, par la ruse, à se faire léguer l'important héritage d'une vieille dame.]

— *[...]*

— Le dénoncer pour abus de confiance ?

— *Mais cela ne veut pas dire... Si vous demandez l'invalidation du testament qui a été fait en votre faveur, je peux vous garantir qu'en faisant cela vous faites preuve d'une très grande rectitude morale, ce serait la meilleure chose. Mais vous obliger à ça, enfin, du moment que personne n'a bougé et que les cousins éloignés n'ont rien revendiqué... Je verrais plutôt, comme solution de compromis... celle-ci, voilà : sauvegardez votre honnête subsistance et celle de vos enfants, jusqu'à ce qu'ils se rendent économiquement autosuffisants. Qu'est-ce qu'ils font ? Ils travaillent déjà ?*

— Ils sont encore petits.

— *Ils sont petits... Alors, vous pouvez bénéficier de ces biens pour vos nécessités et pour installer vos enfants, maintenant ils sont petits, plus tard vous verrez. Vous devriez donner le superflu à ceux qui en ont vraiment besoin ou aux œuvres caritatives catholiques. Si vous ne désirez pas vous faire remarquer, vous pouvez le faire de manière anonyme. Vous fréquentez l'église où est distribué le pain de Saint-Antoine, ou quelque chose de ce genre ? Donnez-leur quelques millions de temps en temps, c'est une restitu... une compensation pour cet enrichissement d'origine douteuse. Vous avez bien compris ?*

— [...]

⁂

Novara

[La pénitente a découvert que son frère, toxicomane, est aussi un dealer. Elle veut le dénoncer.]

— [...]

— *C'est bien de faire connaître la chose aux autorités, qu'elles fassent le nécessaire, directement ou indirectement. Mais sans dire qu'il est un dealer, signalez simplement qu'il fait usage de drogue. Dites-leur de l'aider. De plus, il est aussi question d'argent, car ces gens-là ont besoin d'argent, n'est-ce pas ? Voilà, prévenir les autorités, sans qu'elles prennent des dispositions judiciaires.*

— Mais, mon père, il est déjà connu en tant que toxicomane. D'après la loi, si on trouve un toxicomane en possession d'une dose minime, journalière, il est juste signalé en tant que tel. Au cas où cette dose est dépassée, il y a deux possibilités : soit il va en prison, soit il entre dans un centre, obligatoirement. Il n'y a pas d'autre issue, je dois le dénoncer.

— *Non, pas comme dealer, non !*

— [...]

L'Aquila

— Mon père, j'ai trouvé du travail dans un quotidien communiste, *il manifesto*. Je suis correspondant pour les régions des Abruzzes et des Marches et... bon, je n'aime pas travailler pour un journal communiste, mais avoir un emploi n'est pas facile. Dernièrement, après ce qui s'est passé à l'évêché [1], on m'a demandé d'écrire des articles contre l'évêque, contre l'Eglise et j'ai dû le faire.

— *Vous savez qu'on ne peut pas écrire contre la vérité. Beaucoup de gens liront ces articles et croiront que les choses sont telles que vous les avez décrites, alors que vous savez que ce n'est pas vrai. Cela va provoquer des controverses, vous comprenez ?*

— Oui, bien sûr.

— *Vous êtes obligé de travailler et c'est normal, « Seigneur, donnez-nous notre pain quotidien ». Mais le fait de devenir correspondant d'un journal qui a des idées totalement contraires à celles de l'Eglise rend les choses difficiles. Je ne vous dis pas de quitter votre emploi, absolument pas, mais dès que l'occasion se présente... une autre alternative, faites-le. Car vous serez toujours dans une situation difficile, contradictoire par rapport à la réalité... On dit que le parti communiste laisse une liberté totale à ses correspondants, si c'était ainsi, si cette liberté était*

1. L'évêque de L'Aquila figure parmi les plus extrémistes dans ses positions contre l'avortement, et est à l'origine d'initiatives tel le « Monument aux enfants jamais nés ».

réelle, on pourrait en profiter pour exprimer ses idées en toute conscience. Mais cette liberté de conscience, qu'ils proclament comme un dogme, ils ne la respectent pas...

— Eh, mais je ne crois pas que *L'Avvenire*[1] publierait un article défendant l'avortement.

— *Oui, oui, c'est juste, je comprends. Toutefois, vous êtes en contradiction, car vous n'êtes pas journaliste, vous êtes un chrétien journaliste. Le journalisme est une profession, mais ce qui vous donne votre identité profonde c'est le fait d'être chrétien, disciple du Christ, pour avoir été baptisé. De toute manière, vous avez saisi le problème. Vous vous en rendez compte, c'est pour ça que vous êtes venu vous confesser. Y a-t-il autre chose ?*

— Il y a quelque chose qui trouble ma conscience, mon père. C'est un conseil que je vous demande. Malheureusement, j'ai été impliqué dans un cas de corruption politique. Il ne s'agit pas de sommes faramineuses, mais j'ai aidé un adjoint à faire quelque chose qu'il ne devait pas... il a gagné de l'argent et m'a rendu un service. Maintenant, je ne sais pas si je dois le dénoncer. De plus, il pourrait être élu en tant que maire, c'est un démocrate-chrétien. J'ai peur de lui nuire...

— *Eh bien, je ne sais pas si on doit dire des noms. Je ne sais pas, je ne saurais quoi répondre. C'est un problème, ce sont des cas compliqués, d'ordre social, qui devraient être imprégnés d'éthique chrétienne.*

— Sans aucun doute cet homme est malhonnête.

— *Voilà, tu reconnais qu'il est malhonnête, maintenant le problème est de ne pas aggraver la situation, c'est-à-dire, le dommage causé ne doit pas être supérieur au petit méfait qui a eu lieu. Ceci relève de ta conscience.*

— Et si cet homme continue de voler ?

— *Eh non ! Dans ce cas tu dois le prévenir. Tu te dois de le prévenir : « Ne m'obligez pas à vivre en contradiction avec ma foi ». S'il est démocrate-chrétien, il doit avoir les mêmes principes éthiques.*

— Malheureusement, vous savez, ce parti est très corrompu.

— *Ça, oui. Nous nous en apercevons de plus en plus. Mais il n'est pas le seul, tous le sont. Ils ont créé un système de pots-de-vin qui n'a*

1. Quotidien du diocèse de Milan.

aucune justification. Lorsque l'Etat s'arroge le droit de soutenir l'avortement, l'euthanasie, *de créer autant de lois qui sont contre nature... ceux-là, dans le secret de leurs factions, se comportent selon leurs propres lois, nous n'appellerons pas ça Mafia ou autre, mais c'est une sorte de révolution majeure... Je vous souhaite de garder toujours cette sensibilité spirituelle, de vous poser ces problèmes et d'essayer de les résoudre avec bon sens, mais pas n'importe lequel, le bon sens qui se fonde sur la foi chrétienne. Pour pénitence, récitez une seule fois le Notre Père. Je t'absous...*

⁂

Frosinone

— Mon père, j'appartiens à « Comunione et Liberazione »[1] et j'ai commis des actes malhonnêtes. Je m'occupe des abonnements de *Sabato* et souvent je le fais de manière incorrecte, des amis à moi agissent de même, du reste. Rien à voir avec ce qu'a fait Sbardella[2], mais c'est du même ordre, en plus réduit... Par exemple, comme je travaille dans une petite mairie, je rends des services illicites à ceux qui demandent des licences ou autres. En échange, j'obtiens cent, deux cents abonnements, ou alors une page de publicité... enfin, tout ce qu'on appelle corruption et extorsion. Mais je le fais pour le Mouvement, pour l'aider, pour collaborer activement.

— *Et à la mairie, tout marche bien ?*

— ... Pardon ? Mais je n'habite pas ici...

— *Je veux dire, comment faites-vous avec ces abonnements ? Pour les obtenir ?*

— Eh bien, je rends des services, par exemple, nous avons des adjoints...

— *Faites attention, de nos jours... les choses se brouillent... Acte de contrition.*

1. Mouvement intégriste catholique qui fut l'un des courants de droite de la Démocratie chrétienne. Son inspirateur, Rocco Bottiglioni, est l'actuel secrétaire du parti populaire italien, ex-Démocratie chrétienne. *Sabato* est l'hebdomadaire du Mouvement.

2. Antonio Sbardella a été le chef de file du courant « andreottien » de la fédération romaine de la Démocratie chrétienne.

— ... Mon père, j'ai un autre péché, que je commets sans cesse, malheureusement, car je suis homosexuel.

— *Etes-vous marié ? Non ? Alors, courage. Nous devons avoir de bonnes intentions pour éviter tout ce qui nous incite à faire le mal. Autre chose ?*

— [Silence]

— *Dites un Ave Maria à la Vierge. Je t'absous...*

Italie du Nord

[Ici, nous sommes confrontés au « pénitencier officiel » d'une église très importante (il a même son nom bien en vue sur le confessionnal) qui confesse plusieurs heures par jour. L'aspect le plus désastreux et dont le lecteur va vite se rendre compte, est que ce prêtre ne semble pas capable de comprendre ce qu'on lui dit, et, apparemment, il n'est nullement atteint de surdité. Contrairement à l'accoutumée, l'indication : [incompréhensible], ne signale pas un ton de voix trop bas, mais, bien plus souvent, des émissions vocales inintelligibles, des balbutiements ou des mots privés de sens.]

— Mon père, dernièrement je n'ai pas confessé tous mes péchés, je n'ai pas osé avec le curé de ma paroisse. Voyez-vous, je suis l'adjoint d'une petite mairie et j'ai fraudé. Je ne crois pas que je serai découvert un jour, car cela a été fait... d'une certaine manière, et puis il s'agit d'une somme relativement peu importante... mais... voilà, j'en ai gardé un tiers pour moi, un autre tiers, je l'ai donné au Parti, le troisième je l'ai donné au curé pour ses œuvres de bienfaisance, et maintenant je n'ai pas le courage de lui dire comment j'ai eu cet argent...

— *... [incompréhensible]*

— Je n'entends pas, mon père.

— *Qu'est-ce qu'y a... qu'essst-ce qu'y a qui...* [incompréhensible] *ça arrive souvent... je comprends.*

— Mon père... j'ai dit que j'ai accepté de l'argent pour permettre la construction d'un immeuble que ma commune n'avait pas le droit de bâtir. J'ai empoché dix millions, de ces dix millions — je suis adjoint — de ces dix millions, j'en ai gardé trois pour moi, j'en ai donné quatre au Parti et les trois derniers, je les ai donnés au curé pour ses œuvres de bienfaisance. Or, le curé ne sait pas comment j'ai obtenu cette somme, je lui ai dit que c'était mon cadeau personnel. Mais depuis, à chaque fois que je me confesse, je n'ai pas le courage de le lui avouer, mes confessions ne sont donc pas complètes.

— *Eeeuh... eeuh... combien... ?*

— Dix millions. J'en ai donné trois au curé, j'en ai gardé trois et donné quatre à la Démocratie chrétienne, mon parti.

— *Qui, qui vous les a donnés ?*

— Cet entrepreneur qui voulait construire un immeuble sur un lieu non autorisé. Je lui ai procuré le permis, et, en échange, il m'a offert cette somme.

— *Et il l'a construit ?*

— Oui, c'est en cours. Mais je ne pense pas qu'on nous découvrira car... car nous avons bien fait les choses. Sauf que, justement, je n'ose pas le confesser au curé...

— *Et ce, ce que maintenant on... on... c'est... c'est... comment... comment... à qui vous avez donné... ? Comment vous avez fait pour avoir tout cet argent ?*

— Vous savez, mon père, la construction d'un immeuble sur ce terrain représente une affaire de quelques milliards, l'entrepreneur va gagner énormément d'argent, des centaines de millions, alors, en échange de ce permis que je lui ai procuré, il m'en a offert dix. Mais, c'était malhonnête de ma part.

— *Mais ils travaillent, ils ont déjà...*

— Oui, oui, ils en sont déjà au toit, il ne reste plus que les dernières finitions, mais ça y est.

— [incompréhensible] ... *une valeur de... que cela puisse être bon ou pas ?*

— Oui, parce que... enfin, ce sont des appartements qui vont être habités, il y a des magasins, sauf que le plan d'urbanisme prévoyait des jardins publics et donc... voilà, il n'y aura plus de verdure, il y aura des maisons.

— *Et... et... je pense que... valorise aussi autre chose ? Celui qui construit... fait monter...*

— Eh oui ! je vous l'ai dit, il gagnera beaucoup...

— *Il y a eu des vols ?*

— Non, il n'y a eu aucun vol, sauf que... le permis est illégal.

Enfin, si la police me découvrait, je serais arrêté pour corruption, voilà.

— [incompréhensible] ... *construire n'était pas permis, justement.*

— Non, bien sûr que non.

— [incompréhensible] ... *milliards.*

— Quelques milliards. Sans aucun doute, quand les appartements seront tous vendus, ce sera des milliards.

— *... Les autres fonds auront aussi de la valeur ?*

— Oh !... non, enfin, en tout cas cette société a un seul actionnaire, c'est l'entrepreneur qui gagne. J'aurais pu lui demander cent millions, il me les aurait donnés.

— *Mais...* [incompréhensible] *les maisons favoriseront aussi d'autres familles ?*

— Oui. Oui. Sincèrement, je ne pense pas avoir fait beaucoup de mal, nous avons besoin de maisons, et puis il y aura un centre commercial, il y aura des magasins...

— *Et donc... on ne peut pas... être détruites.*

— Eh oui !

— [incompréhensible] ... *d'une plus grande valeur... dont beaucoup bénéficieront...*

— Oui, en effet.

— *Le vôtre, celui que vous avez pris... ça veut dire que votre famille n'a pas besoin de cet immeuble-là, il y a beaucoup de gens, beaucoup de familles...*

— Mais oui. Ce qui me préoccupe, mon père, c'est s'il faut le dire ou pas à mon curé.

— *... et il aurait, il n'aurait rien fait dans cette circonstance ?*

— C'est-à-dire ?

— *Car* [incompréhensible] ... *car la valeur ensuite, la valeur... que l'argent se multiplie et la valeur est une valeur... le curé, il est content... ?*

— Oui, il est content qu'on construise des maisons, d'ailleurs, c'est dans sa paroisse, donc... et puis je ne sais pas, en plus, cet argent, il l'a déjà dépensé pour faire construire des vestiaires à côté du terrain de sport de la paroisse.

— *Vous ne le direz pas... que ça vous échappe...* [incompréhensible] *...une valeur... une valeur...*

— C'est une valeur, oui, le seul problème, mon père, c'est que tout ceci est illégal. Maintenant c'est légal parce qu'il y a eu une délibération du conseil municipal, mais à l'origine c'est illégal, justement…

— … *Du côté de l'église il n'y avait pas la possibilité de faire… de faire… qu'est-ce qu'on pourrait faire… qu'est-ce qui pourra aider les familles ?*

— Les familles qui habiteront là-bas, je crois qu'elles seront heureuses, le propriétaire est heureux, le curé est heureux, moi, j'ai eu mon argent, le Parti aussi, enfin, tout le monde est heureux. C'est qu'il n'y aura plus d'espace vert pour les gens, voilà…

— *Une valeur, une valeur qui… ça pourra être réévalué ?*

— Oui. Alors, je n'ai pas commis de péché, mon père ?

— [très longue pause] *Je ne pense pas. Je pense que vous avez réalisé et … ces familles sont donc…*

— Je dois en parler à mon curé ?

— … *Il s'agit de voir si vous… faire ceci… on peut… de la valeur, de la valeur… même pour l'église…*

— Je ne voudrais pas qu'il… s'agissant d'un homme très rigoureux… qu'il veuille rendre l'argent ou je ne sais quoi… Somme toute, je préférerais ne rien lui dire, mais, voilà, ça me pèse…

— *Parce que lui maintenant… comme la chose est faite, ils ont déjà approuvé… vous croyez… la valeur qu'on… la construction ajoutera de la valeur, une valeur à…*

— Oui, je l'espère.

— *Mais c'était un terrain de l'église ?*

— Mais non, c'est le terrain du propriétaire, du propriétaire de l'immeuble, sauf que, selon le plan d'urbanisme, ça devait être exproprié pour en faire des jardins.

— [incompréhensible] … *ce qu'ils ont construit, une valeur, une valeur qui… donne… et donc la valeur, la valeur à toutes ces familles.*

— Oui. Oui.

— *Le travail viendra… il apportera de l'argent à beaucoup de familles qui…*

— Alors, je n'en parle pas à mon curé, mon père ?

— *Mais le terrain appartenait à l'église ?*

— Non, non. Il appartenait au… à celui qui a fait construire.

— *Je ne pense pas qu'il y ait du mal, du mal.* [incompréhensible] … *fait du bien à d'autres familles.*

— Oui, oui, d'accord.

— *Le terrain était...*

— Oui, au propriétaire qui a construit.

— *... Je ne pense pas qu'il y ait... pour les familles... de valeur...*

— Alors, vous me donnez l'absolution, mon père ?

— *Oui. Mais le terrain était au curé ?*

— Mais non, non, non, il n'était pas à lui, mais au propriétaire qui a construit, au curé j'ai donné de l'argent en lui disant que c'était mon cadeau, sans rien lui avouer de la façon dont j'ai eu et... non, non, le curé n'y est pour rien, il a juste reçu mon don, c'est tout.

— *Ceci devient... une aide pour les familles... la valeur, la valeur... hein ?*

— Oui, merci, merci.

— *Sans votre intervention...* [incompréhensible]

— Oui, justement.

— *Et les familles, on les aidera ?*

— Cinquante familles, au moins.

— [incompréhensible] *Je vous donne l'absolution. Vous direz trois Notre Père... Acte de contrition. Comportez-vous bien... une valeur, une valeur bénéfique pour beaucoup de familles... Je t'absous...*

⁂

Raguse

— Mon père, j'ai besoin d'un conseil. Un soir, mon copain et moi nous étions en voiture et nous avons été témoins d'une bagarre : quatre hommes qui rossaient un jeune homme. Effrayés, nous étions en train de fuir, lorsque nous avons entendu un coup de feu. Quelques jours après, nous avons lu dans le journal qu'un corps avait été trouvé à ce même endroit. Or, nous avions pris le numéro d'immatriculation de la voiture de ces hommes, mais j'ai peur qu'ils aient pu, eux aussi, prendre le nôtre. Qu'est-ce que je dois faire ?

— [longue pause] *Ça s'est passé où ?*

— Près de Catane. Qu'est-ce que je fais ? Que me conseillez-vous ?

— [très longue pause] *Une dénonciation anonyme ?*

— Mon père, les dénonciations anonymes ne sont pas prises en compte.

— *Vous devez essayer.*

— Oui, mais ils enregistrent la voix ! Mon copain ne veut pas que je fasse quoi que ce soit...

— *Prie, pour l'instant. D'autres péchés ? Ou c'est ce qui t'angoisse le plus... ? Et après ?*

— Eh bien, quelques actes impurs avec mon copain.

— *Tu y vas à la messe, le dimanche ?*

— Oui, assez régulièrement.

— *Autre chose ?*

— Non, mon père. Uniquement ce péché d'omission.

— *Demande pardon au Seigneur et tâche de rester pure, c'est très, très important. Je t'absous...*

***

Brescia

— Mon père, il y a deux semaines environ, j'ai eu un accident de voiture. J'ai renversé un homme. Il est mort. Le problème c'est que...

— *Eh, mais ici il n'y a aucune volonté, ce sont des choses qui arrivent... Par conséquent, enfin, sur les choses impondérables... Car, même si on conduit avec prudence, oui, même si on conduit avec prudence, enfin, ça peut tout de même arriver.*

— Oui, mais j'ai pris la fuite, je ne me suis pas arrêtée.

— *Ah ! C'est pour ça ? Il n'a peut-être pas été secouru à temps, ou bien il l'a été... ? Vous ne savez pas ?*

— Je ne sais pas, cela ne s'est pas passé par ici.

— *Ah, d'accord. Et c'était, comme on dit, dans une agglomération ? Dans un village ?*

— Non, sur une route nationale, en pleine campagne.

— *Ah ! En pleine campagne ? Mais il y avait des maisons autour ?*

— Non, mon père. Personne ne m'a vue. J'en suis sûre.

— *Essayons de prier... il était jeune ? Vous ne savez pas ?*

— Quarante ans.

— *Oui, oui.*

— Le problème c'est qu'on a arrêté un jeune homme, un toxicomane qui a une voiture semblable à la mienne. Ils ont trouvé des traces sur le pare-chocs.

— *Eh bien, en tout cas vous n'avez rien à voir avec ce toxicomane. Et puis, s'il n'y a pas de preuves, on ne peut sûrement pas le condamner. Alors, il ne nous reste qu'à prier...*

— Donc, je ne dois pas aller me dénoncer ?

— *Si vous saviez... si vous saviez... En principe, personne n'est obligé de se dénoncer. Si vous l'aviez fait tout de suite, d'accord, mais maintenant c'est un peu difficile.*

— Mais mon père, il y a un innocent en prison...

— *C'est le toxicomane ? Oui, mais il faut avoir des preuves. S'il peut prouver qu'il n'est pas responsable, on est obligé de le libérer...*

— Vous me conseillez donc d'attendre ?

— *Oui, d'attendre. Je vais me renseigner auprès d'un prêtre du diocèse. J'irai chez le chanoine pénitencier de la cathédrale.*

— Et s'il est condamné ?

— *Il ne peut pas être condamné s'il n'y a pas de preuves. Absolument pas. Eventuellement, nous en reparlerons. Je vais me renseigner. Attendez une semaine ou deux, puis, on en reparlera. Pendant ce temps je me renseigne sur ce qu'il faut faire du point de vue juridique.*

— D'accord, mon père. Ecoutez, moi, en tout cas, j'ai fait une offrande à l'Eglise.

— *Ah oui ! Oui, voilà, c'est déjà un geste réparateur. Ensuite vous ferez célébrer une messe pour les morts, pour cette personne. Voilà, renouvelons notre repentir, pour pénitence, vous assisterez à la messe du dimanche comme il faut. Je t'absous...*

— D'accord. En tout cas, je ne devrais pas me sentir...

— *Non, non, car... oui, le secours aurait peut-être été prudent, vous l'auriez peut-être amené à l'hôpital. Voilà, ça oui, peut-être.*

— Et pour ce garçon qui est en prison... ?

— *Non, ça non. Car s'ils ne peuvent pas avoir des preuves certaines qu'il est coupable, ils ne le condamneront pas. Ils le garderont en prison afin qu'il parle, le pauvre, afin qu'il dise quelque chose. Mais ils ne peuvent pas l'emprisonner longtemps et le condamner comme s'il avait commis un homicide.*

— Et l'erreur judiciaire ? S'il était condamné ? Qu'est-ce que je fais ?

— *S'il est condamné, nous verrons comment intervenir. Si moi, en tant que prêtre, sous le sceau de la confession, n'ayant donc pas le droit de parler, j'étais chargé de dire que ce n'est pas lui le responsable...*

Cependant, tout en sachant qui est le responsable, je ne pourrais pas dire son nom.

— Mais, est-ce possible ?

— *Je ne sais pas, il faut que je me renseigne.*

— D'accord. Je vous remercie. Au revoir, mon père.

⁂

Palerme

— Mon père, j'ai commis un péché mortel. J'ai tué la maîtresse de mon mari, je l'ai renversée avec ma voiture.

— *Vous l'avez... ?*

— Je l'ai renversée avec ma voiture.

— *Qui ?*

— La maîtresse de mon mari. Après j'ai pris la fuite.

— [pause] *Cet accident, a-t-il eu des conséquences ?*

— Elle est morte, mon père.

— [pause] *Quand cela est-il arrivé ?*

— Il y a quelques jours. Je n'étais plus moi-même à ce moment-là. Qu'est-ce que je vais faire, maintenant ?

— [pause] *Ma sœur, tu comprends que, enfin, c'est un comportement dicté par la haine. Que ton mari ait fait le mal, en te trompant, ça c'est évident. Mais ajouter à cela une faute aussi grave, c'est pire. Eh bien, tu dois te conformer à la loi. Si la loi... on a découvert que c'est toi ?*

— Non, mon père.

— *Bon, on ne l'a pas découvert. Quoi, tu as pris la fuite et tu l'a laissée au milieu de la route ?*

— Oui, je me suis enfuie et je suis rentrée à la maison.

— *Mais, ton mari, il est au courant ?*

— Oui, je le lui ai dit.

— *Et qu'est-ce qu'il t'a répondu ?*

— Il est en état de choc. D'abord, il voulait que j'aille me constituer prisonnière. Puis il a réfléchi, je suis la mère de ses deux enfants.

— *Cette femme était mariée ?*

— Non.

— *Si on te découvre, remets-toi entre les mains du Seigneur et accepte une juste réparation. Voilà, je ne te dis pas d'aller te dénoncer, sauf si quelqu'un d'autre est condamné. Dans ce cas, ce n'est que justice que d'assumer ses responsabilités, n'est-ce pas? Tu es d'accord? Oui, ma sœur, certainement...*

— En tout cas, je ne vais pas me dénoncer. J'ai deux enfants, vous comprenez? Ils n'auraient plus leur mère. Et puis, cette femme, c'était une prostituée. Elle voulait abandonner son métier et essayait d'embobiner mon mari. Elle y était presque parvenue...

— *Mais... tous les deux, avez-vous retrouvé une certaine harmonie, ou bien il y a encore des tensions?*

— Il y a des tensions, dues surtout à la peur qu'on me découvre. Mais après ma décision de ne pas me dénoncer, il y a un début d'harmonie.

— *Certes, il y aura une enquête. Que veux-tu que je dise? Tuer intentionnellement, même s'il y a une liaison, une trahison... c'est quand même très grave, non? Par conséquent, ne va pas te dénoncer, mais si les choses remontent à la surface, n'est-ce pas, alors, offre une réparation au Seigneur, tu seras plus tranquille avec ta conscience, non?*

— Mon père, même si un innocent était condamné... je ne sais pas, j'espère trouver la force de me dénoncer, mais j'en doute fort...

— *Hum... aie confiance en la miséricorde de Dieu, pour le moment. Prie le Seigneur afin qu'Il te donne beaucoup de force et qu'Il t'accorde la lumière nécessaire pour prendre la juste décision.*

— En plus, je suis enceinte, vous comprenez?

— *Eh oui, l'homme propose et ensuite Dieu... Depuis quand tu ne t'es pas confessée?*

— Un mois, environ.

— *Mais comment est-ce possible, mon Dieu, que dans la vie on agisse toujours d'instinct...? Eh oui, après coup... Tu te repens, au moins, de ce que tu as fait?*

— Devant le Seigneur oui, mais...

— *Mais on ne peut pas se repentir devant le Seigneur si on ne se repent pas devant ses frères! Oui, aimer le Seigneur, d'accord, mais si on n'aime pas également ses frères qui nous font souffrir, qui nous donnent des problèmes, notre amour...*

— Mais mon père, vous vous rendez compte? Mon mari allait me quitter pour fonder une famille avec une putain et moi, enceinte, avec deux enfants, sans travail… Comment éprouver la moindre charité pour cette femme ?

— *Non, ma sœur, nous ne sommes pas en train de dire que nous… que votre mari a bien agi avec cette femme-là. Non, il n'a pas bien fait. Cependant, la vie est un don… Tu n'avais pas l'intention de tuer quand…*

— J'ai agi d'instinct, pour lui rendre tout le mal qu'elle m'avait fait.

— *Mais personne n'a rien vu ?*

— Non, il faisait noir. Elle rentrait de son « travail », personne n'a rien vu, du moins je pense, car, autrement, je le saurais déjà.

— *D'accord. Mais ton mari, enfin, il fréquentait cette femme. En général quand on fait une enquête, on interroge les personnes qui…*

— Jusqu'à présent il n'y a eu aucune convocation…

— *D'accord, ma sœur, remets-toi à la miséricorde de Dieu, pour le moment. Tâche vraiment de réparer ce mal, en acceptant même si… Tu dois accepter la réparation de tes péchés, même si tu es enceinte, même si tu as des enfants, même si ton mari aura sûrement besoin de toi, d'aide… car le Seigneur est grand, n'est-ce pas ? Maintenant ne pense pas au pire. Remets-toi à la miséricorde de Dieu, à ce Dieu venu pour nous sauver, pour réparer nos péchés, ce Dieu qui veut que nous aussi, nous réparions nos péchés, les préjudices que nous portons aux autres, non ? Et donc, comment peux-tu réparer ce que tu as fait ? Tout d'abord en acceptant de réparer ce qui est… ce que le Seigneur voudra pour toi, éventuellement par la prison. Et puis, pour l'instant, si tu sais que cette femme… elle n'était peut-être pas seule, elle avait peut-être une famille…*

— Elle a une sœur.

— *Voilà une possibilité. Sans t'exposer, tu ne dois pas te dénoncer, ni à la famille ni à personne d'autre. Mais si tu peux faire un peu de bien, voilà, ne te dérobe pas, d'accord ? Au moins ça.*

— D'accord, j'essaierai.

— *Pour pénitence, tu diras sept Ave Maria, cela t'aidera à trouver une certaine sérénité et à accepter une volonté qui ne correspond peut-être pas à la tienne. Et je t'absous…*

*
**

Venise

— Mon père, mon entreprise m'a offert un voyage en cadeau, ici, à Venise. Je suis dans un hôtel de luxe que je ne connaissais pas. Hier soir, au bar de l'hôtel, il y avait une dame très séduisante, provocante même, que j'ai invitée dans ma chambre... Par la suite, il s'est avéré que cette dame m'a réclamé de l'argent, beaucoup d'argent. Ce n'était pas une personne respectable. Je ne lui ai pas donné, je n'ai pas voulu. Alors il y a eu un énorme b....l, une grande confusion, je ne vais pas rentrer dans les détails.

— *Votre sentiment de culpabilité, de péché, est lié à la grande confusion ou à ce qui s'est passé avant ?*

— Bof !... à ce qui s'est passé avant. Et puis, je ne sais pas si j'ai bien fait de ne pas lui donner son argent.

— *Ça aurait été encore plus grave. Contrairement à ce que l'on peut penser* [incompréhensible] *ce serait, en quelque sorte, approuver la conduite de cette dame.*

— J'ai donc bien fait de ne pas lui donner d'argent ?

— *Vous auriez sans doute mieux fait... vous auriez mieux fait de ne pas céder au diable, à la tentation, à la séduction de cette dame. La piètre figure que vous avez fait vous sera utile pour comprendre toute l'abjection de cet acte, et pour apprendre à être un peu plus prudent.*

— Oui, parce qu'en plus, vous savez, on m'a menacé et j'ai un peu peur...

— *D'un point de vue légal, il n'y a eu aucun contrat, aucun accord...*

— Non, elle ne m'a rien demandé auparavant. Je veux dire, si elle m'avait d'abord demandé de l'argent, je n'aurais... après elle voulait un « petit cadeau », rien que ça !

— *Ah ! Donc, je ne sais pas quelle pourrait être la meilleure attitude à tenir, pour votre tranquillité, vis-à-vis de ces gens. Je dirais... « Je me tiens coi, je m'en vais et qu'ils se débrouillent ». La tranquillité, etc., ça compte beaucoup, beaucoup plus, dans votre cas, et d'ailleurs, payer pour ça, ç'aurait été approuver une conduite que vous ne pouvez pas accepter.*

— Oui.

— *Je ne sais pas, vous devez réfléchir, en quelque sorte, à quelque chose de réparateur, pour vous, non pour cette dame, vous devez le faire également pour rendre tangible... et pour être plus attentif à l'avenir. [...] Je t'absous...*

***

Rome

— Je suis venue dans cette église de Sainte-Marie-Goretti parce que mon mari justement... me prostitue.

— *Et vous avez cédé ?*

— Et qu'est-ce que je peux faire ? Il me bat !

— *Eh, il vous bat...*

— Comment ?

— *Sainte Marie Goretti est morte pour ne pas commettre le péché.*

— Oui, je sais, mon père, mais moi, comment je fais ?

— *Meurs !*

— Je dois mourir ?

— *Martyre.*

— Martyre ? Mais c'est juste, à votre avis ?

— *Eh, plutôt que de pécher, il est juste de mourir. Mais comment ça se fait que votre mari vous fait ça ?*

— Il n'en a pas besoin pour vivre, il ne le fait pas pour l'argent, il le fait parce qu'il est malade, vicieux, je ne sais pas pourquoi...

— *Et combien de fois l'avez-vous fait ?*

— Mais... environ une dizaine de fois...

— *Une dizaine de fois. Toujours avec la même personne ou avec...*

— Mais non, ce sont les amis de mon mari.

— *Je comprends, je comprends. Et après ?*

— C'est tout. Ça me semble suffisant !

— *Bien sûr que ça l'est. Tu dois faire face à ton mari, au risque de...*

— Mais avant, il me battait, il m'a battue pendant des années.

— *Eh bien, moi je lui parlerais et je m'en irais.*

— Je pourrais le faire maintenant ?

— *Oui, vous pouvez le faire.*

— Je peux le quitter ?

— *Oui, vous pouvez, c'est un motif suffisant. Plutôt que de faire une chose défendue, je me sépare et je m'en vais.*

— Sauf que lui, il ne veut pas me laisser ni rien du tout, vous comprenez ?

— *Evidemment, en plus, il a une source de revenus avec toi, il a une source de revenus.*

— Mais je ne crois pas qu'il le fasse pour l'argent.

— *Ah, non? Et pourquoi il le fait, alors?*

— Parce qu'il est malade.

— *Et parce qu'il est malade, il prostitue sa femme? La femme est une chose chérie que l'on ne peut pas donner à d'autres. Quand on en arrive à ça, cela veut dire qu'il y a une autre raison. Une raison financière.*

— Mais je ne crois pas.

— *Eh, vous ne croyez pas, c'est impossible de ne pas croire.*

— Je crois qu'il est malade.

— *Et alors, s'il est malade il faut le soigner.*

— En effet, j'ai fait cela justement parce que je pensais l'aider, pour voir jusqu'où il pouvait aller. Pendant longtemps je me suis révoltée, mais à la fin j'ai dit : « D'accord, je veux voir si de cette manière, en me sacrifiant, je peux le changer, lui faire comprendre qu'il ne... » Mais lui...

— *Il insiste.*

— Oui, mais maintenant j'ai décidé que ça suffit, sauf qu'il me bat et si ça continue je mourrai pour de bon.

— *Dites-lui : « Je veux me séparer de toi », tout de suite après vous demandez le divorce. Essaie la séparation.*

— Mais je dois avouer les raisons.

— *Celle-ci est suffisante.*

— Je veux dire, je dois l'avouer à mon avocat.

— *Evidemment. Rester à la merci de... c'est incroyable... ça ne se fait pas, ça ne se fait pas, Dieu ne le veut pas. Car c'est un péché grave, vous comprenez? C'est un péché grave. Et après?*

— Je suis venue dans cette église pour cette raison.

— *Je vois, vous avez bien fait.*

— Mais vous m'avez dit que je dois mourir...

— *On peut mourir ou se séparer.*

— Non, pas mourir.

— *Se séparer... Dis à ton mari : « Plutôt que d'accepter tes bassesses, je te quitte, je m'en vais chez ma mère ».*

— J'ai déjà essayé, et lui il me bat.

— *Et si tu t'en vas, il ne peut plus te battre.*

— Eh, mais je dois le faire quand il ne s'en aperçoit pas, il est capable de me rattraper n'importe où.

— *Il ne le fera pas. Quand tu auras prévenu ta mère, tes parents, de ta décision, tu seras tranquille... tu le dénonces, tu peux même le faire aller en prison.*

— Et les enfants ?

— *L'Etat pensera aux enfants. Combien tu en as ?*

— Comment, l'Etat ? Ce sont mes enfants.

— *D'accord, l'Etat pensera à les placer... ils vont te les donner à toi... si ton mari est malade, tu en auras la charge, pour les élever, les éduquer, tu sais ? Et après ?*

— Ils sont mignons, mes enfants.

— *Oh oui ! Combien tu en as ?*

— Deux, un de quatre ans et un de cinq ans et demi.

— *Mais je pense que si tu le menaces de le quitter, alors, sous la menace de la séparation ou du divorce...*

— C'est déjà fait. Non, il ne se repent pas du tout.

— *Et toi, mets-le devant le fait accompli.*

— C'est qu'il est à moitié fou, vous comprenez ce que je veux dire ?

— *Il s'agit de le mettre devant le fait accompli... va chez ta mère, va chez elle... Qu'est-ce qu'il y a d'autre ?*

— Cette année c'est moi qui suis devenue folle, pour essayer de comprendre, c'est-à-dire... Mais quoi, qu'est-ce que je fais, la martyre ? Je dois devenir une martyre ?

— *Eh, ce serait une belle chose. Hein ?... A quoi bon tout compliquer ? Séparez-vous, comme ça vous n'en ferez rien. Reste avec ta mère et c'est bon !*

— Tout le monde n'est pas capable d'être saint.

— *Oui, certainement, ça dépend de la grâce du Seigneur... Si tu meurs de ça... on te fait martyre. Mais essaie d'agir normalement, on peut faire plus facile. Tu te sépares, et de cette manière tu n'es plus soumise à l'autorité de ton mari. D'accord ?*

— D'accord.

— *Quand tu te seras éloignée de lui, il ne te commandera plus !*

— Eh non !

— *Alors, aie confiance. Demande pardon au Seigneur pour tes péchés. Pour pénitence tu diras trois Notre Père à Jésus. Je t'absous... Sois forte, sois forte !*

*
**

Turin

— *Depuis quand tu ne t'es pas confessée ?*

— Depuis deux mois.

— *Avez-vous des enfants ?*

— Oui, je suis mariée et j'ai un enfant de trois ans. Oui, oui, il va très bien.

— *Est-ce que vous assistez régulièrement à la messe ?*

— Je viens toujours. Ecoutez, mon père, je suis venue pour une autre raison, je souffre de néphrite et… on doit m'enlever un rein, mais l'autre est en bon état. Il faut remplacer celui qui est malade et je ne peux faire cette greffe qu'en France car, malheureusement, en Italie il n'y en a pas de disponible. Depuis des années je suis sur une liste d'attente et je ne…

— *Je comprends, écoutez, je viens ici pour donner un coup de main au curé. Pourriez-vous… ? Etes-vous de la paroisse ?*

— Non.

— *Non ? Eventuellement, parlez-en avec monsieur le curé, celui qui est en train de célébrer la messe. Quand ce sera terminé, allez dans la sacristie, de l'autre côté de l'église et parlez avec le curé. Il vous dira ce qu'on peut faire.*

— Non, mais moi… je vais vous dire… on vient de m'appeler pour m'annoncer qu'il y a un rein de disponible, que je peux partir, aller en France.

— *Alors, qu'est-ce qu'il vous faut ? De l'argent ?*

— Non. Absolument pas.

— *Et alors quoi ?*

— Le problème n'est pas là. C'est que, entre-temps, j'ai su que ce rein est… moi, j'ai déjà payé, je suis en liste d'attente et, par conséquent, j'ai dû payer la clinique à l'avance. Ce ne sont pas des choses que l'on peut faire comme ça…

— *Votre mari est au courant ?*

— Bien sûr. Le problème est que… ce rein m'a été donné contre de l'argent. Il s'agit d'une Indienne. Je traverse une crise profonde car, dans une semaine je dois me faire opérer et... je pense que tout l'argent du monde ne pourra pas remplacer cette perte qu'elle a...

— *Parlez-en avec votre mari et... parlez-en tous les deux avec les personnes concernées, celles qui vous ont amenée à cette... à cette... forme de...* [incompréhensible]. *Je ne saurais que faire, moi...*

— Mais je ne sais pas s'il faut accepter ce rein, et puis j'ignore quelle attitude... Car ces gens...

— *De toute manière, on vous garantit que la chose peut se faire, que c'est possible. Par conséquent,* [incompréhensible]... *que les médecins fassent pour le mieux... « Donnez-moi des garanties » du point de vue professionnel. Ensuite, je dirais au Seigneur et à la Vierge : « Seigneur, Sainte Vierge, Vous qui êtes meilleurs que tous les médecins, faites que les choses aillent pour le mieux ».*

— Oui, malheureusement, à cause de mon... une autre personne va très mal et a perdu une partie d'elle-même contre de l'argent, pour me donner cette possibilité. Voilà la raison de ma crise.

— *D'accord... Ce sont des choses que vous devez résoudre avec votre mari...*

— Mais mon mari est dans la même situation...

— *Et alors, voyez un petit peu avec le médecin qui a organisé toutes ces belles choses, car vous avez suivi le conseil du médecin... ?*

— Oui, en effet...

— *Si le médecin dit : « Ce rein est valable, prenez-le », si cette personne a fait ce qu'elle a fait, ce n'est pas à vous d'aller chercher le pourquoi et le comment ni si elle l'a fait pour l'argent ou pas. D'ailleurs, vous savez bien que l'on peut vivre avec un seul rein, si cette personne a offert le sien, cela veut dire que l'autre marche bien et donc je... dirais un Ave Maria à la Vierge, lui demandant que tout aille pour le mieux, qu'Elle vous donne la santé afin que vous puissiez remplir votre rôle de mère et d'épouse... Du moment que vous n'êtes pas venue vous confesser...*

— Mais je veux me confesser, car je n'ai...

— *Je dois aller aider monsieur le curé pour la communion. Si vous désirez savoir quelque chose de plus précis, allez, après la messe, de l'autre côté de l'église. Il y a marqué, bien en vue : « Sacristie », comme ça vous parlerez avec monsieur le curé. D'accord ?*

— Merci, mon père.

⁂

Turin

[Une infirmière a découvert un trafic d'organes dans la clinique où elle travaille, à Rome. Elle voudrait porter plainte.]

— [...]

— *Vous l'avez su par hasard, vous l'avez su après.*

— Oui, mais...

— *Permettez-moi, soyons réalistes, ce n'est pas possible d'enquêter, chaque fois qu'une chose, qu'une opération de ce genre se présente. On ne peut pas, voilà, ce n'est pas à vous de le faire. Ce sont des choses honteuses, absurdes, dans cette société qui n'a plus de valeurs, mais vous l'avez su après.*

— Mais ils continuent.

— *Et que pouvez-vous faire, madame ?*

— Ah ! mais je peux les arrêter.

— *Oui ? Si vous êtes capable de les arrêter...*

— Il n'y a qu'à les dénoncer, tous.

— *Dénoncer qui ?*

— Les médecins.

— *Et qui est le responsable de tout ça ? Soyez assurée que derrière, il n'y a pas le médecin. Derrière, il y a des organisations puissantes, non les médecins.*

— Quelles organisations puissantes ?

— *De trafic, de ces choses-là. Où est-ce qu'ils les prennent ? D'on ne sait où ! Je ne crois pas que vous ayez la moindre idée de l'étendue de ce trafic. Faire éclater... que voulez-vous ! Combien de fois c'est déjà arrivé ! Ne croyez pas que les choses s'arrêtent. Malheureusement, c'est comme le trafic d'armes.*

— Mais au moins les armes sont le produit des hommes, ici c'est une partie de l'homme qui est...

— *Certes, certes... Mais qui peut les arrêter ? Pensez au trafic des fœtus, pour la cosmétologie.*

— Pardon ?

— *Le trafic des fœtus avortés, qu'on utilise pour la cosmétologie des femmes. Eh oui ! c'est un autre trafic international.*

— Ça je ne... je ne comprends pas, qu'est-ce qu'ils font ?

— *Des fards, des rouges à lèvres, des crèmes. Je ne raconte pas d'histoires, vous savez ?*

— Mais qui fait ça ?

— *Ah !*

— Les industries pharmaceutiques ?

— *Qui sait ? Les grandes industries pharmaceutiques le savent. Quand nous disons que cette société n'a plus d'honneur, ce n'est pas pour rien. Quand nous disons que l'avortement est un homicide, ce n'est pas simplement à cause de la foi, mais parce que derrière il y a de ces choses... Nous vivons dans une société qui, je le répète, n'a pas de valeurs, la valeur c'est l'argent. Il y a une concurrence acharnée entre les laboratoires pharmaceutiques. Il existe des gens... on a l'impression que rien ne les arrête. Rien. D'accord ? Essayez de faire des actions charitables... d'accord ?*

***

Catane

— *Depuis quand ?*

— Un mois, mon père.

— *Comment t'appelles-tu ?*

— Claudia.

— *Quels sont tes péchés ?*

— J'ai commis un péché mortel, mon père... J'étais fiancée, il a eu un accident et...

— *Et le péché mortel ? Claudia, quels sont tes péchés ? Ce n'est pas un péché, ça !*

— Mon père, comme je vous disais... il était tombé dans un coma irréversible, et moi...

— *Claudia ! Tu n'es pas sincère ! Dis-moi, quel est le problème ?*

— Mais enfin, j'essaie de vous l'expliquer ! Ce n'est pas aussi simple !

— *Ecoute, viens par ici, nous pourrons parler l'un en face de l'autre. Où est le péché ? Sois tranquille, tu parles avec un prêtre, il y a le secret de la confession. Sois claire, n'aie aucune crainte. Va droit au but ! Quel est ton problème ?*

— Mon père, j'ai débranché les machines qui maintenaient en vie mon fiancé.

— *Mais pourquoi ? Tu ne voulais pas qu'il souffre ?*

— Il était dans un coma irréversible. Il n'y avait plus rien à faire.

— *Mais, pratiquement... les médecins s'en sont aperçu, ou bien tu l'as fait quand il n'y avait personne ?*

— Il n'y avait personne.

— *Claudia, c'est grave ! Tu sais ça ? On peut même le considérer comme un homicide. Et s'il allait se réveiller ? Il était dans un coma irréversible ? Ce qui est fait... Dis-moi, je veux comprendre : quelle est la raison de ton acte ? Pourquoi tu l'as fait ? Tu ne voulais pas qu'il souffre ?*

— Oui, c'est ça, je ne voulais pas qu'il souffre.

— *Mais, écoute-moi bien : ce garçon était catholique, il avait des péchés ?*

— Non, mon père.

— *C'était un brave garçon ?*

— Oui, mon père, mais il n'avait pas la foi.

— *Il n'était pas croyant.*

— Non, mon père.

— *Ça aussi, c'est un problème, ma chère Claudia. Car, tu vois, le fait de ne pas croire aurait pu donner lieu à, disons... à une autre raison ; je veux dire que s'il avait pu être conscient de son état, s'il s'était confessé, il aurait eu la vie sauve.*

— Vous savez, mon père, nous en avons souvent parlé et...

— *Mais, écoute-moi bien : comment c'était quand il était en vie ? Vous aviez des rapports... nus ?*

— ... Oui, mon père.

— *Eh ! Ça aussi, tu dois le dire, ma chère Claudia ! Car autrement ta vie devient inutile. Maintenant que tu as fait ces déclarations, tu dois essayer de réparer à travers une vie honnête, tenter de rattraper le temps perdu, la période de ta vie immorale que tu n'as pas consacrée à Jésus, afin qu'Il pardonne tes péchés et sauve ton âme. J'ai été suffisamment clair ?*

— Oui, mon père.

— *Quoi d'autre ?*

— [silence]

— *As-tu jamais récité un chapelet à la Vierge ?*

— Oui, mon père.

— *Alors, pour pénitence, tu réciteras un chapelet à la Vierge. A l'avenir, fais attention à ne plus tacher ton âme. Dieu t'a pardonnée. Et quand tu pries, dis également une prière pour ce garçon.*

— Mon père, je ne supportais plus de le voir souffrir !

— *Ecoute, nous en avons déjà parlé. Je te donne l'absolution, sois tranquille. Mais il ne faut plus souiller ton âme avec d'autres personnes. Essaie de vivre comme une vraie chrétienne.*

— Je ne dois plus me fiancer ?

— *Je ne dis pas cela. Mais ne mène pas une vie immorale. Un chapelet pour pénitence. Je t'absous...*

⁂

Trente

— *[...]*

— Le diagnostic disait : coma irréversible, vous comprenez ?

— *Mais vous y avez pensé ? Vous y avez pensé ? Ce n'est pas une décision très libre, vous étiez influencée, votre fiancé était dans un coma irréversible, l'impossibilité de se réveiller... Vous l'avez fait, que voulez-vous ? Il n'y a rien à faire, vous l'avez enterré...*

— Oui, mon père, il est enterré. D'une part, vous savez, je me dis que je l'ai aidé ! D'autre part...

— *Taisez-vous ! Désormais c'est chose faite, restez tranquille ! Que voulez-vous ?*

— Voilà, je voudrais que vous compreniez ! Je n'ai pas agi d'instinct, croyez-moi, j'y ai pensé, je l'ai fait la tête froide, consciente de ce que je commettais.

— *Eh, mais ce qui est fait est fait. Maintenant, écoutez, y a-t-il autre chose ? Dites-moi donc, depuis votre dernière confession, c'est le seul problème qui vous trouble, rien d'autre de particulier ?*

— Non, mon père, il me semble que... enfin, j'ai commis un péché mortel...

— *Non, écoutez, pour l'instant restez tranquille, de toute façon, vous pouvez obtenir le pardon, ne craignez rien. Quoi qu'il en soit, mon enfant, que voulez-vous...*

— Mais alors, je ne dois pas me rendre à la police ?

— *Non, non, non, non ! A personne, ne dites rien à personne ! Ce ne sont des choses à dire qu'au confessionnal, c'est tout ! Et les médecins, les médecins, comment ont-ils pris la chose ? Qu'est-ce qu'ils ont dit ?*

— L'acte de décès parlait de mort naturelle, son cœur a cessé de battre. Personne ne sait que j'ai débranché les machines, je les ai débranchées de ma propre initiative... je l'ai laissé mourir, et puis je les ai rebranchées, vous comprenez ?

— *Ah ! d'accord, d'accord. Non, ne dites rien à personne, pour l'amour de... ne dites ri... qui est au courant, qui est au courant ? Personne ! Moi je le sais, c'est tout ! Ne dites rien à personne, personne, personne !*

— Mais mon père, alors je suis pardonnée ?

— *PARDI ! Ma chère, chère enfant, mais à tous les coups, c'est chose faite, désormais, on ne peut pas revenir là-dessus. Quand vous tuez quelqu'un, vous êtes obligée d'aller vous dénoncer, mais vous, absolument... ne pensez pas à cela !*

— MAIS JE L'AI TUÉ ! J'AI COMMIS UN HOMICIDE !

— *Vous l'avez fait par pitié, que voulez-vous, par pitié ! [...] Je t'absous pour tes péchés... Allez, c'est d'accord ? Au revoir, mon enfant.*

***

Ravenne

— *Dites-moi.*

— Mon père, j'ai aidé ma mère à mourir, elle était très malade.

— *Qu'as-tu fait pour l'aider à mourir ?*

— Avec le médecin de famille, nous lui avons donné un tranquillisant très puissant, enfin...

— *Trop puissant ?*

— Oui, oui, mais elle n'a pas souffert, elle avait un cancer, ensuite le médecin a rédigé un certificat de mort naturelle.

— *Sais-tu qu'on n'a pas le droit de tuer ?*

— Je le sais, mon père, mais elle souffrait énormément. Elle n'aurait vécu qu'un mois de plus de souffrance, d'ailleurs, elle n'était consciente qu'à moitié.

— *En tout cas, on n'a le droit de tuer personne.*

— Mais c'était pour son bien, mon père.

— *Mais ce n'est pas permis, c'est Dieu qui l'interdit.*

— Oui, mais elle ne supportait plus les douleurs.

— *Mais ce n'est pas permis pour une douleur, allons ! Le Christ est mort sur la croix, conscient et souffrant. Quoi d'autre ?*

— ... Et puis j'ai menti à mon père là-dessus et j'ai corrompu une infirmière qui avait des soupçons...

— *Pendant tout le mois de mai et de juin, tu diras tous les jours sept Requiem pour ta mère. Acte de contrition.*

— Mais je ne me sens pas coupable, mon père.

— *Mais tu as commis un péché d'homicide. Acte de contrition. Je t'absous...*

***

Avellino

— *Vous êtes d'où ?*

— Je suis de Milan, mon père, mais actuellement je vis à Naples.

— *Depuis combien de temps ne vous êtes-vous pas confessé ?*

— Depuis plus d'un an... Je suis dans la police et jusqu'à l'année dernière je faisais mon service à la caserne. Je suis parti, ou plutôt, j'ai demandé à être muté, car il m'arrivait souvent de frapper les gens. Oui. Vous savez, on arrête des criminels qui ont... ou même sans raison, parce que... comme ça...

— *Certes, ce n'est pas bien ça, mais quand il le faut... même les coups de bâton. Il y a très longtemps, je confessais un adjudant des carabiniers, il y a de ça au moins quarante-cinq ans. Il me disait : « Mon plus gros péché est celui-ci : lorsqu'ils refusaient de se mettre à table, je leur ordonnais de se déshabiller et, avec ma ceinture, je les frappais jusqu'à ce que... » Dans mon for intérieur je pensais : « Vous avez bien fait. » Quand il le faut il le faut, mais ce n'est pas très humain car les gens, même les plus effrontés et... ce ne sont tout de même pas des animaux. Donc, repentez-vous et essayez d'être... on obtient peut-être plus avec les bonnes manières, même si on ne peut pas attendre grand-chose de ces crapules... mais quand il le faut, n'est-ce pas, de temps en temps, ça aussi il le faut.*

— En tout cas, je n'aimais pas ça, mais je suis tombé de Charybde en Scylla, car j'ai demandé à être garde du corps. Je suis garde du corps d'un homme politique, désormais, et j'en entends de toutes les couleurs.

— *Surtout maintenant, avec ces histoires de pots-de-vin...*

— Oui, ces politiciens, ce sont... du moins le mien, mais les autres sont pareils, parce que, quand on en parle entre collègues... ils sont vraiment des voleurs, des malhonnêtes et malheureusement...

— *Ils ont abusé des électeurs et usurpé leurs droits, tout ça pour leurs intérêts personnels, pour leur parti et le reste.*

— Vous savez, mon père, ce sont, hélas ! des démocrates-chrétiens, le mien va à la messe tous les dimanches, il fait des offrandes à l'Eglise et...

— *Mais je pense que maintenant ils ont arrêté un petit peu, ou bien ils continuent ?*

— Ils ne peuvent plus voler maintenant, je crois. Mais, par exemple, il a une maîtresse, je dois l'amener chez elle et faire bonne garde. Il est marié et a des enfants.

— *Un démocrate-chrétien !*

— Un personnage important.

— *Il a eu raison le pape, de dire : « Le parti, quel qu'il soit, n'a rien à voir avec la religion ». C'était avant-hier, justement, il parlait de ça, des partis qui se cachent derrière le mot « chrétien », pour agir selon leurs propres intérêts, ça c'est pas très bien, donc... Ça fait plaisir de voir que le pape hausse le ton. Qu'y a-t-il d'autre ?*

— Il m'est arrivé de tirer... alors que j'aurais pu m'en passer, j'ai blessé un homme.

— *Mais vous ne l'avez pas fait exprès ? Blessé accidentellement... ?*

— Eh bien, il ne s'est pas arrêté. Vous savez que nous devons d'abord faire des sommations, tirer un coup en l'air, et moi, j'ai tiré tout de suite.

— *Mais la blessure n'est pas... ?*

— La blessure est grave... il est resté longtemps à l'hôpital.

— *Vous êtes dans une situation vraiment difficile, que dire ? Priez pour lui, souhaitons qu'il n'arrive rien... rien d'autre, n'est-ce pas ?*

— Je me demande si je dois quitter ce travail, j'ai l'impression d'être le complice de cet homme...

— *Peut-être, si vous pouviez vous faire muter... Faites-vous remplacer. Vous pourriez demander à cette même personne, lui dire que vous voulez vous rapprocher de votre famille, n'est-ce pas ? On peut toujours trouver une raison, vous aurez peut-être la chance de rentrer dans une équipe où il y a moins de problèmes, vous aurez ainsi une vie plus tranquille, plus sereine et plus sûre. Vous-même vous dites : « Je me sens presque coupable car je participe moralement au mal que font les autres ». Essayez, demandez...*

— Mais si je reste, je commets un péché ?

— *Quand on ne sait pas... vous, vous êtes au courant des intentions de cette personne. Ce n'est pas parce que... quand on ne sait pas et qu'on nous dit : « Attendez-moi ici car je... » Tant pis, on fait comme si on ne savait pas, comme si on n'avait pas entendu. Mais vous, vous êtes au courant, d'après ce que vous venez de dire... n'est-ce pas ?*

— Ah, vous voulez dire quand je l'amène chez sa maîtresse ?

— *Oui, c'est ça.*

— Moi je pensais surtout aux choses malhonnêtes qu'il fait...

— *Et alors, même pour ça, essayez de vous éloigner de cette personne, car ils peuvent toujours se cacher derrière le mot « chrétien » et derrière la croix de Jésus-Christ. Mais celui qui n'écoute pas sa conscience n'est pas un chrétien... Dites cinq Ave Maria à la Vierge de Montevergine. Je t'absous...*

*
**

Rome

[Ce prêtre est étranger, d'où certaines erreurs de langage que nous avons volontairement respectées et fait apparaître en caractères différents.]

— Je suis une femme-policier, mon père, je suis en service à Naples. Mon père, j'ai tué.

— *Mais enfin, dans quelles circonstances ?*

— Au cours d'un hold-up. En s'enfuyant, les malfaiteurs ont tué le vigile de la banque. L'un d'eux s'est enfui à pied. Je l'ai poursuivi et je lui ai tiré dessus.

— *Mais enfin, je veux dire, vous avez été acquittée ? On n'a pas porté plainte contre vous ?*

— Non, mon père. Le fait est que je l'ai tué délibérément. J'aurais pu l'arrêter sans lui tirer dessus.

— *Mais enfin, je veux dire, maintenant, écoutez, vous devez essayer de retrouver votre paix intérieure, vous comprenez ?*

— Je n'y arrive pas...

— *Mais, je veux dire : ils ont* fait *plainte contre vous ?*

— Non, personne n'a rien vu. J'ai dit que j'ai tiré en état de légitime défense. Mais ce n'est pas vrai.

— *Enfin, maintenant nous voulons nous* en mettre *à Dieu. Naturellement, vous savez, vous auriez pu* tirer sur les pieds ou quelque chose, *non ?* Ecoute, *moi aussi j'ai été engagé trois ans* en guerre, *moi, on ne m'a pas envoyé où on tirait, mais je comprends assez la situation. Quand on est dedans, que voulez-vous ? Sauf que, vous comprenez, mademoiselle, je veux dire, essayons d'en tirer les conséquences, de... la prochaine fois, ne vous laissez pas entraîner par la colère, par la vengeance. Naturellement cette personne... moi aussi je le pense souvent, ces gens méritent vraiment beaucoup de... honnêtement. Allez, mademoiselle, maintenant pensez à l'avenir, et n'allez pas raconter... Si vous avez déjà fait votre rapport, vous comprenez ? En confession, personne d'autre n'écoute, non ? Car après, tout passe, surtout s'il y a les parents, etc. Mettons tout entre les mains du Seigneur, mais sachez-le pour la prochaine fois. D'accord ?*

— J'ai les nerfs en boule.

— *Oui, oui. Mais, motus ! Même chez vous ne dites rien. Vous êtes toujours chez vos parents ?*

— Oui, mon père.

— *Même pas aux collègues, vous savez ? Faites attention, c'est très important. Il y a d'autres péchés ?*

— Dites, mon père, je devrais peut-être en parler à mon supérieur... ?

— *Ecoute, si tu fais ça maintenant, sois sûre qu'ils vont te renvoyer. Ils te feront un procès et puis, je ne sais pas, moi, ce que vous auriez dû faire. Il pouvait aussi tirer, je ne sais pas s'il avait un revolver...*

— Oui, mais je lui ai tiré dans le dos.

— *Oui. Je dis qu'en quelque sorte vous aviez un certain droit. C'est très difficile de juger, mais vous savez comme moi qu'aujourd'hui, ils sont plus souvent du côté des malfaiteurs que du vôtre.*

— Justement, c'est là la question. Nous les arrêtons, au risque de notre vie et, un mois après, ils sont déjà libres de...

— *Oui, oui, je sais. Mais ses parents savent que vous avez tiré ?*

— Ils le savent, mais ne connaissent pas les détails. En tout cas, ils menacent de s'attaquer à moi.

— *Oui, oui, c'est pour ça que je demande s'ils sont au courant.*

— Ils se doutent de quelque chose.

— *On aurait dû vous muter.*

— J'ai demandé une mutation mais on ne me l'a pas accordée.

— *Vous verrez bien, plus tard ils le feront, peut-être, mais surtout, dans la police* on devrait pas dire *qui a fait ceci ou cela. Ne racontez rien car, si vous recommencez, ils vous feront tout de suite un procès,* moi j'aimerais pas, *aujourd'hui... spécialement avec cette démocratie... elle ne vaut rien parce qu'elle ne sait pas maintenir l'ordre. Je suis beaucoup plus de votre côté que... vous savez ?*

— Au stade, pendant le service d'ordre, il y a des jeunes gens armés de grosses barres et de couteaux, avec des croix gammées ; savez-vous que nous risquons la prison, rien qu'à les effleurer ?

— *Je sais, je sais, ceci n'est pas juste, la police devrait être plus protégée, de toute manière, je suis de votre côté, mais maintenant, voyez-vous, les puissants s'en lavent les mains et les petits peuvent toujours... voilà ! Alors, la seule chose pour vous est de continuer, mais ne parlez pas, c'est l'essentiel pour vous, les femmes. C'est toujours un peu délicat. Evitez les confidences avec vos collègues, on ne sait jamais ce qui peut arriver. Après ils font du chantage.*

— Oui, j'ai déjà subi des harcèlements sexuels.

— *Oui, je comprends très bien, ils veulent ça, autrement... Pas de confiance ni de confidences. Soyez prudente, gardez votre liberté, ne jouez pas à la poupée avec les autres, ne soyez pas stupide. Vous savez, un jour vous trouverez peut-être quelqu'un et vous ne serez plus obligée de faire ce métier. [...] Avec ces malfaiteurs on n'y peut pas grand-chose, si vous* leur tirez sur le pied, *la fois d'après ils sont capables de vous tuer. C'est ça aussi. Quand le pape était* plus bas *[en Sicile], il a bien parlé et tout, mais je suis un peu sceptique, quand il s'agit d'affaires de millions de dollars, ceux-là ne reculent pas. Il est inutile de venir avec de bonnes paroles, vous comprenez ?*

— Mon père, avec ces gens-là les paroles ne servent à rien.

— *Maintenant, continuez comme ça, protégez-vous un peu, mais ne parlez pas, c'est tout à fait inutile. [...] C'est votre métier, comme un soldat en première ligne, qu'est-ce qu'il doit faire ? Attendre d'être tué ? Non, alors ! Le plus rapide des deux a la vie sauve, l'autre... Voilà, ils doivent le savoir. Ils n'ignorent pas qu'ils sont en train de faire un hold-up, qu'ils tirent sur les autres, ils doivent aussi s'attendre à ce qu'on leur tire dessus. Naturellement, ça ne devrait pas être la loi du plus fort, mais les plus forts sont souvent les malfaiteurs, car les autres ne font pas triompher la justice comme ils devraient. Allez, sois tranquille, mademoiselle, je vous donnerai l'absolution... Si vous aviez fait autrement, si vous l'aviez laissé s'enfuir, ça n'aurait pas été juste, et de là à attendre qu'il tire... D'une certaine manière, je pense que vous avez bien fait, vous ne devez pas vous en vouloir, c'est d'accord ? Je dis seulement : bouche cousue et ne cédez pas aux pressions des autres. Pour pénitence, vous réciterez un chapelet. Je t'absous...*

***

Forlì

— Le problème est que j'exporte des armes.

— *Ah ! Des armes ? Vous êtes dans de beaux draps, c'est un travail dangereux.*

— Oui, pour la Yougoslavie, vous savez ? J'ignore si c'est un péché grave.

— *Mais vous travaillez en toute légalité ou bien...*

— Non, je travaille pour des maisons connues et, en plus, à mon compte, je fais des choses qui ne...

— *Il n'y a pas de quoi être fier. La guerre... Vous habitez par ici ?*

— Non. Je suis de passage. Ici, c'est un centre important de...

— *De transit ? Oui ? Pour les armes ? Je ne l'ai jamais su.*

— Oui, vous savez, il y a des bateaux très pratiques pour la Yougoslavie. Naturellement, ce n'est pas une chose de notoriété publique.

— *Et vous pensez que ce genre d'activité peut être faite... si c'est un travail honnête... si ce sont des armes légales ou nucléaires...*

— Quelle différence, mon père, légales ou pas, ce sont toujours des armes.

— *Bof ! il y a pire que ça, pour faire de l'argent sur le dos de ces pauvres gens qui meurent. Où vous... ? [incompréhensible]*

— *Mais j'ai vu, j'ai lu que* le Nouveau Catéchisme *reconnaît qu'il peut y avoir des guerres...*

— *Tu ne peux pas prendre les choses à la lettre et les sortir de leur contexte. Non, absolument pas, il ne dit pas cela. Il dit qu'en cas de guerre de défense, de guerre de défense et non d'invasion... de défense, il est juste de se battre... Si vous pouvez, changez de commerce.*

— Eh, vous savez, c'est difficile, très difficile.

— *Car, même si vous gagnez de l'argent, c'est de l'argent sale. Tôt ou tard ça va se retourner contre vous. Nous devons agir pour la paix, jamais pour la guerre. Voilà, dit trois Pater, Ave, Gloria... Je t'absous... Au revoir, mon grand !*

⁂

Ancona

— *Depuis quand... ?*

— Plus d'un an, entre-temps, j'ai fait certaines choses. J'ai souvent manqué la messe du dimanche, j'ai été un peu violent. Il m'est arrivé de me battre.

— *Avec qui ?*

— Avec des gens. Et puis j'ai triché et j'ai usé de violence sur certaines femmes.

— *Quelle violence ?*

— J'ai violé.

— *Vraiment violé ?.*

— Oui. Je fais passer des clandestins albanais et yougoslaves en Italie. Avec d'autres associés, nous allons les chercher en bateau là-bas pour les amener ici et... soit nous les faisons descendre au hasard, soit nous les conduisons dans des villes. Ils nous payent et il y a aussi des femmes.

— *... Mais savez-vous dans quelle situation vous vous mettez ? Même juridiquement ?*

— Bien sûr, mon père, j'ai été en prison pendant des années.

— *Trouve-toi un travail plus digne, plus honnête.*

— Il n'y a pas de travail pour quelqu'un comme moi.

— *Laisse tomber le problème du travail, mis à part ça, arriver jusqu'au viol...*

— Vous savez, les instincts...

— *On appelle ça des instincts, tuer est aussi un instinct.*

— Ça, je ne l'ai jamais fait.

— *Tu ne l'as jamais fait... si tu violes une femme, c'est comme si tu la tuais, que lui reste-t-il ? Mais voyons ! Je vais te frapper, tu sais ? Je te demande instamment de ne plus recommencer et de ne plus faire ce... travail.*

— Je peux promettre de ne plus faire ces choses-là à ces jeunes filles, mais pour ce qui est du travail, je dois continuer...

— *Il ne faut pas, parce que c'est contre la loi, vous n'avez pas le droit, vous risquez de nouveau la prison.*

— Je sais.

— *Et alors ? Alors, cherchons un autre travail, allons.*

— Je ne sais rien faire.

— *Ah bon ? On apprend, on apprend à faire quelque chose. Si vous vous mettez contre la loi, beaucoup de choses peuvent arriver. Tenez, même ces pauvres malheureux que vous faites venir chez nous, à quelles conditions vous les réduisez ?*

— Ce sont eux qui le veulent.

— *Oui, mais la conscience c'est la mienne. Je t'amène, oui, à condition de te laisser dans un lieu sûr. Alors qu'en fait : « Je te laisse ici », « Je te mets par ici et puis par là-bas ». Mais, à la longue, quelqu'un d'entre eux va parler... il y a la loi, après. Rends-toi compte que la loi existe et qu'il faut la respecter. C'est la loi de la conscience, et pas seulement la loi* pénale.

— Je les aide. Ils meurent de faim là où ils sont.

— *Alors, s'ils meurent de faim, il faut leur donner quelque chose, mais pas ainsi. Et puis vous risquez de nouveau la prison. Votre position va s'aggraver de plus en plus. Si maintenant c'est difficile pour vous de trouver du travail, après vous n'en aurez plus du tout. Si vous vous donnez de la peine, vous dénicherez bien quelque chose.*

— A la limite, je pourrais trouver une place de manœuvre ou de serveur, mais ça ne me plaît pas, on ne gagne rien.

— *Il y en a beaucoup qui le font... beaucoup de braves garçons qui gagnent leur vie et qui sont rangés... De nos jours c'est plus facile, on se présente bien comme il faut, ensuite eux, ils voient le rendement, si on a de la bonne volonté... ils voient le rendement. Il y a aussi les écoles...*

— Mais qu'est-ce que je fais de mal, au fond ?

— *Tu violes la loi.*

— Et alors ? Les lois ne sont pas toujours justes.

— *Ah! ah! ah! Vous, en tout cas, vous n'assistiez pas à la messe. Assister à la messe c'est la loi de Dieu, mais Dieu pouvait ne pas faire ces commandements? Non! Et comme je suis un ministre de Dieu, je ne peux pas te donner l'absolution.*

— Mais ça n'a rien à voir, moi, je reconnais la loi de Dieu et j'essaie de l'accepter.

— *Et qu'est-ce qu'elle te dit? La loi de Dieu te dit de respecter, il suffit de lire saint Paul. Tu dois également respecter les lois de l'Etat, les lois civiles qui nous garantissent l'ordre, l'ordre de notre société, elles forment notre société.*

— Oui, mais alors, que dire des démocrates-chrétiens qui ont fait ce qu'ils ont fait?

— *Tout ça ne m'intéresse pas, je tiens compte de la justice. Si, par hasard, quelqu'un d'entre eux venait me voir, je lui dirais ce que j'ai à dire. Mais ils sont en train d'expier, désormais, et puis je pense que s'ils font des choses pareilles, ils ne se confessent même pas. Mais si quelqu'un devait venir, je le lui dirais, à lui aussi : « Tu as mal agi, tu as péché, tu as volé ». On doit rendre ce qu'on a volé, c'est la règle de la justice. Essayez de vous ressaisir, de retrouver... je crois... il y a plein de petits boulots que beaucoup ne veulent pas faire, pourquoi? Comme on dit, on veut tout de suite décrocher le gros lot. Ce n'est pas possible. Ce que vous faites est contre la loi de Dieu, il y a deux commandements : le sixième et le neuvième.... Est-ce que je me fais bien comprendre? Alors, êtes-vous disposé à changer?*

— Je promets de ne plus abuser...

— *Tu dois t'engager à ne plus faire l'autre chose, tu dois le promettre.*

— On gagne beaucoup, mon père.

— *Ah! Les malheureux, on leur vole le peu d'argent qu'ils ont, on les amène par ici avec l'espoir de leur donner du travail et on les jette à la rue. Et quand ils ne trouvent pas de travail, c'est nous, les religieux, qui leur offrons un peu d'argent...*

— Là-bas, ils meurent de faim.

— *Ici également ils meurent de faim, plus ou moins... ne voyez-vous pas comment on les traite? Et puis, le danger, c'est toi qui le cours, pas moi. En plus de ça, y a-t-il autre chose? Vous n'allez jamais à la messe?*

— Pas toujours le dimanche, mais j'y vais parfois.

— *La messe, la communion, la confession... si nous avons le sens spirituel, le sens du devoir, non seulement religieux, mais le devoir moral... alors, nous avons besoin de prier... je ne sais pas si je me fais bien comprendre. Il y a la loi de Dieu. Nous pouvons toujours discuter la loi des hommes, si elle est juste ou pas, nous pouvons parler de beaucoup de choses, mais pas de cette loi qui est juste, on ne discute pas la loi de Dieu. Alors, dis-moi, aie confiance, qu'es-tu venu faire ici? Tu dois me dire quelque chose?*

— Je vous ai dit les choses les plus graves.

— *Tu dois réparer... même les animaux ne font pas ça! Quoi d'autre?*

— Bon, j'ai dit des mensonges, j'ai joué... il m'est arrivé de me droguer et je suis allé avec les femmes des autres, même avec des prostituées.

— *Vous ne voulez pas renoncer à votre travail, vous gagnez votre argent illégalement et ensuite vous le jetez par les fenêtres.*

— Maintenant j'en ai.

— *Mais comment raisonnez-vous? De quelle manière?*

— Ecoutez, je sors de cinq ans de prison, vous ne pouvez pas imaginer cinq ans sans femme. Vous savez comment c'est en prison? Là-bas, les seuls rapports sont des rapports homosexuels.

— *Est-ce que c'est ma faute? C'est moi qui vous y ai mis? Non, c'est vous! C'est vous qui devez réparer, par conséquent...*

— Je veux dire, aller avec des prostituées ou avec les femmes des autres, après cinq ans de prison...

— *Moi, je n'y suis jamais allé.*

— Vous avez fait vœu de chasteté, pas moi.

— *J'ai fait ce vœu, oui, mais j'y ai réfléchi. Vous, vous ne l'avez pas fait, mais pour vous aussi il y a le sixième et le neuvième commandement, la loi de Dieu existe, même si vous n'avez pas fait ce vœu. Etes-vous marié?*

— Je suis séparé.

— *Séparé. Voilà, en plus...! Vous n'avez jamais pensé à votre situation? Maintenant que vous êtes venu au sanctuaire de Loreto...*[1]

— C'est pour ça que je suis là.

1. Le sanctuaire de Loreto est construit autour de la Maison de Marie (Santa Casa). Selon la légende, elle y fut transportée par les anges depuis Nazareth.

— *Mon fils, la confession ne suffit pas... il faudrait changer moralement, il faut réparer... Il ne suffit pas de dire : « Je me confesse et c'est bon », comme quand on fait une erreur, on prend une gomme, on efface et on recommence. Eh non ! on ne peut pas faire ça.*

— L'aumônier de la prison était très compréhensif, sur les péchés de chair, par exemple.

— *Que voulez-vous que je vous dise ? Il ne devait pas connaître le sixième... Je peux aussi être compréhensif, je peux même pardonner, mais toi, tu dois promettre de ne pas le faire. Pourquoi as-tu quitté ta femme ?*

— Non, c'est elle qui m'a quitté, quand j'ai été condamné.

— *L'aumônier de la prison ne pouvait tout de même pas te dire : « Va avec les femmes ».*

— Non, on ne peut pas en prison.

— *Depuis que tu es marié, tu commets l'adultère. L'aumônier ne pouvait pas te donner ces... où... ?*

— Non, non, il disait que ce qui se passait était un péché, mais enfin, il était assez compréhensif.

— *Qu'est-ce qu'il disait ? Que c'était un péché ? Mais il vous disait aussi de ne plus le faire, non ? Car autrement, il ne pouvait pas vous donner l'absolution. C'est bien ce que je suis en train de te dire, mon frère, c'est ce que je suis en train de dire. Si tu ne t'engages pas à arrêter, si tu dis que tu ne peux pas, c'est que tu ne veux pas. Mais si tu dis : « Je ne peux plus continuer ainsi », alors, il faut t'engager et changer.*

— Je retournerais bien avec ma femme, mais elle ne veut pas, elle a quelqu'un d'autre.

— *En tout cas, mon cher fils, même si vous... ces choses-là, vous ne pouvez pas les faire avec d'autres femmes.*

— Pardon ? Alors je devrais vivre chaste pour toujours ?

— *Qui a fait échouer ton mariage ? C'est un enchaînement... Après tout, c'est une chose que de pécher par veulerie... ça peut être une erreur, une faiblesse humaine, c'est même normal, mais c'est autre chose de se dire : « Non, je n'ai pas fait d'erreur, je peux continuer, je dois continuer » ! Une fois c'est admissible, par hasard, par lâcheté, mais non par principe, je crois que je me suis bien fait comprendre. Et alors ?*

— Alors, dites-moi.

— *C'est ce que je fais...*

— Mais vous me dites que je devrais rester chaste toute ma vie ?

— *Que dit le sixième commandement ? Qu'est-ce qu'il dit ?*

— Tu ne commettras pas d'actes impurs.

— *Que dois-je ajouter ? Engage-toi, toi aussi.*

— Je crois que tout le monde le fait.

— *En ce moment c'est à vous que je parle !*

— Mais moi, je ne connais personne qui ne le fasse pas.

— *Ceci n'est pas vrai, ceci...*

— J'imagine que vous en entendez de toutes les couleurs...

— *Rares sont les cas... il y en a beaucoup qui sont bons, dans de nombreux cas... ou bien, si ça leur arrive, si une occasion se présente... C'est autre chose, ce qui arrive une fois... et l'occasion fait souvent le larron, mais si on la cherche, ça c'est défendu.*

— L'occasion arrive souvent, car les femmes sont très disponibles.

— *Parce que vous la cherchez... Moi, ça ne m'arrive jamais...*

— Mais vous, vous êtes hors de cause...

— *Ne dites pas ça...*

— Au contraire, si vous circuliez en civil...

— *Je l'ai fait plusieurs fois, j'ai même voyagé à l'étranger et... mais pourquoi ? Pourquoi les femmes ne me sollicitent pas ? Parce qu'elles voient que je suis sérieux, elles voient mon attitude... Allons, vous m'avez très bien compris et vous le savez. Par conséquent, si vous voulez changer sérieusement, allez en paix, vous ferez une prière sincère à la Vierge, l'acte de contrition avec votre ferme engagement. Autrement, cette confession n'a aucune valeur. Est-ce que je me fais bien comprendre ?*

— L'engagement à quoi ?

— *A ne pas faire ces choses. Ce que vous m'avez dit. Et puis, soyez correct et en paix avec tout le monde, d'accord avec tout le monde.*

— Non, il s'agissait de bagarres, de...

— *Oui, d'accord, un moment d'égarement, mais désormais c'est fini. C'est fini. J'espère qu'il n'y a rien d'autre. Si ce n'est pas maintenant, tu t'en souviendras après. Va à la Santa Casa et fais une prière, une prière et une réflexion sur tout ça, tu dois dire au Seigneur que tu as failli, car tu veux t'amender avec son aide. Un travail honnête... Tu le feras ?*

— Mais vous ne me donnez pas l'absolution ?

— *Si, je te la donne. Va à la Santa Casa... tu le feras ?*

— C'est pour ça que je suis venu.

— *Acte de contrition.*

— Je ne le connais pas, mon père.

— *Il n'y a pas une petite feuille par là ? … Non ? Ils les volent toujours ! Alors, répète trois fois : « Jésus, miséricorde, pardonnez-moi ». Je t'absous…*

***

Trapani

— *Quels sont tes péchés ?*

— Voyez-vous, mon père… êtes-vous Sicilien ?

— *Oui.*

— Moi, je suis de Milan, je suis là en vacances. J'ai découvert en moi, ou plutôt, j'en ai eu la confirmation, une sorte d'esprit raciste, un esprit antiméridional très poussé. Je ne sais pas si c'est un péché, mais je pense qu'au Nord tous ces… pardonnez-moi, ces culs-terreux… et maintenant il y a aussi les Marocains…

— *Ne sont-ils pas des hommes ?*

— Oui, oui, sans doute.

— *Et alors, pourquoi ne les aimerions-nous pas, comme le Seigneur nous a dit de le faire ?*

— D'ailleurs, mon père, il est vrai que la plupart de la criminalité vient d'ici, du Sud. Et ça, ce n'est pas bien, même d'un point de vue religieux. Vous ne croyez pas ?

— *Je crois uniquement que les hommes sont égaux et que le mal existe au Sud comme au Nord.*

— Et comment se fait-il qu'il y en ait plus par ici ?

— *Mais l'avez-vous mesuré ? L'avez-vous mesuré ? Vous maintenez vos affirmations sans en avoir les preuves ? Soyons honnêtes. Et d'autre part, si nous commençons par dénigrer, nous trompons Dieu, car le Seigneur nous a dit : « Je suis votre juge ».*

— Et les attentats qui ont lieu ? Ce dernier, à Rome, contre Costanzo ? [1]

1. En juillet 1993 une bombe a explosé dans une rue de Rome tout de suite après le passage de la voiture de Maurizio Costanzo (animateur de télévision sur Canale 5 — une des chaînes de Silvio Berlusconi — qui avait invité dans son émission des personnes luttant contre la Mafia). Cette tentative criminelle, qu'on suppose d'origine mafieuse, n'a jamais été élucidée.

— *Mais quoi, c'est un Romain ou un Sicilien qui l'a fait? Ça a été prouvé? Hein? Vous en avez déjà la preuve, intimement?*

— On cherche deux Siciliens.

— *Oui, ils cherchent, mais pas que des Siciliens. Comment le savez-vous, que ce sont des Siciliens?*

— Un chauffeur de taxi en a déposé deux là-bas, juste avant l'attentat.

— *Ils ont pu se rendre là-bas pour d'autres raisons!*

— Oui, oui, bien sûr. En tout cas la Mafia est ici.

— *La Mafia... ici on l'appelle comme ça, ailleurs elle a d'autres noms. Je ne sais pas comment vous l'appelez dans le Nord, il me semble qu'en Calabre on l'appelle différemment, à Naples aussi. Ce n'est qu'une question de noms, l'origine est la même un peu partout.*

— Et puis, mon père, quand il est venu ici, le pape ne m'a pas du tout convaincu. Il n'a pas eu des mots assez durs, il a juste fait un blâme formel.

— *Tout le monde s'étonne de la condamnation du pape, sauf vous. Eh bien, si vous êtes de cet avis, je ne peux pas non plus vous en vouloir. Vous pensez que les autres se trompent? Que devait-il faire, jeter une bombe?*

— Je crois que l'Eglise pourrait faire plus.

— *Oui, lever une armée et déclencher la guerre, c'est ça?* [incompréhensible] ... *Tous, nous devrons répondre au Seigneur. Qu'y a-t-il d'autre?*

— Non, mais je vous l'ai dit, je pense à ça, sans arrêt... Vous voyez bien que tous les mafieux qu'on arrête ont des images pieuses dans les poches... ou alors on découvre que...

— *Mais c'est par ignorance... des gens qui n'ont pas été éduqués, par conséquent...*

— Quoi? Ils n'ont pas été éduqués?

— *... Oui, ils travaillent dans les champs, peut-être n'ont-ils pas des écoles suffisamment... Quoi d'autre?*

— [silence]

— *Bon. Trois Pater et trois Ave Maria. Je t'absous...*

*
**

Raguse

— *[...]*

— Et puis, mon père, je fais de la politique, je suis de la Ligue [1]. Pendant ce voyage en Sicile, en discutant avec les quelques rares représentants de mon parti, j'ai découvert que la réalité sicilienne est pire que ce que je croyais. Cette région est aux mains de la Démocratie chrétienne qui, elle-même, est aux mains de la Mafia.

— *Il ne faut pas être aussi catégorique, car si on regarde ce qui se passe actuellement... actuellement la mentalité nationale... Je ne sais pas si vous avez lu les journaux, ces jours-ci... l'attentat de l'autre soir à Rome...*

— Chez Costanzo.

— *... Pas si vite, on a inventé un mot, ou il existait déjà, en tout cas on s'en sert en toute circonstance, à tort ou à raison. Ce qui signifie donner plus d'importance à une réalité déjà négative au départ, au lieu de l'endiguer. Sur tout ce qui arrive aujourd'hui en Italie on met cette étiquette particulière : Mafia. De cette manière nous ne trouverons pas l'aiguille dans la meule de foin.*

— Vous voulez dire que ce sont les services secrets ?

— *Mais n'importe qui... Appelons les choses par leur nom, au lieu d'utiliser... au lieu de dénoncer des réalités qui ne nous appartiennent pas. Les mentalités se créent aussi de cette manière. Ce n'est pas juste, ce n'est pas correct.*

— A mon avis, le problème est justement de dissocier ce lien politique...

— *Moi, je pense qu'une chose en entraîne une autre. Le peuple a en lui une énergie et un dynamisme suffisants pour un changement, un renouveau, appelez ça comme vous voudrez...*

— Ne pensez-vous pas que la Mafia est très forte ?

— *Non, je ne pense pas qu'elle soit si forte. Ici du moins... elle l'est moins qu'à Milan ou à Turin, notre Mafia est une Mafia des pauvres,*

1. Né comme un mouvement de protestation, la Ligue du Nord s'est très vite démarquée par ses prises de positions fédéralistes. Son secrétaire est Umberto Bossi. Elle est une des composantes du gouvernement que forma Silvio Berlusconi en 1994.

là-bas il y a la Mafia des riches, des Agnelli, Berlusconi, De Benedetti et compagnie. Je suis d'avis que... si on fait une comparaison... j'ai plus peur de l'autre Mafia que de celle-ci. Ici les gens ont besoin de travailler et ne trouvent pas d'emploi. Là se situe le lien avec la Mafia : elle donne du travail ; chez vous c'est différent, ce sont les bénéfices qui comptent, ce que nous n'avons pas.

— En revanche, cela se traduit en voix...

— *Mais au Nord aussi, car un capital qui ne génère pas de voix n'a pas de raison d'exister, n'est-ce pas ? Chez vous on crée des journaux, des télévisions, ici ces choses n'existent pas... Le pauvre, non le peuple, l'individu veut être serein. S'il a un travail, il peut manger et continuer — non pas dans le luxe, mais il peut vivre tranquillement et honnêtement de son travail — et qui le lui donne ? L'Etat aurait dû le lui donner. Mais ce n'est pas encore possible depuis... depuis vingt ans qu'on parle de fonds spécial pour l'Italie du Sud, on nous a volés pendant vingt ans à cause de ce fameux fonds spécial.*

— Beaucoup d'argent est arrivé.

— *Beaucoup d'argent ? Un quart de ce qui nous revenait de droit.*

— Et où est-il passé ?

— *Je ne sais pas, moi. De toute évidence il n'est pas arrivé et, par conséquent, au lieu de résoudre le problème du chômage dans nos régions, ils ont aggravé la situation.*

— Cet argent est allé tout droit dans les poches des criminels, soit habillés de costume-cravate, soit coiffés de *coppola*[1].

— *Mais ce n'est pas vrai, car en 1963 dans la commune de Gela, où existe un important centre industriel, peut-être même le plus important en Italie, ces messieurs de l'Agip [?]*[1] *payaient les impôts du travail à Milan, au lieu de les acquitter à Gela. En conséquence, la commune travaillait durement, mais les impôts étaient réglés à Milan. Ce sont des réalités historiques, non pas d'hier, mais de l'histoire que nous venons de vivre et de payer avec notre sueur.*

— [...]

***

1. Casquette typique portée par les paysans siciliens.
2. A.G.I.P., Azienda Generale Italiana Petroli (Administration générale pétrolière italienne).

Messine

— Mon père, depuis quelques mois je ne me suis pas confessé. Je suis médecin dans une prison et c'est... je fais cela depuis peu et j'ai découvert des choses terribles car...

— *Responsabilité et esprit de sacrifice.*

— Oui, mais, mis à part ça, il faut presque avoir une mentalité criminelle parce qu'il arrive... je suis soumis à des pressions, des menaces terribles pour faire des certificats, pour envoyer les gens à l'infirmerie, pour... enfin, vous me comprenez. Ce sont des gens qui n'y vont pas par quatre chemins. D'accord, en prison ils sont inoffensifs, mais dehors... Ainsi je fais des choses que mon éthique professionnelle réprouve.

— *Il y a une éthique supérieure : sauver la vie. L'éthique supérieure est : SAUVER LA VIE ! ! Souvenez-vous-en toujours. Et cela sans se laisser entraîner à des compromis qui troublent, d'accord ? Si, avec un certificat, vous dépénalisez quelqu'un, c'est à la justice de voir et de prendre les mesures nécessaires, mais vous, vous aurez tout de même sauvé une vie. Et si, au contraire, vous faisiez condamner un innocent ? L'avez-vous fait ? Non. Est-ce que je me suis bien fait comprendre ? Hein ? Donc, premièrement : sauver la vie, deuxièmement : essayer de ne pas tomber dans la compromission dans la mesure de tes possibilités... Il me semble que c'est ainsi qu'il faut s'y prendre. Il me semble.*

— Je ne commets pas de péché ?

— *Voilà, soumis à une forte pression on peut même faire pire. Est-ce que je me fais comprendre ? « J'ai besoin d'une permission d'un mois, je suis malade... » Vous notez alors : tu es malade. Personne ne vous donnera tort. Je ne jette pas exprès mes affaires en dehors de ma maison, mais si on me braque avec un pistolet, je donne tout ce qu'il y a chez moi.*

— Personne ne me braque avec un pistolet...

— *Mais il y a un aspect moral, un aspect moral. C'est clair ? Et pour être tranquille avec soi-même... ce n'est pas facile, je veux dire, il faut savoir s'y prendre, voir au cas par cas, afin qu'on ne pense pas : « Allons voir ce médecin car lui, il va nous faire le certificat. » Vous comprenez ? Vous commencez par leur demander : « Ça vous sert à quoi ? Est-ce bien nécessaire ? Est-ce vraiment urgent ? » Et ainsi de suite. Enfin, voyez un peu et si vraiment l'autre insiste, si c'est... enfin...*

— Je comprends. Malheureusement, d'un autre côté on nous oblige également à faire des choses pas très... Ils frappent un détenu et prétendent qu'on fasse un certificat comme quoi il est tombé. Il m'est même arrivé d'en rédiger un de mort naturelle pour un décès qui n'avait rien de naturel.

— *C'est une responsabilité civile plus qu'un problème de conscience. Ce n'est pas à vous de réparer ces choses-là, ce sont les politiciens qui doivent le faire, avec une politique plus adéquate. Ceci n'est pas de votre ressort, en tant que médecin, vous n'en avez pas les moyens. Vous faites votre travail, ça oui, vous essayez, le plus possible, d'assumer votre responsabilité professionnelle. Vous essayez ! Si vous êtes libre d'exercer correctement, d'accord, mais si on vous prive de cette liberté, vous ne pouvez pas non plus jouer les martyrs. Nous avons presque pris l'habitude de penser que le monde n'est fait que de héros, ce n'est pas vrai ! Le monde est fait de gens normaux, les héros sont rares, laissons cela à ceux qui le souhaitent. Mais tout le monde ne peut pas l'être. Nous devons vivre la sérénité, la paix, la famille, une vie normale en harmonie avec les autres. C'est important, je crois. D'accord ? C'est ça la règle morale importante, certainement pas celle d'être un héros. De plus, en paroles, tout le monde en est capable... Vous voyez ce que je veux dire ? Ceux qui veulent les héros, ce sont les politiciens, ceux-là, ils pensent que nous devons être tous des héros. Mais que font-ils pour qu'on puisse vivre normalement ? Ils ne font rien pour cela, ils préfèrent que la société soit partagée entre les héros et les lâches. Ce n'est pas ainsi. La normalité existe. Moi, je n'ai pas envie d'être parachutiste, j'aime bien sentir la terre sous mes pieds. Mais si on m'oblige à me jeter d'un avion, je peux même mourir avant, car je n'ai pas du tout envie d'être parachutiste. Est-ce que je me suis bien fait comprendre ?*

— Eh oui, surtout pour la classe politique actuelle qui s'est révélée... et appuyée par l'Eglise, malheureusement...

— *D'une certaine manière, oui, appuyée, en un sens. Je veux dire, les principes étaient valables, les lacunes de ces politiciens étaient telles qu'ils venaient à l'église pour communier, en « bons chrétiens », n'est-ce pas ? Mais nous ne pouvons pas lire dans leur cœur ou dans leur tête. En revanche, nous pouvons voir ceux qui se conduisent comme il faut avec les évêques, avec les prêtres... Ils communient, ont une bonne réputation, des « gens bien » quoi, vous comprenez ? En cela, l'Eglise ne peut pas être accusée de connivence, comment savoir si une personne qui se présente sous l'aspect d'un agneau ne cache pas, en réalité, un loup féroce ? Comment ne pas faire confiance a priori ? Vous voyez ce que je veux dire ?*

— Oui... Ainsi, mon père, vous dites que je ne suis pas dans le péché ?

— *Non, vous n'êtes pas dans le péché. En fin de compte, vous êtes dans une impasse, c'est compliqué. « Je m'aperçois que dans la situation où je me trouve il y a une partie de mal, mais je ne peux agir autrement car je tuerais le bien que représente ma vie, la vie de ma famille, ma place dans la société. » Est-ce que vous me comprenez ? Je ne veux pas, par là, couper les cheveux en quatre. Dans votre cas on ne peut pas séparer facilement le bien du mal, les circonstances ne sont pas toujours les mêmes et il m'est difficile de les analyser ainsi une par une. Impossible.*

— Donc, vous me conseillez de continuer comme avant ?

— *Il faut du bon sens. Sauver la vie et la vertu. Sauver la vie et la vertu. Suis-je bien clair ? La première vertu est la sauvegarde de la vie.*

— C'est très clair, mon père.

— *D'accord ? Je pense que c'est très important. Nous sommes pour la vie, non pour la mort. Et sauver ma vie signifie : « Aime ton prochain comme toi-même. » Mais si je n'ai pas d'amour pour moi, comment pourrais-je aimer les autres ? C'est d'accord ?*

— D'accord.

— [...] *Je t'absous...*

***

Palerme

— Mon père, j'ai ouvert, depuis peu, une petite société de transports et... je suis racketté.

— *Vous êtes... ?*

— Racketté... la Mafia. J'ai payé, mais cela me pose des problèmes de conscience.

— *Qui avez-vous payé ?*

— Deux hommes sont venus... d'abord, j'ai refusé. Ils sont revenus et m'ont dit ceci : « Gare à toi, c'est notre dernier avertissement. » J'ai de nouveau répondu non. Alors, ils ont mis le feu devant ma porte. J'ai donc payé.

— *Comment travaillez-vous ?*

— Je suis transporteur.

— *Si tu n'avais pas payé, ils t'auraient...*

— Je ne sais pas, moi... ils auraient fait exploser mon bureau, puis les camions...

— *Eh... mon frère, je ne crois pas, je ne crois pas que... la conscience... vous ne l'avez pas fait pour... vous l'avez fait pour vous protéger, non pour...*

— Oui, non pour faire le mal, bien sûr. Mais avec mon argent, ils font certaimenent du mal. C'est pour ça que j'ai voulu me confesser.

— *Nous ne pouvons pas savoir. Ils ont mal agi, c'est évident, ils ont mal agi. Même s'ils font du mal avec l'argent qu'ils ont reçu, vous ne l'avez donné que par crainte. Naturellement, il faut sauvegarder la vie. « Si je fais ce travail je n'ai pas d'autre choix, je dois payer », donc... la Mafia a été claire : « Soit tu paies, soit... » « Que faire ? D'accord, je ne dois pas penser à ce qu'ils vont faire avec cet argent. » Evidemment ils ne vont pas s'occuper d'œuvres de bienfaisance, ça voudra dire qu'ils devront en répondre, sur ce point ce n'est pas toi qui es responsable. Quoi d'autre ?*

— Hum... mon père, un acte impur, ma femme est restée dans le Nord et me trouvant seul ici...

— *Oui... ?*

— Une prostituée.

— *Bon, quoi d'autre ? Rien d'autre ?*

— Rien.

— *Demande pardon. Mais fais attention, tu peux attraper des maladies, et puis ce n'est pas juste, c'est interdit. Bon, demande pardon au Seigneur, nous allons tout offrir au Seigneur, n'est-ce pas ? ... Ayons confiance en la miséricorde du Seigneur, afin de ne pas être obligés de faire ces choses... ça serait si bien si chacun pouvait travailler dans sa propre... partout, car la terre appartient à tous.*

— Il me semble qu'en Sicile on ne puisse agir autrement.

— *Pardon ?*

— Il me semble qu'ici, en Sicile, tout soit comme ça.

— *Oui, eh bien, celui qui vient du Nord est un petit peu... ici on fait tout par la force de... sinon... Ça ne devrait pas exister mais c'est comme ça. Bien, demande pardon au Seigneur. Je t'absous...*

⁂

Palerme

— *Des péchés?*

— Eh bien, des actes impurs. Et puis, mon père, il est arrivé quelque chose, récemment. J'ai demandé à quelqu'un de... de donner une leçon à des gens qui m'importunaient. Mon père, je viens d'ouvrir une société de transports à Palerme, et on a essayé de me racketter. Je n'ai pas l'intention de payer et... j'ai été tellement ennuyé que j'ai fini par payer des gens pour qu'ils donnent une bonne leçon à ceux-là...

— *Hum... de toute évidence la rétorsion ne peut rien résoudre, car ces gens-là ne vont sûrement pas prendre peur, si, comme tout le laisse à penser, il s'agit vraiment de la Mafia... ce n'est certainement pas la bonne voie. Il faudrait plutôt s'associer avec d'autres qui résistent, pour les dénoncer. Bien sûr, on court des risques, mais c'est inévitable et on est bien obligé de travailler pour gagner sa vie. Il y a toujours des risques, mais la meilleure voie est celle de faire appel à la justice, pour qu'elle intervienne....*

— Ça ne sert à rien, mon père. Nous en avons déjà fait l'expérience, la police ne peut rien faire, ces gens ne comprennent que la force.

— *Oui, vous pensez obtenir quelque chose en recourant à la force. Vous pensez vraiment que ces gens vont prendre peur? Vous avez tout simplement payé à d'autres, ce que vous auriez dû donner à ces gens-là et, très probablement, vous ne pourrez pas éviter de les payer. Or, je ne dis pas qu'il faut leur donner ce qu'ils demandent, mais il ne faut pas non plus payer... A Barcelone, par exemple, ils ont obtenu quelque chose, un mouvement s'est créé pour avoir une vraie justice. Eh... il faudrait faire pareil chez nous. Il me semble qu'il y a des lignes téléphoniques spécifiques pour contacter la police. Car vous n'obtiendrez rien en faisant ça, vous ne faites qu'aggraver la situation. Très probablement, en effet, il y aura une rétorsion de la part de ces gens-là, et la vengeance ne visera pas ceux que vous avez désignés, mais le mandant, c'est-à-dire vous-même... Ecoutez, malheureusement je dois partir, j'ai un rendez-vous, demain matin si vous voulez...*

⁂

Matera

— Mon père, j'ai un énorme poids sur la conscience, voyez-vous, mon travail... je recycle de l'argent dont la provenance n'est pas tout à fait... Je le prends en Sicile et je le place dans le Nord, pour le blanchir, comme on dit. Je ne sais pas si c'est un péché.

— *Bien sûr que c'est un péché. C'est illégal. De cette manière tu participes à quelque chose de louche. De ce point de vue c'est un péché, même si tu ne voles personne, c'est clair ? Tu transformes simplement, mais ce faisant tu participes à une situation irrégulière.*

— Et c'est grave ?

— *Si c'est grave ? Bien sûr que c'est grave !*

— Voyez-vous, après ce qui s'est passé avant-hier, après l'arrestation de ce mafieux, Santapaola [1], de qui je soupçonne que provient l'argent, eh bien, j'ai pris la fuite avec l'argent qu'on m'avait donné.

— *Quoi, la fuite ?*

— Oui, je me suis enfui avec l'argent qu'on m'a donné, c'est-à-dire... je n'ai pas l'intention de le rendre.

— *Mais ceci est...! Ce pourrait être un autre péché, c'est du vol, non ?*

— C'est un vol à des mafieux.

— *Mafieux ou pas, il s'agit toujours d'un vol.*

— Mais cet argent, ils ne l'ont pas gagné honnêtement !

— *Il n'est pas non plus à toi.*

— C'est vrai, mais j'ai pensé que moi, au fond, avec cet argent, je ne ferai rien de mal, tandis qu'eux... Ils achètent de tout, de la drogue, des armes...

— *Il faut vivre sa vie autour des dix commandements. Quand on respecte Dieu et son prochain, on vit en paix, la conscience tranquille. Mais de cette façon, votre manière de jongler... à vrai dire, il me semble que votre situation n'est pas des meilleures, bien au contraire. Il faut*

1. Nitto Santapaola, mafieux de Catane. Il a été arrêté le 18 mai 1993.

plutôt collaborer pour désamorcer ce genre de situation. Après tout, le travail fait dans la dignité ennoblit l'homme, en revanche, de cette manière on n'est jamais en paix. Indépendamment du fait que ça reste un péché grave, même d'un point de vue psychologique, je ne vois pas comment vous pourriez vous sentir serein en faisant des choses défendues.

— Je sais, mon père, mais c'est une somme très importante. Je pourrais vivre sans rien faire le restant de ma vie.

— *En tout cas, n'est-ce pas, le travail en lui-même est important pour l'humanité. Même si on en a les moyens, ce n'est pas bon de ne rien faire.*

— Hum... Oui, peut-être, mais ce serait toujours mieux que ce que j'ai fait jusqu'à présent...

— *Ça oui.*

— Avec ce simple geste, je pourrais éviter, dans le futur, de continuer à faire ces choses-là...

— *Eh oui ! mais faites aussi quelque chose... essayez la charité avec votre prochain, d'aimer votre prochain, de vous mettre à la disposition même de ceux qui en ont besoin, des gens qui souffrent, des handicapés, que de bien on pourrait faire ! Combien de gens attendent une main pieuse qui ne se manifeste pas ?*

— Eh, je ne sais pas, mon père. Bien sûr, je pourrais même verser une partie de cet argent à des œuvres charitables.

— *Oui, ce serait déjà une bonne chose, mais si tu pouvais le rendre à ceux à qui tu l'as pris, ce serait encore mieux.*

— Mais, mon père...

— *En douce, bien entendu, en faisant attention aux risques, n'est-ce pas ? Je ne veux pas vous faire courir de risques, mais si vous pouviez le faire en douce...*

— Mais ce sont des criminels, des assassins...

— *Sans rien dire, vous le mettez dans une enveloppe, sans adresse, sans expéditeur, sans rien, que vous ferez parvenir à destination. Je ne sais pas, c'est une idée.*

— Mis à part le fait qu'il ne s'agit pas d'une enveloppe, mais d'une grosse valise... Hum... le rendre, vous dites ?

— *Eh oui ! Ce serait la meilleure chose. Si c'est vraiment si difficile de le rendre, alors il faut donner à des œuvres charitables, l'envoyer au tiers-monde, je ne sais pas, moi, qu'en pensez-vous ? Songez que le*

Christ est mort pour nous, pour nous sauver, et si nous ne nous mettons pas dans la condition de... on ne vit qu'une seule fois, on ne peut pas recommencer de nouveau.

— Vous dites qu'il vaut mieux le rendre ?

— *Eh, ça serait la meilleure chose.*

— Mais, d'un point de vue chrétien, j'ai bien peur qu'ils en fassent mauvais usage. Car maintenant, vous savez, il va y avoir une lutte entre gangs.

— *C'est aussi un... risque, mais, même s'ils en font un mauvais usage, cela ne dépend pas de toi. Chacun a sa propre conscience pour lui. Celui qui fait le bien trouvera le bien, celui qui fait le mal trouvera le mal. Tu ne peux pas garder quelque chose qui ne t'appartient pas, le mal est là... Débarrasse-toi de ce poids que tu aurais sur la conscience.*

— Sans rien garder pour moi ?

— *Tu dis que cet argent ne leur appartient pas, qu'ils l'ont pris. Eh bien, on ne peut pas savoir où et comment ils l'ont pris, c'est un peu difficile, disons qu'ils l'ont pris à la communauté, on pourrait alors le donner à ceux de la communauté qui en ont le plus besoin.*

— Mais, mon père, d'un point de vue chrétien il vaut mieux le restituer à ces gens-là ou en faire des œuvres charitables ?

— *Mais tu me poses un problème... tu dis, pratiquement : « Cet argent, je l'ai pris à ces gens, mais il ne leur appartient pas ».*

— Oui.

— *Alors tu es certain qu'il n'est pas à eux ?*

— Euh ! En un sens, mais ils l'ont eu en vendant de la drogue, en faisant du racket, je ne sais pas, moi...

— *Voilà, par conséquent, tu ne sais pas... Comment l'ont-ils eu ?*

— Mais je l'imagine.

— *La question est là. Du moment que tu es dans le doute, cet argent leur appartient.*

— Oui.

— *Par conséquent, tu dois le rendre. Si tu étais absolument sûr qu'ils l'ont obtenu de manière malhonnête, disons irrégulière, qu'ils l'ont volé ou autre, alors oui, tu pourrais trouver une solution, mais du moment que tu n'as pas cette certitude, la meilleure chose est encore de le restituer. C'est à eux de faire les comptes avec leur propre conscience.*

— Je peux le leur faire parvenir par transporteur. Ensuite je disparaîtrai. Il vaut mieux que je me cache.

— *Si c'est dangereux… je ne m'y connais pas bien. Ce pourrait être dangereux d'utiliser un transporteur. Je ne sais pas comment ça pourrait se terminer… Je ne sais pas comment, trouve un moyen, pour ne pas courir trop de risques, d'accord ?*

— … Si je le laissais dans une église, si je leur faisais savoir… pour venir le chercher ?

— *Oui, mais… mais ça deviendrait un peu scabreux, on pourrait même faire courir un risque à l'église.*

— Ah !…

— *Parce que* [incompréhensible] *de l'église et ensuite on commencerait à… chercher, on dirait : « Tu savais, tu ne l'as pas dénoncé ». Tu comprends ça ? Tant que tu m'en parles au cours d'une confession… mais si on découvre où tu as mis l'argent, ou bien que le prêtre est complice…*

— Oui, vous avez raison. Ecoutez, je vais réfléchir à tout ça.

— *Voilà, réfléchissez un peu et mettez-vous entre les mains du Seigneur, afin qu'il vous aide à vous sortir de vos ennuis.*

— Oui, mon père, d'accord.

— *Il y a d'autres péchés dont vous vous souvenez, non ?*

— Eh bien oui, mon père, j'ai commis quelques péchés. Tout d'abord, je vis avec une femme sans être marié et…

— *Ça aussi c'est du vol en quelque sorte, vous savez ? C'est voler aux gens leur dignité, et puis ce n'est même pas une bonne chose. Sixième commandement, neuvième commandement.*

— Eh bien, je ne pourrai même pas l'épouser car elle est déjà mariée et elle n'est pas divorcée. Son mari est en prison.

— *Oui, d'accord, mais épouser une femme divorcée, ça non plus tu ne dois pas le faire, d'un point de vue civil tu peux, mais le sacrement a été fait par notre Seigneur pour que la famille soit unie et unique. Tu es jeune, tu pourrais trouver une… une fille belle et saine pour fonder une famille et avoir des enfants.*

— Vous savez, mon père, je ne suis pas quelqu'un qui… qu'on épouse volontiers.

— *Eh, tout le monde a ses défauts, tu n'es pas le seul. Un défaut ou un autre… En essayant d'être droit, on modifie un peu son comportement. Si tu fais pour le mieux, tu pourras te corriger, non ? En corrigeant ton comportement tu deviens de plus en plus toi-même.*

— Oui, mon père, d'accord.

— *Demande vraiment pardon au Seigneur, même pour les péchés dont tu ne te souviens pas... dis une prière spontanée, venant du cœur et tâche un peu de corriger ce... d'accord? Je t'absous...*

⁂

Pavie

— *Dis-moi, en toute tranquillité, quel est le problème qui te tient le plus à cœur. En toute liberté. Commence par les choses les plus simples.*

— Cela fait tant d'années que je ne me suis pas confessée. Je vis une situation très particulière. C'est un problème délicat...

— *Oui, doucement, raconte-moi ta vie doucement et librement.*

— Mon père, j'ai un ami d'enfance qui est actuellement au séminaire. J'ai avorté il y a deux ans, c'est une expérience traumatisante. Il m'a soutenue, il m'a aidée à retrouver la foi que je croyais perdue.

— *Ainsi, il t'a aidée.*

— Oui. Et puis, vous savez...

— *Oui, oui, ma fille, bien sûr, je comprends. De votre amitié est né ensuite ce qui...*

— Exactement. Il affirme vouloir abandonner l'Eglise pour m'épouser.

— *Donc, tout en étant au séminaire, il voudrait partir.*

— Oui.

— *Quel âge a-t-il?*

— Il a vingt-sept ans.

— *C'est donc une vocation adulte.*

— Oui.

— *Ainsi vous en êtes à ce point : il veut partir et il a l'intention de t'épouser.*

— Oui. Mais je ne peux pas permettre cela. J'ai été égoïste. Etant donné sa position, j'aurais dû lui témoigner plus de respect. De plus, je ne voudrais pas que demain il me reproche sa décision. Je doute que, plus que par amour pour moi, il veuille m'épouser parce qu'il se sent coupable. [...]

— *Tu as peut-être raison, prends quelque distance. Je pense que ce n'est pas encore le moment des décisions, c'est trop tôt. Il faut laisser passer un peu de temps. Si vraiment il se montrait... et que d'un commun accord... évaluez tout... Mais c'est à voir. Déjà, il est sur une voie qui, enfin... il est entré... Il est au séminaire ?*

— Oui. Je lui ai conseillé de se confesser. Il doit parler de sa situation avec quelqu'un.

— *Tu crois qu'il l'a fait ?*

— Non.

— *En revanche, toi, tu as trouvé le courage.*

— Pour moi c'est différent, mon père. De toute manière, il avait pensé prononcer ses vœux tout en maintenant sa liaison avec moi.

— *Non, hier encore, à la radio, j'ai entendu que le pape faisait un rappel à l'ordre. Beaucoup de prêtres, d'évêques... Malheureusement un évêque aux Etats-Unis a dû abandonner... Malgré cela le pape a dit : « Il est de mon devoir de rappeler la valeur du célibat pour l'homme consacré et d'en faire redécouvrir la beauté. » Mais ceux qui ont une certaine expérience de la vie savent bien que ces choses existaient déjà hier et qu'elles existeront toujours. Voilà, on doit faire preuve d'un peu de sagesse, n'est-ce pas ? C'est pour ça que je dis qu'une telle décision ne mènerait à aucune solution. Il doit s'en rendre compte, même si... remarque... l'élan de la jeunesse, on sait ce que c'est ! Je veux dire qu'il faut vivre toutes les expériences de la vie, quand on est jeune, on ne réfléchit pas. C'est ça le problème. Je fais des stages pour les futurs mariés, ils sont nombreux à venir, je leur dis toujours que la plupart des propos que je tiens maintenant, dans trois ans ne seront plus valables. Pourquoi ? Parce que dans trois ans leur expérience sera différente. Alors, tu dois le savoir à l'avance, parce que quand vous aurez trente ans, vous aurez moins d'idéaux. Eh oui, ce sont des expériences traumatisantes. On est prêt à se donner, à plonger, sans réfléchir. C'est un commandant de la marine, habitué à voyager, qui m'a appris cela, il me disait : « Quand on débarquait, il y avait toujours une foule de belles filles... qui pouvait nous arrêter ? » Mais si on n'a pas d'avance l'accompagnement qu'il faut... et malheureusement de nos jours, vous les jeunes, vous n'avez pas cet accompagnement. Car, pendant que tu es ici, par un acte personnel de courage, là dehors il y en a beaucoup qui sont livrés à eux-mêmes.*

— Mon père, quand on confesse certains péchés, il y a toujours la crainte de ne pas être comprise, on ne sait pas qui est devant nous et si on va trouver du réconfort... Je pense que l'homme vient avant le prêtre… je pense que le prêtre ne peut pas se permettre de perdre le contact avec la réalité quotidienne.

— *Bravo, certainement ! Nous sommes des hommes, d'abord des hommes. Entièrement hommes, entièrement prêtres ![…]*

— *Et donc, mon père, pour revenir à mon problème, vous me conseillez de ne pas prendre de décision ?*

— *Non, c'est trop tôt. A mon avis tu dois l'aider à y voir clair, parce que dans sa situation il ne peut pas vivre cette ambiguïté.*

— Je sais, mais comment faire ? Je veux dire, physiquement, je m'abstiens… ?

— *Eh, eh ! mais avant cela, avant l'abstinence physique, il faut savoir où l'on veut aller. A mon avis, il devrait dire : « Etant donné ma situation, qu'est-ce que je veux faire ? Poursuivre dans ma vocation de prêtre ou pas ? »*

— Je sais, mais il ne trouve pas la force de…

— *Il doit ! Il doit ! Il est en train de mûrir, ma fille. Ecoute, on ne peut pas s'improviser du jour au lendemain… C'est pour ça que je te conseille d'être auprès de lui, tu dois l'illuminer. Tu dois lui dire qu'à son âge, il ne peut plus dépendre des quelques promesses faites à quinze ou vingt ans. C'est le moment, désormais, des décisions irrévocables.*

— Ecoutez, vous avez déjà compris que je me sens doublement responsable de cette situation. Excusez-moi d'insister : est-il juste de continuer ainsi, même physiquement. Je ne devrais pas plutôt éviter… ?

— *Non, non ! C'est juste, même physiquement. Petit à petit il doit arriver, tout seul, à comprendre et à évaluer, en cela aucun saint ne pourra l'aider. C'est ce que je disais tout à l'heure à propos des élans de jeunesse. Et, parce que vous êtes jeunes, vous cédez plus facilement à la tentation de posséder. Tant qu'il ne comprend pas tout seul… Et même le fait de ne pas vouloir se confesser… c'est admissible, n'est-ce pas ? Au séminaire on ne lui a pas appris cet équilibre, on lui a dit tout le contraire. On peut le comprendre, maintenant il est coincé. Il a besoin de tendresse et de bienveillance, voilà, des attentions d'une fille qui est en mesure de le comprendre, justement parce qu'elle est aussi impliquée… Si tu peux lui offrir cela… Ce sera à toi d'être vigilante, pour tous les deux. On dit qu'en l'an 2000 seuls resteront debout les chrétiens qui auront puisé en eux-mêmes cette force. Ça c'est important. Ceux qui auront suivi le groupe, le mouvement, la masse… ceux-là échoueront.*

Toutefois, de par mon expérience, je peux te dire que l'Eglise commet beaucoup d'erreurs, même historiques. Mais, ce que j'ai toujours remarqué, c'est que, même dans ses choix les plus discutables d'ordre social ou politique, elle s'est rarement trompée, très rarement... Ce sont plutôt les laïcs chrétiens qui ont désobéi aux normes et aux conseils qu'on leur avait donnés. Actuellement l'Eglise fait encore du bon travail, selon moi... Tu vois ce que c'est que d'avoir constamment un point de référence, un pape qui sait toujours donner une réponse précise à chaque question ? C'est très réconfortant pour nous ! Contrairement à Paul VI, si triste, celui-ci te donne de l'énergie, c'est un battant, un général de corps d'armée... Courage, je te donne l'absolution, et pour réparer tes péchés je te demande de réciter le chapelet, tous les jours et pendant un mois. Va en paix, ma fille.

***

Catanzaro

— *Quand est-ce que tu t'es confessée la dernière fois ?*
— Il y a deux semaines.
— *Quels sont les péchés dont tu te souviens ?*
— J'aime un homme que je ne peux pas avoir.
— *Il est plus âgé ?*
— Oui, mon père. Voyez-vous, c'est mon directeur spirituel, un prêtre.
— *Un prêtre ?*
— Oui.
— *D'ici ?*
— Non, mon père.
— *Vous avez rompu, ou bien vous continuez... ?*
— Nous nous voyons souvent.
— *Avez-vous des rapports sexuels ?*
— Pas complètement, mais il y a eu quelque chose.
— *Oui. Q'y a-t-il d'autre ?*
— ... J'ai commis des actes impurs.
— *Seule ou avec d'autres ?*
— Même seule.
— *Oui. Et quoi d'autre ?*

— Rien d'autre, mon père.

— *Eh bien ! demande pardon au Seigneur de tout ton cœur, demande à la Vierge l'aide nécessaire pour sortir de ce tunnel.*

— Mon père, qu'est-ce que je dois faire avec lui ?

— *Ne désespère pas. Demande à la Vierge de t'aider à résoudre cette situation. Dieu connaît des voies que nous ne connaissons pas.*

— Oui, d'accord, mais qu'est-ce que je fais avec lui ?

— *Eh... avec lui, ma chère, il faut dire : « Ecoute, je réfléchis, j'y pense. Cette histoire risque de nous compromettre tous les deux, il vaudrait peut-être mieux... » Demande au Seigneur l'aide nécessaire et prie. Moi aussi, je prierai afin qu'Il t'aide.*

— Mais pendant ce temps, je ne dois plus le voir ?

— *Qu'est-ce que tu fais ?*

— Je fais des études, mon père.

— *A l'université ?*

— Oui, à la faculté de lettres.

— *C'est bien, c'est bien.*

— Alors, pendant ce temps je ne dois plus le voir ?

— *Eh oui, ma belle, je pense bien. Car si vous vous voyez, la passion va renaître à nouveau, tu comprends ? Et puis, moi, je connais bien ces choses-là, je suis professeur, moi aussi, tu sais ? Pour pénitence tu diras dix Ave Maria à la Vierge pour les malades et tous les souffrants, d'accord ? Mais ne désespère pas, ma belle, essaie de prendre tes distances, petit à petit, tu verras, ça va s'arranger. Car, de cette manière tu ne fais rien de bon, tu nuis à toi-même, tu ne fais rien de bon. Dis l'acte de contrition, ma chère.*

— D'accord, j'essaierai.

— *Je t'absous... Que le Seigneur te bénisse. Viens donc quand tu en as besoin. D'accord ? De préférence le mardi et le jeudi, j'aurai plus de temps, je pourrai t'écouter là-bas [il indique la sacristie], c'est d'accord, ma belle ?*

— Oui. Merci, mon père.

***

Florence

— Mon père, je ne suis pas très pratiquant et je pense avoir commis beaucoup de péchés, mais j'ai surtout un problème grave pour lequel je voudrais demander l'avis d'un prêtre loin de ma ville. Voilà, je suis médecin et depuis quelque temps j'ai une liaison avec une religieuse de l'hôpital…

— *Quoi ? ! Mais ceci est grave ! ! ! Mais c'est un péché très grave ! ! !*

— Oui, je sais que c'est un péché…

— *Bien sûr, surtout avec une religieuse consacrée, qui a fait ses vœux. Mais cette religieuse est consentante ou c'est toi qui l'entraînes ?*

— Eh bien, c'est moi qui ai fait le premier pas. Bien qu'ayant dépassé la trentaine, elle était encore vierge, mais elle se sentait très attirée, c'est elle-même qui me l'a avoué.

— *Et donc, vous continuez à vivre comme ça ?*

— Pas en ce moment, elle est tombée enceinte.

— *Et alors ?*

— Je lui disais de prendre des précautions, mais elle n'a jamais voulu car, disait-elle, l'Eglise est contre… Mais dans notre condition il aurait mieux valu prendre des précautions, il me semble.

— *Et ensuite, elle a avorté ?*

— Non, elle ne veut pas, elle ne veut absolument pas, elle dit que…

— *Elle le garde…*

— Oui, c'est ça…

— *Ainsi elle va quitter le voile ?*

— Elle dit qu'il y a une institution religieuse pour enfants… ensuite elle ira s'enfermer dans un couvent. Ou alors, elle vivra dans cette institution avec l'enfant. Je lui ai proposé d'abandonner le voile et de m'occuper… étant déjà marié, je ne peux pas l'épouser, mais je pourrais lui assurer une maison, un travail et une vie tranquille.

— *Mais tu es déjà marié ! Toi aussi, tu t'es mis dans de beaux draps…*

— La solution idéale serait l'avortement, elle reprendrait sa vie, comme avant, moi aussi et naturellement nous arrêterions, après une expérience pareille… J'essaie de la convaincre que, dans notre cas, la meilleure solution serait l'avortement, mais je suis confronté à la condamnation de l'Eglise qui semble plus forte que tout autre chose… Elle dit qu'elle ne le fera jamais et préfère abandonner l'enfant dans un orphelinat !

— *[incompréhensible] … s'il existe une échappatoire pour placer l'enfant… mais il se retrouverait sans sa mère…*

— Dans tous les cas il n'aurait pas de père.

— *Mais ta femme est au courant ?*

— Elle ne sait rien. Heureusement, elle n'en sait rien. J'ai des enfants, un petit et un plus grand.

— *Cet enfant n'aurait ni mère ni père... si cette religieuse veut continuer sur cette voie...*

— Oui, elle veut aller dans un couvent. Ça ne me paraît pas une bonne solution.

— *Vois-tu, mon fils, c'est une décision que vous devez prendre tous les deux, je ne peux pas vous conseiller... Vous pourriez le placer dans ce collège, signer des papiers secrets, je ne sais pas... pour qu'on s'occupe de lui... Ensuite, si elle veut continuer, cela dépendra... la mère supérieure le saura, de toute façon, ce n'est pas une chose qu'on puisse cacher, elles devront bien en parler, tirer des conclusions... Quel âge a-t-elle ?*

— Maintenant elle a trente-deux ans.

— *Autrement, elle deviendra une fille-mère et devra élever son enfant. Avec ton aide... mais sans persister dans le péché, d'accord ? Je ne peux pas conseiller l'avortement, ça non, la vie avant tout. Le pape a parlé très clairement là-dessus, même à propos des Serbes. Là-bas il y a les enfants de la violence, des femmes violées.*

— Ceci est profondément injuste.

— *Même si elles ont été violées, le pape leur a dit de garder leurs enfants. Mais là-bas, il y a une violence externe, tu vois ?*

— Qu'adviendra-t-il de ces pauvres enfants ?

— *... Le Seigneur les aidera, je ne sais pas comment, car la Divine Providence est partout. Certes, ce sont des enfants qui ont ce... mais il existe déjà un saint, comment il s'appelle, saint Philippe ? ...C'est un saint, le fils d'une femme violée... Oui, une domestique qui avait été violée... Mais si elle se fait avorter, c'est l'excommunication. La décision revient à l'évêque... C'est une responsabilité qui... mais, pardonne-moi de te le dire... comment as-tu pu ? Comment... ? Tu as provoqué une décision injuste...*

— Que me conseillez-vous ? Placer l'enfant dans une institution, ou bien m'occuper de tous les deux, vivre ensemble ? Franchement, il me semble que s'enfermer dans un couvent ou le placer dans une institution...

— *Mais tu es marié ! Tu l'aimes, ta femme ?*

— Oui, bien sûr.

— *Bon, ta femme d'abord...*

— Mais j'aime aussi l'autre...

— *Tu ne peux pas l'installer près de toi, tu commettrais à chaque fois un péché d'adultère, tu es marié. Malheureusement, si elle aussi est consentante, elle a également ses responsabilités, mais tu ne dois pas penser à cette femme en tant que... tu comprends ?*

— Mais, si elle restait avec mon enfant, dans une maison que je pourrais...

— *C'est inadmissible ! Tu dois la quitter, tu la soutiendras économiquement et basta ! Tu t'occuperas de la mère et de l'enfant, ça c'est un devoir. Mais ton devoir est aussi de rester fidèle à ta femme, d'accord ? Cette femme est consacrée, elle peut être dispensée de ses vœux, en revanche, toi, tu ne pourras jamais quitter ta femme, sauf en cas d'annulation. Le mariage est un lien très fort...*

— Je ne suis pas marié à l'église.

— *Non ?*

— Non, ma femme n'est pas croyante, elle n'a pas voulu.

— *[pause] Il n'y a pas de lien... éventuellement tu pourrais choisir : la religieuse, après avoir été dispensée, ou ta femme... Mais à mon avis ce n'est pas facile. Ce n'est pas très facile, non, ce n'est pas facile, je dois y réfléchir, demander... je ne peux pas te dire... Est-ce que tu pourrais revenir demain matin ?*

— Je ne sais pas...

— *Non, tu ne reviendras pas, tu ne reviendras pas ! De toute façon, je serai là demain matin, jusqu'à midi, mais tu ne reviendras pas, tu ne reviendras pas !*

— Je ne sais pas...

— *Adieu, alors. [il ferme la grille du confessionnal]*

***

Taranto

— *Vous ne vous confessez pas depuis longtemps ?*

— Depuis un mois. Mon père va mourir et il ne veut pas recevoir l'extrême-onction, il me l'a fait jurer. Je ne sais pas... Si je ne tiens pas ma promesse, c'est un péché ?

— *Non. Mais pourquoi il refuse ?*

— Il a toujours été un... pardonnez-moi, mon père, il a toujours bouffé du curé.

— *Est-il en mesure de comprendre ?*

— Pas toujours. On lui donne des médicaments très puissants.

— *Parle avec l'aumônier de l'hôpital. Il trouvera bien le moyen d'entrer dans sa chambre. En tant qu'aumônier, ton père ne pourra pas le chasser.*

— Mais il a déjà essayé. Quand mon père l'a vu, il s'est fâché et il a eu une crise cardiaque.

— *Dans ce cas, il faut avoir le courage d'être plus ferme. Evidemment, pour que le sacrement soit valable, il faudrait le consentement de la personne intéressée, mais étant donné son état de santé, il n'est pas toujours conscient de ce qui... C'est pour ça que je dis de forcer un petit peu, ça ne lui fera pas de mal, au contraire. Essaie, pour son salut, le Seigneur verra bien... Fais ton possible, pour le salut de ton père, essaie. Je crois que petit à petit... Combien de cas il y a déjà eu ? Des gens qui devenaient... Ce que nous faisons ne lui causera pas de dommage.*

— Non, pas de notre point de vue, mais mon père ne pense pas comme nous. Vous ne pouvez pas savoir le nombre de fois où nous en avons parlé.

— *Eh, malheureusement, l'entêtement est très difficile à vaincre. Avant, je n'aimais pas apporter la bénédiction dans les maisons des partisans* [?] [1], *des communistes, des athées. Et puis, je me suis dit que mon devoir de prêtre est de frapper à toutes les portes... Eh bien, tout le monde m'ouvre, tout le monde et personne ne m'empêche d'entrer. Je fais mon devoir. C'est notre devise, ensuite ce sera à la miséricorde et à la grâce de Dieu...*

— Vous voulez dire que d'une façon ou d'une autre je devrais... Mais, vous savez, il s'agit de la volonté de mon père...

— *Le sacrement vaut plus que toute volonté humaine. N'aie pas de scrupules, c'est pour son salut. Lui, il ne peut pas le voir, tu comprends ?*

— J'ai toujours cru que la fin ne justifie pas les moyens...

1. Toutes idées confondues, personnes qui luttaient contre le fascisme pendant la dernière guerre. Le prêtre emploie ce mot de manière impropre.

— *Là n'est pas la question. Nous parlons d'une valeur objective, ce n'est pas seulement ce que tu crois être valable. Le sacrement est un moyen de mettre quelqu'un dans la condition de recevoir la grâce du Seigneur, qui fait les miracles et fait tomber les barrières. Sans violence.*

— Et c'est valable même pour ceux qui ne croient pas ?

— *Pour qu'il y ait sacrement, il faut d'un côté le Christ et de l'autre côté l'homme. Dans ce cas, ton père est le destinataire, mais toi, tu es l'intermédiaire parce que tu es plus sage et tu as ta conscience pour toi pour avoir essayé. Le salut est une valeur objectivement valable.*

— Pardonnez-moi, mon père, je ne comprends pas : pour être valable, l'extrême-onction doit...

— *Non. Ce n'est pas en termes juridiques qu'il faut penser. C'est l'intention qui compte. Or, la tienne est sincère et généreuse. Parle avec l'aumônier et voyez ensemble comment faire. Quand à la validité, laissons au Père Eternel le soin d'en juger. Le Père Eternel est au-dessus de l'appareil juridique. Autre chose ?*

— [...]

***

Bologne

— Mon père, je suis fiancée depuis cinq ans et je vais bientôt me marier, mais j'ai des doutes. Je réfléchis si c'est bien ou pas.

— *Qu'est-il arrivé ?*

— Mon fiancé m'a toujours reproché ce qu'il appelle : mon dévouement excessif à la foi. Nous ne sommes pas vraiment d'accord non plus quant à l'éducation des enfants : il veut bien pour le baptême, mais pour ce qui est de la première communion et de la confirmation, il préfère qu'ils décident eux-mêmes, une fois qu'ils seront devenus adultes.

— *Mais si vous leur offrez le don de la vie sans leur demandez leur avis, comment ne pas leur offrir également le don de la vie surnaturelle, qui est le plus important ? Il me semble...*

— Il a peur qu'ils lui reprochent, après...

— *[il s'anime] Mais voyons, depuis quand on reproche à quelqu'un de nous avoir offert un cadeau ? Ça c'est une insinuation du Malin !*

— Mes doutes sont peut-être dus à ça.

— *Mais si tu as déjà fixé la date du mariage...*

— Oui, mon père. De plus, la maison est presque prête.

— *Ooooh!!!*

— Et puis, voyez-vous, son père est en train de mourir, il a refusé l'extrême-onction et a demandé à être incinéré. Mon fiancé en est très affligé.

— *Mais l'Eglise admet l'incinération. Ce n'est plus comme autrefois, maintenant c'est permis. Il ne faut pas avoir de scrupules là-dessus car il n'y a aucun problème.*

— Oui. Mais vous savez, mon beau-père ne croit pas à la résurrection de l'âme. Mon fiancé ne sait pas quoi faire : respecter la volonté de son père ou lui faire donner l'extrême-onction?

— *Pour l'amour de Dieu, non! On ne peut pas donner un sacrement à quelqu'un qui n'en veut pas, c'est une évidence...*

— Mais, mon père, et son âme? S'il le fait, je crois que son père le remerciera de l'au-delà!

— *Oui, mais on ne peut pas. Jésus ne veut pas de violence, si on le refuse, ce n'est pas la peine. Il n'y a rien à faire, on connaît la fin de Judas. Nous n'en avons pas le droit. Faites donc l'incinération, il n'y a pas de problème, il n'y a plus aucune sanction.*

— J'en ai parlé à l'aumônier de l'hôpital, il dit que ce serait peut-être possible, dans des conditions particulières, même si la situation est un peu limite.

— *Mais il n'a pas eu une pensée, un mot ou un geste de foi? Non? Même pas un petit signe, quelque chose, une invocation comme : « Mon Dieu! », non? Quand il se plaint, vous ne l'avez pas entendu?*

— Mon père, je préfère éviter d'aller le voir à l'hôpital.

— *Pourtant ta présence pourrait aussi être un motif de réflexion pour lui. Qui sait? Tu pourrais être l'instrument que le Seigneur a choisi pour prendre cette âme, pour la sauver comme le bon larron sur la croix.*

— Donc, s'il y avait un gémissement, une invocation...

— *Si tu pouvais apercevoir ça chez lui, ce serait déjà un signe, tu ne crois pas? Voilà, Dieu pourrait entrer par cette petite porte ouverte. Va le voir et prie beaucoup. Prions, parce que c'est une chose qui nous concerne tous.*

— Et au sujet de mon fiancé? Ses propos sur les enfants m'ont étonnée.

— *Oui, mais ce n'est pas une contrainte! Si on a la chance de recevoir ce potentiel, tant mieux. Après, on peut s'en servir ou pas, personne ne nous oblige. Mais enfin, baptisons-les!*

— Le baptême n'est pas en question, mais la première communion et la confirmation.

— *Cela dépendra de toi, si tu élèves tes enfants en leur faisant sentir la présence de Dieu, par la suite ce seront eux qui demanderont la première communion et la confirmation! Quel père pourrait décliner cette requête? Si quelqu'un demande un morceau de pain, pouvons-nous le lui refuser? Non! Et si l'enfant, même petit, veut recevoir ces sacrements, est-ce que le père peut les lui refuser? Non! Cela dépendra de toi.*

— Il dit qu'un enfant de six ans ne peut pas savoir ce qu'il veut.

— *Et alors, est-ce qu'un enfant de trois ans peut comprendre pourquoi il faut aller chez le médecin, pourquoi il faut s'habiller, manger, suivre l'école? Enfin, ce sont des choses que les parents décident pour l'enfant, il est évident que l'enfant ne peut pas choisir tout seul. Qu'est-ce qu'ils viennent faire les parents, sinon? Mais ton fiancé n'a jamais mis en discussion votre mariage pour ça?*

— Non, absolument pas.

— *Et toi, tu ne lui as jamais fait comprendre que ce problème pourrait te faire changer d'avis?*

— Je ne transige pas sur l'éducation des enfants. Lui, il remet la question pour plus tard.

— *Vous pouvez lui dire que s'il maintient cette attitude négative, le prêtre a le droit de refuser de célébrer le mariage. Lors d'un mariage entre un catholique et un non catholique, si ce dernier ne s'engage pas à accorder à son conjoint la liberté d'élever leurs enfants en bons chrétiens, l'Eglise peut ne pas célébrer le sacrement.*

— Mais il est croyant, il est catholique.

— *Oui, mais s'il ne s'engage pas, c'est comme s'il ne l'était pas. Ah! dis-lui que tout se paie, à la fin. Car il y aura un entretien prénuptial, non? Il faut aller au fond des choses afin d'en avoir le cœur net. On peut avoir toutes sortes d'idées, mais on doit laisser à sa femme la liberté d'élever en bons chrétiens... Car il va déclarer qu'il est athée, non?*

— Qui? Mon fiancé? Mais non, il est croyant, lui! C'est son père qui est athée!

— *Ah! Il croit, lui.*

— Mais bien sûr ! Mais il croit aussi à la liberté absolue de chaque individu et, par conséquent, il veut que ses enfants soient libres de décider quant à la foi.

— *Mais quelle liberté ? Nous ne sommes pas libres de décider quoi que ce soit ! La liberté dépend du milieu où on vit, des gens qu'on fréquente, de l'éducation et de l'enseignement que l'on reçoit... Mais quelle liberté ? Qu'est-ce que c'est que cette liberté ? On ne peut pas rester neutre, la neutralité n'existe pas ! Lui, en revanche, il ne te donne pas la LIBERTÉ absolue d'élever... S'il persiste dans son idée et que le prêtre veut faire son devoir, l'affaire peut remonter jusqu'à l'évêque, vous savez ? Eh oui ! dites-le-lui. Expliquez-lui la situation, et quand vous irez ensemble à l'entretien prénuptial, il devra aller au fond du problème. Des questions explicites vous seront posées individuellement. Tous les deux vous devrez souscrire au fait d'élever vos enfants selon les enseignements de l'Eglise... Tu dois déjà le préparer à affirmer clairement vos positions face à l'Eglise, qui décidera ensuite, car c'est elle qui administre les sacrements. Elle ne peut pas les distribuer ainsi au premier venu. « Ne jetez pas les choses saintes aux chiens, ne jetez pas les perles précieuses aux cochons », a dit Jésus. Ce qui veut dire : n'offrez pas ce qui est précieux à celui qui ne l'apprécie pas. C'est une responsabilité que nous avons. Ouvre-toi au Seigneur : tes pensées, tes désirs, tes paroles, tes actes, tes attitudes, tes mauvais sentiments... Je t'absous...*

⁂

Foggia

— Mon père, je dois vous raconter une chose merveilleuse ! Ma joie est si grande que j'en éprouve...

— *Quand est-ce que tu t'es confessée la dernière fois ?*

— Je me confesse toutes les semaines, mon père.

— *Et tu t'es bien confessée ? Alors, dis-moi...*

— Mon père, je viens exprès de Milan... Voyez-vous, la Vierge m'apparaît le soir !

— *Et quand est-ce que tu l'as vue cette Vierge ?*

— Trois fois, mon père. Le soir, avant de m'endormir...

— *Ecoute-moi, ma fille, si c'est vraiment vrai, remercie et basta !*

— Mon père, personne ne me croit !

— *Mais tu ne dois le dire à personne.*

— Elle m'a parlé ! Elle m'a confié un message !

— *Toi, tu ne dois le dire à personne ! Pourquoi ? D'abord, pourquoi cette ... Quel message t'aurait-elle donné ?*

— Elle est très inquiète, Elle m'a annoncé une guerre sainte, mon père, contre les musulmans !

— *Mais ce sont des choses que tu peux dire en privé, tu ne dois pas dire que la Vierge t'es apparue, etc., etc. Tu ne dois porter ce message qu'aux fidèles, en leur disant que c'est la volonté de la Vierge.*

— Mais comment faire pour divulguer ce message ?

— *Ehhh ! une bonne parole est toujours utile... Commence par toi.*

— Mais c'est urgent !

— *Oui, oui, d'accord, c'est urgent. Mais le Seigneur veille, même si le monde est plein de ces menaces, tu dois simplement prier pour que la Vierge intercède auprès du Seigneur afin que ces menaces ne se réalisent pas. Dieu agit toujours avec sérénité, confiance et patience. De ton côté, tu dois apprendre à dominer ta sensibilité. Si tu as vécu ces phénomènes, tu ne dois le dire à personne d'autre qu'à ton confesseur. Pour ce qui est des conseils de la Vierge, voilà, agis de la sorte avec les autres, fais preuve de sérénité, de charité et de foi.*

— Oui, d'accord. Mais comment j'en parle ? C'est un risque... Et que faire avec ces islamistes ?

— *Avec ceux-là tu n'as aucun contact !*

— Mais je fais partie d'une association caritative qui s'occupe de ces gens dans des centres d'accueil.

— *Justement. En les aidant à se retrouver dans une ambiance chaleureuse et donc...*

— Mais ils ne se convertissent pas !

— *Mais personne ne peut les convertir, personne. Le Coran leur promet le paradis tout de suite par le biais de ce mahométan qui a tué un chrétien.*

— Vous voyez, vous voyez où est ma peur ?

— *Oui, d'accord, calme-toi, calme-toi ! Nous sommes entre les mains du Seigneur. Prie, donne le bon exemple. Fais preuve de beaucoup d'affection et de sérénité avec tout le monde.*

— Mais ils nous traitent d'infidèles !

— *Oui, c'est ce qu'ils disent ! Et tu dois répondre ! Mais voyons, tu dois répondre. Réponds, étudie leur réligion et leurs erreurs, et tâche de les réfuter avec ton savoir chrétien. Lis le* Nouveau Catéchisme, *est-ce que tu l'as ? Oui, bon, et alors ! Lis-le et réponds-leur du tac au tac !*

— J'ai discuté avec l'un d'entre eux de cette mosquée qu'ils veulent construire à Rome et...

— *Ne parle pas de ça !*

— Et pourquoi, mon père ?

— *Parce que ici, il y a la liberté ! Ils sont ici ! Ils ont obtenu cette autorisation... Mais quand nous irons chez eux, on verra... Pourquoi ? Parce que nous sommes plus démocrates, nous ! Nous aimons aussi nos ennemis, comme nous l'a dit Jésus. Rappelle-toi, ma chère enfant, notre loi est la loi de l'amour ! Tu dois apprendre toutes ces choses. Bon, et ensuite ?*

— Eh ! vous savez, c'est justement ce péché que je dois confesser...

— *De quel péché tu parles ? Voyons, qu'est-ce que tu as fait ?*

— Après ce que la Vierge m'a dit, j'ai éprouvé une sorte de ressentiment contre ces gens. Pour moi, ils sont dangereux.

— *Eh ! doucement... Même s'ils sont méchants, tu dois faire la différence entre la méchanceté et celui qui la fait, car celui qui la fait est un pécheur que tu dois aimer et convertir. Tu comprends la différence ? Ensuite ?*

— C'est tout...

— *Pour pénitence, cinq Ave Maria à la Vierge.*

— Non, cependant, j'ai un doute...

— *Oui, mais dépêche-toi car je dois m'en aller.*

— Quand la Vierge m'est apparue, Elle m'a dit de rester auprès de ceux qui sont dans l'erreur...

— *Oui, tu vois, qu'Elle aussi Elle te l'a dit ?*

— ... Oui, et puis Elle m'a dit de porter son message aux prêtres, et donc...

— *Tu me l'a dit, à moi. Tu as déjà fait ton devoir. Maintenant, tu dois le dire aux prêtres milanais.*

— Mais chez nous, il y a vraiment une mauvaise ambiance !

— *Le monde est mauvais. Pourquoi le Seigneur a-t-il dit qu'Il ne priait pas pour le monde ? Parce qu'on ne peut pas le convertir. Que fais-tu, tu es étudiante ?*

— Je fais Sciences politiques.

— *Tu veux devenir député ? Prie beaucoup, souviens-toi qu'il y a une seule vérité... qui est ?*

— Dieu !

— *Le Christ ! Pour le reste... Là est l'authenticité de notre foi, notre foi est la seule et unique : Alors, fais acte d'humilité, demande pardon, cinq Ave Maria à la Vierge. Je t'absous...*

***

Bergame

[Cette confession s'est déroulée dans une église connue pour être un important lieu de pèlerinage.]

— *Votre dernière confession ?*

— Je me suis confessé hier.

— *Quoi ?*

— Hier.

— *Hier ?*

— Oui, hier.

— *Et alors, pourquoi êtes-vous venu ici nous faire perdre du temps ? De quoi avez-vous besoin ? Mais hier, vous avez bien dû vous engager... ?*

— Oui mais... entre-temps, des pensées mauvaises, justement...

— *Là, justement... mais les mauvaises pensées... c'est tout naturel pour nous, n'est-ce pas ? Il faut tout simplement vous distraire.*

— Non, je voulais dire ici, dans cette église. J'ai l'impression que les gens qui viennent ici ne sont pas des fidèles mais des gens superstitieux.

— *Mais qu'est-ce qui vous prend ? Pourquoi vous pensez cela ? Tous ceux qui viennent à l'église, sont mus par un désir vertueux, même s'ils ne sont pas vertueux, ils ont du moins le désir de devenir meilleurs face au Seigneur, vous ne croyez pas ? Pourquoi voir le mal ? Vous ne devez pas !*

— On dirait des païens qui viennent...

— *Mais non, mais non ! Vous croyez être le seul chrétien dans cette église ? Il ne faut pas. De plus, au sein de l'Eglise comme partout ailleurs, il y a les bons et les mauvais, non ? Un jour on est bon, un jour on est mauvais. Par conséquent, ne jugez pas, ne critiquez pas. Le Seigneur nous l'a dit clairement.*

— C'est pour cela que je suis venu me confesser.

— *D'accord, mais... savez-vous ce qu'il faut faire? Un acte d'humilité, pensez que vous êtes le pire de tous. Et lorsque, à l'église, vous surprendrez les gens dans les attitudes les plus diverses, pensez plutôt : « Ils sont vraiment imprégnés de l'Esprit-Saint, et moi, je suis vide ! » D'accord ? En faisant cet acte d'humilité vous allez améliorer votre jugement. Le Seigneur nous a dit d'être plus indulgents envers les autres qu'envers nous-mêmes, car les erreurs des autres sont aussi bien les nôtres, celle de juger, surtout. Vous m'avez bien compris ?*

— J'ai compris, mon père, mais...

— *Alors, essayez d'agir en conséquence ! Tout de suite ! En voyant les gens, soyez content : « Ah ! Ils sont venus nombreux pour louer et glorifier le Seigneur ! »*

— Mais ils ne sont pas là pour prier le Seigneur...

— *Ah, non ? Et pourquoi, alors ?*

— Par superstition, par fanatisme...

— *Et vous pour critiquer ! Pour critiquer les autres ! Tous ces gens qui viennent de loin sont ici pour prier, pour devenir meilleurs, pour avoir la bénédiction... Et vous, vous venez ici pour perdre votre temps ? Ce n'est pas juste !*

— Je ne perds pas mon temps, mon père, je réfléchis à...

— *Mais bien sûr, vous me faites perdre du temps, à moi, parce que vous n'avez aucune intention de changer, d'être plus humble. Vous... êtes-vous marié ?*

— Oui, je suis marié.

— *Et comment êtes-vous avec votre femme ? Elle aussi, vous la traitez de haut, en homme supérieur et égoïste ?*

— Non.

— *Ah, non ? Tâchez de la respecter, toujours. Vous pourrez ainsi voir les choses différemment et vous serez satisfait, vous aussi. N'oubliez pas de prier le Seigneur pour qu'il vous donne un peu d'humilité. Tout d'abord, vous n'avez aucun droit de juger. Et puis, que savez-vous des raisons qui poussent les gens à venir à l'église ? Faites ça : soyez plus humble. Pour pénitence, dites trois Ave Maria à la Vierge. Je t'absous... Voilà, partez donc !*

⁂

Côme

— *Alors, quand est-ce que tu t'es confessée la dernière fois ?*

— Il y a à peu près deux mois. Voyez-vous, mon père, je suis mariée depuis sept ans. J'étais jeune et amoureuse, nous avons décidé de nous marier tout de suite et mes parents ont été d'accord. Nous avons eu trois enfants : le dernier a neuf mois. Le problème est que je ne peux plus affronter une autre grossesse, physiquement, psychologiquement et même économiquement. Mon mari refuse toute contraception, scientifique ou naturelle. De mon côté, j'ai décidé de prendre la pilule. Croyez-moi, j'ai vingt-six ans et je ne peux plus continuer ainsi.

— *Ce sont des choix qui concernent le couple, ce n'est pas à vous seule de choisir. Pensez un peu : demain votre mari s'aperçoit que vous n'êtes toujours pas enceinte, il peut se dire que ce n'était pas le bon jour, le deuxième mois, pareil, d'accord... Mais il finira bien par se poser des questions ! Et alors, alors ? Que peut-il arriver ? Il y a le risque de faire éclater la famille.*

— Je suis même prête à aller jusqu'à la séparation, je n'ai aucune envie de tomber de nouveau enceinte. S'il ne le comprend pas, ainsi d'une manière ou d'une autre, il sera bien obligé...

— *Madame, le problème n'est pas là. D'abord, est-ce que vous avez un travail ?*

— Oui, nous travaillons tous les deux, nous avons une petite entreprise, mais nous avons dû licencier deux apprentis.

— *Ensuite, avez-vous une maison suffisamment confortable ?*

— Non, ça non. Au contraire, il nous faudrait déménager, elle est trop petite.

— *Bon, de toute manière, malgré les deux licenciements, vous avez un minimum de sécurité, enfin... Alors, il s'agit de refuser... Mais, chère madame, il y a des gens qui, même sans avoir des garanties économiques, n'ont pas eu peur d'un quatrième enfant ! Vous ne pouvez pas, vous n'êtes pas disponible, vous refusez la vie, aveuglément, tout simplement parce que vous pensez que, psychologiquement et physiquement, vous n'y arriverez pas ! Mais si, techniquement il n'y a pas de problème, cela veut dire que vous êtes en bonne forme physique, que vous pouvez faire d'autres enfants. Sauf que vous refusez une nouvelle maternité parce que, soi-disant, vous avez déjà trois enfants et vous pensez qu'ils sont assez nombreux comme ça.*

— Trop nombreux... Ils sont là et j'en suis ravie. Mais, voyez-vous, quand mon mari me dit : « Dieu voit et prévoit », moi, je pense à la réalité...

— *Pardonnez-moi, mais si votre mari est prêt à cette vie-là, ça fait de la peine de voir une maman qui, uniquement par peur, et pas par maladie ou à cause de conséquences physiques, mais comme ça, parce qu'elle en a déjà trois... C'est grave, madame, il me semble que vous ne devriez pas avoir la conscience tranquille devant notre Seigneur, qui appelle, parfois... Pensez à cette maman-là : tout en sachant qu'elle risquait la mort, elle a quand même accepté sa maternité, elle a préféré ne pas être soignée pour sauver la vie de son enfant. Une intervention chirurgicale aurait tué l'enfant, mais elle a préféré mener sa grossesse à terme.*

— Oui, mon père, mais à quel prix !

— *Elle est morte, mais l'enfant est vivant. Elle sera bientôt béatifiée. Alors que dans votre cas, c'est seulement un problème d'ordre psychologique, il n'y a aucun risque, ce n'est qu'un manque de générosité. Peut-être bien que, devant l'éventualité d'une quatrième grossesse, votre mari fera un peu plus attention, peut-être que...*

— Non, mon père, il ne l'entend pas de cette oreille. Nous en avions déjà parlé après la naissance de notre premier enfant. Et puis ça m'inquiète de ne pas savoir si je pourrai y arriver financièrement.

— *Ecoutez, pour ce qui est de la confiance en l'avenir... un chrétien NE PEUT PAS hypothéquer le futur. Le chrétien a juste le devoir de dire que le Seigneur est le pain et la Providence, il doit s'abandonner entre les mains du Seigneur. Ça, c'est le vrai chrétien ! Maintenant vous avez trois enfants, si un quatrième venait, cela voudrait dire vivre avec le minimum, comme en Afrique, en Yougoslavie, ou je ne sais où... Or, si dans ces pays pauvres les gens ne se posent pas la question de savoir comment vont vivre leurs enfants, raison de plus... Il est trop matérialiste votre raisonnement !* [...] *Votre mari doit bien savoir jusqu'où il est possible d'aller. Vous n'êtes pas la seule à supporter ce poids, tous les deux, vous le partagez. Je ne comprends pas, vous formez un couple normal, vous travaillez ensemble et vous, vous refusez la vie, vous vous inquiétez au point de refuser la vie, alors que votre mari est tout à fait...*

— Qui donc a refusé la vie ? J'ai trois enfants, moi !

— *Oui, mais à partir de maintenant... du moment que vous êtes mariés, votre engagement vis-à-vis du mariage est d'accepter la paternité et la maternité. Si l'un des deux n'est pas d'accord, cela veut dire que quelque chose ne tourne pas rond. Dans votre cas, c'est vous ! Et qu'est-ce qui ne va pas ? Vous ne faites pas assez confiance à la Providence. Mon jugement, en tant que prêtre, est très facile, et vous m'avez décrit assez clairement la situation : il pourrait y avoir une maternité, avec la bénédiction de Dieu, mais elle est refusée uniquement à cause d'une peur matérielle.*

— Je comprends bien ce que vous voulez dire, mais je ne partage pas votre opinion. Dans le fond, il ne faut pas sous-estimer cette peur « uniquement » matérielle, comme vous dites ! Tout à l'heure vous parliez des enfants africains et yougoslaves, moi, quand je vois ça, j'en ai le cœur serré. Jamais je ne mettrai un enfant au monde dans ces conditions !

— *Sauf qu'en Afrique c'est comme ça. Nous ne sommes pas en Afrique, ici il y a beaucoup de possibilités ! L'autre jour j'y pensais, justement, je me disais que là-bas, dans les pays pauvres, où il n'y a pas d'hygiène, où il n'y a rien du tout et où l'on vit au jour le jour, la vie ne s'arrête pas pour autant. Chez nous, au contraire, on a tout ce qu'on veut, mais la vie diminue. Alors, ce n'est pas un problème de richesse ou de pauvreté, c'est un problème de conscience !*

— Oui, c'est un problème de conscience, mais également d'ignorance. Mais enfin, ils ne savent pas, en Afrique...

— *[agacé] J'ai été là-bas, au Cameroun, chez les* Indiens[1]. *Je peux vous assurer que même ces* Indiens *primitifs connaissent l'avortement et les contraceptifs. Oui, eux aussi ils les connaissent. Mais la question n'est pas là, c'est que pour eux la vie représente quelque chose, ils savent s'en contenter et ils vivent bien cela. Oh ! Au Cameroun il y a bien la pauvreté... ils vivent comme on vivait chez nous il y a cinquante ans. Quand on était gosses, on dormait à six dans un même lit, pas de problème. Vous ne vous rappelez peut-être pas, vous étiez très jeune...*

1. Les « Indiens » du Cameroun sont, bien évidemment, les Camerounais, ce qui démontre l'inculture du confesseur.

Il n'y avait ni W.-C. ni salle de bains, mais des chiottes en commun dans la cour. Nous étions pauvres, mais personne ne mourait de faim. Quand je pense qu'avec l'opulence d'aujourd'hui on se pose la question de faire un enfant ou pas, rien que pour un problème matériel... Eh oui, c'est bien triste ! Ecoutez votre mari, madame ! Il est la voix de la conscience, de Dieu, notre Père. Je crois que ça en vaut la peine... Oui, je comprends, c'est plus la femme qui supporte la maternité, c'est évident, le Père Eternel vous a accordé cette grâce, là aussi. Vous avez la chance d'avoir un mari comme ça, qui vous encourage, vous ne devriez pas avoir peur... Refuser ça au Seigneur, il faut vrrraiment... ! Refuser ça à son mari ! Allez, réfléchissez ! Ayez confiance en votre mari.

— Oui, c'est ça, confiance en mon mari ! Si ça ne tenait qu'à lui, nous serions déjà ruinés ! Il a les poches percées !

— *Eh, il faudra l'aider, là aussi. Certes, la prudence n'est jamais de trop. Mais pourquoi vous dites cela, il gaspille, il boit ? Ou c'est un type généreux ?*

— Oh, oui, il est généreux ! Il me dit toujours : « Aime ton prochain comme toi-même ! » Et moi : « Comme toi-même, d'accord, mais pas plus que toi-même ! » Car je ne suis pas d'accord qu'il donne aux autres quand on a des besoins à la maison, ça non ! Je suis désolée ! Vous savez, c'est facile de faire des citations, la Bible et tout ça ! Et après ? Il est même venu me dire qu'il avait donné de l'argent à la Démocratie chrétienne ! Bravo ! Nous avons vu les résultats !

— *Là-dessus, il n'a pas été très malin.* [petit rire]

— En effet ! Vous comprenez, maintenant, comment il est, mon mari ?

— *Eh, eh ! D'autre part, parfois on essaie d'aider, en toute bonne foi... Après on se rend compte que l'on a aidé des gens qui ne le méritaient pas... Ça arrive, hélas ! Moi aussi, j'ai été escroqué plusieurs fois ; à force, j'ai appris à être plus prudent, à ne pas croire ceux qui viennent pleurer. Allez, ayez confiance, cette confiance riche d'espérance. Ne faites pas trop de calculs. Courage ! Une vie de plus est une source de sagesse pour toute la famille, j'en suis convaincu. Mais une vie en moins, refusée pour des raisons égoïstes, ne vous fera certainement pas retrouver l'harmonie et l'amour... Il y avait une fille, dans la paroisse où j'étais avant, qui est morte du sida. Si elle avait accepté son deuxième enfant, elle aurait pu se sauver, elle aurait trouvé la force nécessaire dans l'amour de cet enfant, mais elle a voulu se faire avorter et depuis, sa conscience a chancelé, un gouffre s'est ouvert, et elle en est arrivé là, c'était inévitable. J'ai même été la voir à l'hôpital, elle était déjà prête pour la salle d'opération, je lui ai dit : « DÉBORAH, RENONCE ! » Elle ne m'a pas écouté. Et depuis ce jour-là... Quand on est égoïste, tôt ou tard... Vous comprenez ? Notre Père qui êtes aux Cieux...*

— Pardonnez-nous nos offenses...

— *... Autre chose ? La messe du dimanche, vous y allez toujours, oui ? Vous ne m'avez pas dit s'il y a autre chose !*

— Avec les enfants, comment je pourrais faire le dimanche...

— *Oui, bien sûr, c'est difficile. Vous vous entendez bien avec tout le monde ? Pas de potins et tout ça ? Des blasphèmes ? Des péchés d'envie ? Etes-vous honnête et juste dans les affaires ?*

— Oui, mon père.

— *C'est bien. Un Notre Père et un Ave Maria à la gloire de Jésus crucifié. Je t'absous...*

⁂

Pérouse

— *Depuis quand ne vous êtes-vous pas confessé ?*

— Depuis quelques semaines... Mon père, ma femme et moi nous nous disputons souvent parce qu'elle pense que j'aime trop les animaux. Effectivement je fais partie d'associations pour la protection des animaux, contre la vivisection, etc. J'y consacre un peu de mon temps et de mon argent... elle soutient que je puise dans l'argent du ménage et qu'il vaudrait mieux que je m'occupe plutôt des pauvres de la paroisse. C'est une raison de dispute permanente.

— *Votre femme n'aime pas les animaux ?*

— Si, mais beaucoup moins que moi. D'ailleurs elle n'en veut pas chez nous parce que nous n'avons pas de jardin. Le vrai problème est que nous ne pouvons pas avoir d'enfants, nous aimerions en adopter un. Moi, je préférerais adopter un enfant du tiers-monde, mais ma femme n'est pas d'accord, elle dit qu'il y en a beaucoup chez nous. Je crois plutôt qu'elle est un peu raciste, elle ne veut pas de Noirs ni de Jaunes, elle veut un enfant de race blanche.

— *Et vous ne sortez pas avec d'autres femmes ?*

— Non, non, je suis fidèle.

— *D'accord. A propos des animaux, il ne faut pas exagérer non plus. Nous, les Franciscains, nous sommes vraiment exaspérés par tous les pigeons qu'il y a sur la façade de l'église, elle est toute sale, une vraie porcherie. On ne peut rien faire parce que les protecteurs des animaux protestent, ils exagèrent un peu, non ?*

— Mais au fond, les pigeons aussi ont le droit de vivre selon leur nature.

— *Mais on ne peut même pas les tuer ! Pardonne-moi, mais le porc est bien tué pour être mangé. Il ne faut pas exagérer, ne pas y toucher... On peut les attraper et les tuer pour les manger, s'il le faut. Ils salissent partout, c'est dégoûtant, c'est indécent ! C'est un problème pour nous, tu sais ? Tu as vu ? C'est sale partout ! C'est honteux !*

— Mais ils sont beaux...

— *Mais quand ils salissent partout... vous exagérez ! Et même ces expériences sur les animaux... d'accord, mais au moins on n'est pas obligé de les faire sur le corps humain, les animaux sont faits pour l'homme. On mange bien du bœuf ou du porc... C'est pour ça qu'ils sont là... Bon, ça va, pour pénitence, vous direz cinq Pater au Seigneur Jésus. Acte de contrition.*

— Mais, mon père, concernant l'adoption, qu'est-ce que vous en dites ?

— *Ça dépend de vous, de vos goûts... Nous devons aimer tout le monde, même les gens de couleur, mais si on n'est pas disposé à les accepter... moi non plus, je ne l'accepterais pas.*

— Vous ne l'accepteriez pas ?

— *...Il vaut mieux rester avec les gens de sa propre race, chacun avec sa couleur de peau. Tenez, même ces mariages mixtes, il arrive parfois de tomber amoureux... là-bas, en Afrique ou au Bangladesh...*

— Il me semble que cela développe la fraternité entre les peuples.

— *Mais c'est du pur idéalisme, tu comprends ? On s'en rend compte après, regarde le nombre de divorces qui se font en Italie. C'est de l'idéalisme, il faut rester les pieds sur terre.*

— Quel rapport entre le divorce et un enfant de couleur ?

— *L'Eglise n'admet pas le divorce.*

— Oui, mais je ne parlais pas de ça, oui, si vous voulez, l'adoption d'un enfant de couleur relève de l'idéalisme, ça me paraît bien.

— *Très bien, mais il faut aussi penser avec sa tête. Cinq Pater pour pénitence. Je t'absous…*

⁂

Rome

— Je suis mariée et je ne peux pas avoir d'enfants. J'ai essayé l'adoption, mais ce n'est pas simple… Nous nous sommes alors tournés vers cette… Ils m'ont prélevé un ovule ainsi que du sperme à mon mari. Maintenant c'est une autre femme qui porte… enfin, comme on dit… nous avons loué un utérus… Malheureusement, je ne peux pas assumer une maternité, j'ai une malformation des ovaires, je risquerais ma vie…

— *… Dans les rapports* matrimoniaux… *il sort son membre… il le laisse dedans ?*

— Oui, mais il ne se passe rien.

— *Il faut patienter, s'il ne se passe rien…*

— Mais nous avons déjà fait cette chose, le fœtus a deux mois…

— *Et après, vous allez le reprendre ?*

— Bien sûr, il est à nous.

— *Bon, c'est fait, désormais ; certes, c'est une question un peu… il serait préférable de ne pas avoir… même s'il ne reste… Dans l'avortement spontané, par exemple, il n'y a pas de faute, il n'y a rien… Comme il est évident, du reste, que si ceci était permis… c'est une chose… c'est vraiment désagréable, voilà… et même répugnant… Car on a beau dire, l'autre personne fournit son corps, son sang… on le voit après, à la naissance de l'enfant. Souhaitons qu'il naisse dans de bonnes conditions, en tout cas il y a des chances. Pour celui-ci on ne peut plus rien faire… je ne suis même pas autorisé. Je t'absous parce que tu te repens, mais ne le refais pas une prochaine fois… plutôt rester sans enfants, celui-ci existe désormais, prends-le, élève-le, on peut dire qu'il est à toi. Je ne sais vraiment pas, dans le doute, je t'absous, c'est-à-dire, je te confie à la miséricorde de Dieu, Dieu est miséricordieux… Il sait que ça aussi existe, le phénomène des enfants est de… généralement, les normes… si ton* appareil *génital…*

— Mais je ne peux pas avoir d'enfants…

— *Oui, c'est pour ça que je dis… lors de votre union conjugale, s'il veut laisser son membre dans ton corps, tâche de faire en sorte que cela arrive dans les périodes où il n'y a pas de danger, tu comprends ? Le problème est dans ces jours-là, quand ton* appareil *est humide et qu'il produit ces gouttes que tu sais, je ne sais pas, voilà... ce sont des jours dangereux, il faut faire attention. Quand cette humidité s'arrête, ton* appareil *génital est sec, extérieurement, alors il n'y a plus aucun danger de procréation, le rapport* matrimonial *peut donc avoir lieu, il le met dedans et il le laisse... mais il faut faire attention. J'ai lu, une fois, qu'il faut attendre que l'humidité s'arrête, et que même quand l'*appareil *génital est sec, il faut attendre encore deux ou trois jours. Mais j'ai lu aussi, qu'il faut attendre trois ou quatre jours. C'est plus sûr après quatre jours ; après quatre jours il n'y a plus aucun danger de procréation. Ça c'est sûr. Si ce système Bil..., comment il s'appelle ? Si ce couple de médecins qui a fait le tour du monde pour enseigner... n'a pas eu d'enfants... alors... Pour résumer : dans les jours féconds... l'*appareil *de la* femelle *émet des gouttes, cette humidité, je ne sais pas très bien... m'enfin, ceux qui ne veulent pas d'enfants peuvent avoir un rapport en dehors de ces jours-là où il n'y a aucun danger... Mais il y a des femmes qui disent : « Ah, mais j'ai essayé... »*

— Je dois faire attention à ne pas tomber enceinte parce que c'est très dangereux pour moi, mais ne je pense pas que je referai... cet enfant va arriver, en tout cas.

— *Ça d'accord. On ne peut pas condamner l'enfant. Tu comprends ? Je t'explique cela parce que, naturellement, vous allez continuer à avoir des rapports, l'homme veut avoir des rapports, n'est-ce pas ? Voilà, alors comment faites-vous si tu ne veux pas, si tu ne peux pas avoir d'enfants ? Donc, pendant ces jours il n'y a pas de danger... Si tu veux en savoir plus, achète-toi un livre, dans les librairies catholiques il doit y avoir des opuscules. Moi, j'ai un petit feuillet, illustré en couleur, qui explique quand la femme est féconde et quand elle ne l'est pas. Il y a beaucoup de méthodes, tu sais ? Certains disent : « Ah, mais moi, je n'en ai pas besoin. » D'autres arrivent jusqu'à mettre un thermomètre dans l'*appareil *génital... La méthode Bil... celle des deux médecins australiens, mari et femme... celle-ci est approuvée par l'Eglise, pour ceux qui ont déjà beaucoup d'enfants, par exemple, qui veulent se limiter, sans s'abstenir... l'homme est très exigeant avec la femme. Certes, si les hommes pouvaient comprendre qu'il n'y a aucun avantage à avoir des relations quand on ne peut pas avoir d'enfants, mis* *à part le plaisir... Ou alors ils commettent un péché sur eux-mêmes, ils se masturbent, ils font sortir le liquide tout seul, même si c'est également un péché, tu comprends ? Tu vois, je suis en train de t'apprendre, pour ce qui est de l'enfant, tu le gardes et tu t'en occupes. Mais ne le fais pas une deuxième fois, ce n'est pas une chose naturelle, il ne faut pas non plus divulguer ce que tu as fait... personne n'est au courant ? Juste ton mari ?*

— Oui.

— *C'est bien. N'en parle pas, quand cet enfant sera né, remercie cette femme qui s'est prêtée. Est-elle mariée ?*

— La pauvre a accepté de l'argent.

— *Et voilà, elle a accepté contre de l'argent. Elle est mariée, oui ou non ?*

— Non.

— *Non, voyez-vous, la pauvre... alors, elle aussi... c'est clair... Souhaitons que cet enfant naisse, qu'elle ne se fasse pas avorter. Demandez pardon... Vous n'avez jamais manqué la messe ?*

— Non.

— *Bon, dites dix Notre Père et dix Ave Maria, faites également célébrer une messe pour les âmes qui sont au purgatoire pour qu'elles vous aident à résoudre vos problèmes. Je t'absous...*

⁂

Avellino

— *Quels sont vos péchés ?*

— Mon époux est stérile. Nous nous sommes renseignés pour l'adoption, mais vous savez, la bureaucratie...

— *Oui, mais dans ces cas, peut-être qu'avec le temps...*

— Mon père, nous avons choisi une autre solution.

— *D'un commun accord ?*

— Oui, d'un commun accord. Nous sommes allés à Naples pour acheter un enfant.

— *Par quelle entremise ?*

— Non officielle, bien sûr. Nous allons conclure ces jours-ci. Voilà mon péché, mon père : J'ai acheté un enfant pour dix millions de lires.

— *Oui, mais les documents au moins, ils sont en règle ?*

— Tout est en règle.

— *Si toutes les garanties ne sont pas réunies... Certes, ces dix millions... comment les avez-vous... ?*

— Grâce à Dieu, financièrement ça va.

— *C'est une belle somme... Ces « organismes » qui font ce genre de trafic, ils en profitent... De toute manière, faites œuvre de bienfaisance, autant que vous le pouvez, en plus de l'adoption... C'est un petit garçon ?*

— Oui, c'est un garçon. Il a six mois.

— *Oui, il faudra penser à le faire baptiser, s'il ne l'a pas encore été, mais soyez prudente, ces choses sont dangereuses. De plus, c'est illégal.*

— Je sais. Mais nous n'avions que deux alternatives : ou l'insémination artificielle, à laquelle je ne...

— *Absolument pas !*

— ... voulais pas recourir, bien que mon mari insistait dans ce sens, ou bien le divorce. Ou alors l'annulation du mariage auprès du Saint-Siège.

— *En tout cas, ce qui est fait est fait. Repentez-vous de ce qu'on peut considérer comme un péché. L'insémination c'est une chose abominable, car on se sert de ce qui appartient à un autre, de la semence d'un autre...*

— A la limite, j'aurais commis un adultère, au moins j'aurais su qui était le père.

— *Oui, oui. De toute manière, prenez cet enfant, s'il n'est pas baptisé, faites-le et soyez une maman affectueuse. Quand vous le voudrez, faites œuvre de bienfaisance, même à l'étranger, mais faites-le de tout cœur. Je t'absous...*

⁂

Turin

— Mon père, j'ai causé une immense douleur à une autre femme... Je ne peux pas avoir d'enfants. Mon mari et moi nous avions fait une demande d'adoption, mais si on a dépassé un certain âge, la loi italienne interdit l'adoption de petits bébés. Ainsi, nous sommes allés à l'étranger pour en avoir un. Au Venezuela, nous avons rencontré des gens disposés à nous aider moyennant une somme d'argent. Nous avons été présentés à une femme qui a accepté que mon mari la mette enceinte, et quand le bébé sera né, on dira qu'il est à moi. L'autre jour, on nous a contactés par téléphone, dans quinze jours nous pourrons aller le chercher. Or, cette femme ne veut plus donner l'enfant. Mon mari est décidé à l'avoir, il peut l'obtenir parce que les gens de cette organisation vont obliger cette femme, mais moi...

— *Mais tout ceci n'a rien à voir avec une confession, il s'agit d'un problème d'ordre légal, vous devez vous adresser à des gens compétents, ce n'est pas de mon ressort. Moi, je ne suis là que pour confesser ceux qui ont trompé leur conjoint, qui blasphèment, qui ne vont pas à l'église, etc., enfin, pour des choses d'ordre personnel.*

— Mais c'est une question personnelle, comme je ne peux pas avoir d'enfants...

— *Ceci n'a rien à voir. De toute manière, je ne peux vous donner aucun conseil, d'ailleurs, je ne saurais même pas. Demandez à quelqu'un d'autre, adressez-vous au tribunal pour enfants.*

— Pardonnez-moi, mais vous n'avez pas compris,...

— *J'ai compris que vous allez emmener chez vous cet enfant qui devrait porter le nom de votre mari, etc. Mais ceci n'a rien à voir avec la confession, cela relève de la compétence d'un juge.*

— Mais ça, je le sais déjà! C'est la question morale qui me préoccupe.

— *La question morale... n'est pas prévue dans votre cas. C'est-à-dire, tout ce que vous pouvez faire dans de bonnes intentions — et ça c'est moral — pour vous et pour l'enfant, tout ceci n'est pas forcément un péché devant Dieu parce que vous l'avez fait* dans un but personnel, *admettons, mais surtout avec des intentions philanthropiques, dirions-nous.*

— Eh bien, pas vraiment, car cette femme ne souhaitait pas se retrouver enceinte, ce n'est donc que par égoïsme.

— *De toute manière, égoïsme ou pas, tant que vous ne faites pas de mal, ni à l'enfant ni à d'autres... Au contraire, devant Dieu vous êtes* excusée, *par conséquent, non coupable. A la limite, vous l'êtes selon le droit humain, le droit civil, mais ça c'est une autre paire de manches. Vous devrez alors répondre devant la société civile, non devant Dieu. Si vous aviez tué, ou bien vendu les organes de cet enfant, ce serait autre chose, cela relèverait du droit humain et aussi, disons...*

— Mais cette femme porte dans son ventre un enfant uniquement pour de l'argent.

— *De nos jours, on ne fait rien pour rien... Si vous aviez volé, dépouillé cette femme, d'accord. Mais comme ce n'est pas le cas et qu'avec votre argent vous pouvez faire ce que vous voulez... Si demain vous* entrez en possession *d'un enfant dans le but de l'élever, non de le vendre, eh bien, cela ne signifie nullement léser un droit naturel, ça ne nuit à personne. Il n'y a pas de dommage envers quelqu'un, je n'en vois pas. Ça ne concerne pas le septième commandement : voler, désirer la femme ou le mari d'autrui, etc., car c'est bien aux commandements que nous devons nous tenir ; non, cela n'a rien à voir avec les commandements. En revanche, comme je vous le disais, cela relève du droit civil. Là, il faut que vous vous débrouilliez toute seule, il n'y a rien à faire. Moralement vous pouvez être tranquille : vous ne tuez personne, vous ne lésez personne, à la limite du point de vue civil, mais après tout, je ne vois pas le mal que vous pouvez faire si demain vous arrivez à obtenir l'enfant dans le but de l'élever. C'est tout de même un enfant... même le pape le dit à toutes ces femmes violées : « Ne tentez pas de vous débarrasser de ces enfants, confiez-les plutôt à des tiers. » Nous devons sauver tout le monde, même ces enfants. Mettez-vous simplement à l'abri d'un éventuel chantage, car cette femme exigera encore de l'argent, peut-être. Voilà, protégez-vous. De toute manière vous ne causez pas de dommages et, par conséquent, vous n'êtes pas coupable devant Dieu. C'est un mérite que l'on acquiert, à mon avis, car vous, vous avez une âme. Que voulez-vous que je vous dise d'autre ?*

— Merci, mon père.

— *Allez en paix, dites un Ave Maria à la Vierge, aujourd'hui c'est le jour de Marie Auxiliatrice.*

— ...Une autre question que je me suis posée, c'est que mon mari est allé avec une autre femme avec mon consentement.

— *Mais ça c'est une autre paire de manches ! Enfin, quand on a commis un péché d'impureté... mais il ne s'agit pas de la même chose, ça n'a rien à voir... car il aura déjà fait sa confession, non ? Etes-vous satisfaite ?*

— Je vous remercie beaucoup.

— *Dites un Ave Maria, priez, priez le bon Dieu.*

⁂

Isernia

— *Oui ?*

— Mon mari est stérile. Il souhaiterait adopter un enfant, mais moi, je préfère avoir recours à l'insémination artificielle. Pourriez-vous me conseiller ?

— *Qu'est-ce que je dois dire ? Allez au planning familial.*

— Mais du point de vue moral... ?

— *La fécondation artificielle, quand l'enfant n'est pas de lui : non ! Vous comprenez ?*

— Mais je lui donnerai la vie, je l'élèverai ! Un enfant adopté serait un étranger !

— *Je comprends. Toutefois, sachez qu'il n'est pas son père, il ne le sera jamais. Mais il est malade ?*

— Non, il est stérile.

— *Vous ne le saviez pas avant le mariage ?*

— Non, mon père.

— *Ce n'est qu'après... ? !*

— Oui, mon père. Je veux un enfant ! Un enfant à moi !

— *Très bien. Demandez conseil au planning familial. Voyez un peu. D'accord ? Je suis désolé.*

— Mais que dit l'Eglise dans ces cas-là ? Enfin, notre mariage est en train de s'effondrer !

— *Très bien, madame, j'ai compris. Mais ça... enfin, il est stérile* par nature *? Avant le mariage... ?*

— Non, suite à une maladie.

— *Elle est survenue après le mariage ?*

— Oui.

— *Donc le mariage est valide.*

— C'est pour cette raison que je veux la fécondation artificielle. Je me suis déjà renseignée, on ne peut pas annuler mon mariage !

— *Bien sûr que non ! Mais vous avez été longtemps ensemble avant cette maladie ?*

— Oui, mon père.

— *Et quand tout allait bien, il n'y a pas eu d'enfants ? Ou bien vous ne les avez pas voulus ?*

— Non, mon père, il n'y en a pas eus. Mais nous ne les avons pas voulus non plus, pour des raisons financières, nous n'étions pas en mesure de...

— *Aaahh ! Voilà le vrai problème, madame ! C'est ça, malheureusement ! Vous avez été contre la volonté de Dieu et maintenant vous recevez le châtiment de Dieu !!!*

— Mais non, mon père ! Nous nous sommes abstenus ! Nous n'avons utilisé ni contraceptifs ni quoi que ce soit d'autre. Le Seigneur ne peut pas nous punir pour cela.

— *Mais selon la loi de Dieu l'union n'est pas advenue !*

— Si, mon père, mais...

— *Voilà le problème... ! Demandez conseil auprès d'un planning familial, ma fille. Voyez un petit peu, mais lui, pratiquement, ne sera pas le père.*

— Mais je serai la mère !

— *D'accord. Mais qui est le père ? D'où viendrait la semence, hein ?*

— De la banque du sperme. De toute façon, un enfant adopté ne serait pas de nous...

— *Ça, je l'ai compris ! Toutefois, voyez un petit peu... Vous êtes jeune, dommage, ça me fait de la peine, vous seriez... Vous vous êtes mariée aussi pour avoir une famille, justement...*

— Oui, je voulais...

— *Mais rappelez-vous qu'on ne peut rien contre la volonté de Dieu. Je te comprends. Bon, y a-t-il autre chose ?*

— ... Des actes impurs, mon père.

— *Seule ou* accompagnée ?

— Seule.

— *D'accord. Votre mari est devenu impuissant ?*

— Il l'est devenu psychologiquement.

— *D'accord. Pratiquement... il n'y a plus d'union ?*

— Il a du mal. Il se sent frustré.

— *D'accord. Il est humilié de ne pas pouvoir vous rendre mère. Mais madame, il n'a vraiment pas pu se soigner ?*

— Non, mon père. Il a eu une parotidite infectieuse.

— *Eh oui ! c'est vrai. Cette maladie peut amener ça, elle peut rendre les hommes stériles, il y a toujours la semence mais elle n'est pas efficace. Eh oui ! hélas ! Et si on ne se soigne pas... il faut se soigner !*

— Il s'en est aperçu après. Mon père, je voudrais...

— *Je sais, madame ! Vous voudriez un enfant à vous. Mais, je vous répète, malheureusement on ne peut rien contre la volonté de Dieu !*

— Et puis, le fait que je commette des actes impurs…

— *Eh oui ! Il n'y a même pas la satisfaction matérielle… que voulez-vous… Il n'y a rien d'autre ?*

— Non, mon père.

— *Courage, madame ! Pour pénitence, dites une fois le chapelet. Je t'absous…*

***

C'est sur la question de l'avortement et du divorce que l'Eglise et le clergé portent la condamnation la plus unanime, la plus sévère et la plus constante. La rigueur qui leur est réservée, si importante par rapport aux autres péchés — et bien au-delà des motivations éthiques, morales et religieuses — n'est que la conséquence directe de leur nombre croissant et de la bataille que l'Eglise a menée en ce domaine. Sans quoi, on ne s'expliquerait pas pour quelles raisons l'avortement est jugé par les confesseurs de façon beaucoup plus draconienne que l'homicide ni pourquoi l'absolution (et par conséquent, l'Eucharistie) est refusée aux divorcés.

De plus, le divorce n'est pas considéré comme un péché, ce qui rend la situation encore plus paradoxale ; en revanche, on exige des divorcés qu'ils vivent dans la chasteté, et tant pis pour ceux qui se remarient ou qui ont une nouvelle liaison. Cette cruelle intransigeance trouve ses racines dans la « sexophobie », légendaire et acharnée, propre au catholicisme, mais aussi dans la sauvegarde opiniâtre de la famille, valeur fondamentale pour l'Eglise, de loin supérieure à celles de l'individu, de la société et de l'Etat.

Ainsi la rupture du mariage est découragée par tous les moyens, du conseil paternaliste à la menace de malheurs à venir. Par ailleurs, lorsque le divorce a été prononcé le (nouveau) bonheur du pénitent ne le met pas à l'abri d'une condamnation sans appel, quels que soient les motifs de cette même rupture, y compris la fin de l'amour, c'est-à-dire, de ce qui est à la base du mariage, comme le rappelle le concile Vatican II. En revanche, les prêtres proposent très assidûment et avec enthousiasme le recours à la rote, le tribunal ecclésiastique de Rome, qui peut dissoudre le mariage religieux, mais également le déclarer « nul », comme s'il n'avait jamais existé auparavant. Et, puisque la conviction populaire veut que le recours à la rote soit difficile et onéreux, non seulement les confesseurs expliquent inlassablement que c'est faux, mais ils vont même jusqu'à suggérer insidieusement des arguments pour obtenir l'annulation. Pour tel prêtre, il suffit d'invoquer le « consentement vicié », en l'occurrence, après de longues fiançailles, le mariage aurait été prononcé parce que les fiancés n'avaient pas eu le courage d'affronter les conséquences d'une rupture. Tel autre déclare que l'absence d'enfants « est une raison non négligeable d'annulation ». Mais, même s'il y a des enfants, précise un troisième, il suffit de prouver que l'on s'était mariés simplement par « affinités physiques »... Tous laissent entendre que si les époux se présentent à la rote d'un commun accord, ils pourront difficilement être démentis. La concurrence entre la rote et le divorce civil est évidente, et la « qualité » n'est pas le seul enjeu : depuis l'institution du divorce, en 1972, jusqu'en 1988, les sentences de nullité prononcées par la rote sont passées de 1193 à 608[1]*. Les prêtres ont tendance à gonfler ce chiffre par opposition aux divorces civils.*

*Mais, si les conseils en vue de la dissolution du mariage frôlent le grotesque, ceux qui combattent l'avortement atteignent des niveaux de cruauté inimaginables : ainsi nous avons précédemment entendu le confesseur faire l'éloge de la prolifération des « Indiens du Cameroun » (**voir p. 152**) et poursuivre, en même temps, une de ses paroissiennes jusque dans la salle d'opération pour qu'elle abandonne sa décision d'avorter : « Déborah, renonce ! » Dans une des confessions qui vont suivre, on suggère à une femme qui attend un bébé de son amant de ne rien dire à son mari (stérile), jusqu'à ce qu'il n'y ait plus la possibilité de procéder à un avortement et, si son mari devait la chasser, elle pourrait éventuellement se réfugier dans une institution religieuse à Urbino : « Certes, tu serais avec des personnes moins dignes que toi, peut-être des prostituées... » Et qu'est-ce qu'on répond à*

1. Brunetta-A. Longo, *Italia cattolica*, op. cit.

une jeune fille enceinte de son propre frère ? « Patience, patience... »

⁂

Italie du Sud

[Cette confession a eu lieu sur les marches du parvis d'une église. Les allusions du prêtre — ainsi que certaines phrases à la fin de l'entretien — ne laissent aucun doute quant aux rapports qu'il entretient avec ses jeunes paroissiennes. J'ai donc préféré ne pas révéler le nom de la ville.]

— J'enseigne ici, à l'université, mais j'habite à Milan. Je suis marié avec une femme de mon âge et j'ai une liaison avec une étudiante. Au début, c'était comme un jeu pour moi, mais c'est vite devenu quelque chose de très important. Voilà, je me rends compte que ce n'est peut-être pas bien, mais mes intentions sont très sérieuses... Ma femme et moi, nous nous connaissons depuis l'université, cela fait vingt ans que nous vivons ensemble, nous avons un fils qui est déjà grand et... entre nous, l'amour est fini depuis longtemps... Fini, vraiment. Ça s'est transformé en une amitié, plus ou moins sereine, mais il n'y a plus de passion, plus de tendresse, plus de sexe... Avec cette nouvelle liaison, j'ai l'impression de revivre. D'ailleurs, j'aurais aimé avoir un autre enfant, mais ma femme n'est pas d'accord, ayant dépassé la quarantaine, elle trouve que ce serait dangereux et ne veut pas prendre de risques. Il y a aussi son travail, sa carrière. Alors, je pense à...

— *... aller contre l'Eglise ?*

— Non, ce n'est pas ce que je souhaite.

— *Mais vous vous rendez compte que... Tu es intelligent, ça je ne peux pas le nier, tu es intelligent et tu sais très bien comment ces choses évoluent. Tu a été très malin, tu a su présenter la chose de telle manière... j'ai presque du mal à te dire qu'il faut interrompre cette liaison. Malheureusement, en nous mariant, nous faisons un choix... Comment faut-il agir avec la personne avec qui on a pris un engagement libre, clair et irrévocable, à qui on a promis un amour fidèle et indissoluble ? Comment faire ?*

— Comment... ? Mais le mariage est fondé sur l'amour.

— *Eh oui !*

— Il n'existe plus.

— *Pourquoi il n'existe plus?*

— Il s'est éteint.

— *Et comment? La question est là.*

— La routine...

— *Exactement, avec le temps, on n'a pas renouvelé... C'est-à-dire, on a donné pour sûr quelque chose qui... le travail en fait partie... Toi, tu es ici et elle, où est-elle?*

— A Milan.

— *Tu vois? Il est évident que, humainement parlant, nous avons besoin d'un réconfort, et en ce moment tu as besoin d'une présence. A ta femme non plus tu ne peux pas lui dire que tu vas rester absent six, sept, huit mois d'affilée. Quel âge a-t-elle? Quarante ans?*

— Non, en réalité, je passe quatre jours ici et trois là-bas.

— *Voilà. Et cette autre personne que tu aimes, comment vit-elle la chose?*

— Au début c'était un jeu pour elle, plus que pour moi peut-être.

— *Quel âge a-t-elle?*

— Elle a vingt ans.

— *Alors... tu en es vraiment sûr?*

— C'est une fille très intelligente, très mûre pour son âge. Elle ne me pousse pas à rompre avec ma famille, tout au contraire...

— *Ça c'est une tactique, si tu me permets, je peux te le dire en tant que prêtre. C'est une tactique que j'ai déjà découverte dans plusieurs circonstances. Elles ne veulent pas que tu te sépares, au départ elles ne désirent que l'amour qu'elles ont, à la limite elles désireraient avoir quelque chose de toi, un enfant par exemple... Mais ne pense pas à un éventuel mariage, absolument pas, ni au divorce, alors là, pas du tout. Tu t'engages sur une voie qui est complètement fausse. Je souhaite que ce ne soit pas ainsi, mais ma longue expérience de prêtre et d'homme me dit le contraire. Le jour où l'enfant arrive... On n'y échappe pas, c'est le truc des femmes. D'après mon expérience... et vu son âge aussi, je peux te dire que c'est ce qu'elles veulent. Parfaitement.*

— ...En ce domaine vous avez peut-être plus d'expérience que moi — en tant que confesseur, je veux dire — car j'ai été assez fidèle ma vie durant, je n'ai pas vraiment l'habitude...

— *Elle ne te pousse pas, elle ne le fera peut-être pas, mais tu peux être sûr qu'elle a d'autres projets. Elle rêve d'une vie avec toi.*

— Justement. Il faudrait, peut-être, que l'Eglise soit plus compréhensive. Je pense que le Seigneur l'est davantage.

— *Je pourrais être plus compréhensif, pourquoi pas, mais toi, tu as juré librement devant Dieu, tu en étais conscient, on te l'avait dit et moi je te le répète. C'est qu'à ce moment-là nous misons tout sur nous-mêmes et très peu sur Dieu. Nous misons sur notre amour, sur notre attirance, sur nos propres capacités et très peu sur celles du Ciel. Ce n'est pas que je ne veuille pas être compréhensif, l'Eglise non plus, d'ailleurs. Mais tu t'imagines si l'Eglise devait accepter le divorce sans discrimination ?*

— Que pourrait-il arriver ? Il y aurait sûrement moins de gens malheureux.

— *Non ! Moins de gens qui s'engagent à tout faire pour que les difficultés ne prennent pas le dessus. D'un côté, il y aurait de plus en plus de personnes seules, de personnes qui souffrent, de l'autre davantage de gens qui, face à une complication, à n'importe quel problème, ressentiraient le besoin de chercher ailleurs. Ce que tu dis maintenant, que cette fille de vingt ans « te fait du bien », pourrait se retourner contre toi plus tard, quand, à un âge plus avancé, elle ne voudra plus de toi. Quand tu auras cinquante ans et elle trente, tu ne pourras plus assurer, de ça tu dois t'en rendre compte. Par exemple, tu n'auras plus les mêmes désirs, la même énergie dont elles ont besoin. Et là, si rien ne vous engage sérieusement, pourquoi devrait-elle te rester fidèle ? Or, il ne s'agit pas d'être plus compréhensif ou plus miséricordieux. L'Eglise l'est, de toute façon. Elle l'est envers ceux qui se trouvent dans l'embarras, elle essaie de les soutenir. Mais pense un peu à tous ces gens qui subissent, ceux qui sont affaiblis par ces rapports de force. En ce moment, tu te dis, égoïstement : « L'Eglise doit être plus miséricordieuse, elle doit être plus proche, etc. » Mais si on est miséricordieux envers toi, on doit l'être également envers ta femme, envers le couple. Imagine une femme qui a renoncé à tout, qui a tout donné pour sa famille et ses enfants, et qui se retrouve comme ça, seule. Nous assistons à des situations terribles, des gens de trente-cinq/trente-six ans, avec des enfants, etc. Malheureusement, ce discours est valable pour toi comme pour moi. Pour moi aussi... Si je devais quitter l'habit, car c'est aussi un sacrement que nous avons célébré... et si je pars... Actuellement il y a cinq à six mille prêtres en Italie, mariés civilement, qui ne peuvent plus s'approcher de l'Eglise.*

— Mais c'est énorme !

— *Bien sûr, c'est énorme.*

— Il me semble que le nombre de prêtres s'élève à...

— *Je ne sais pas exactement, nous sommes trente mille, peut-être cinquante mille.*

— Un sur six.

— *Oui, le pourcentage est important, il y a eu une période délicate autour de 1968, avec les expériences, entre autres, des prêtres-ouvriers ; il y a eu aussi le concile Vatican II... Tu dis que l'Eglise doit être miséricordieuse, etc., mais elle ne l'est pas avec les prêtres. Un prêtre « divorcé de l'Eglise », qui fait un mariage civil, n'est pas reconnu et ne peut pas recevoir les sacrements. Il est en dehors de l'Eglise, il ne peut donc pas contracter un mariage religieux.*

— Mais il peut recevoir...

— *Rien.*

— ... Ni communion ni rien ?

— *C'est quelqu'un qui vit en dehors de la communauté catholique, tant qu'il n'arrive pas à prouver, comme pour les mariages déclarés nuls, qu'il n'a pas désiré devenir prêtre et que, pour des raisons particulières, il y a été contraint. Il doit le prouver, mais actuellement, avec Jean-Paul II, il n'obtiendrait aucune dispense.* [...] *L'Eglise se fonde sur les dogmes, les vérités révélées que nous ne pouvons effacer pour aucune raison au monde. L'Eglise peut changer la liturgie, les rites, si tu veux, elle peut aussi changer ce qu'on appellerait des erreurs philosophiques, mais elle ne peut pas changer la substance. La substance sur laquelle elle se fonde, c'est-à-dire les valeurs, des valeurs naturelles que nous n'avons pas le droit de nier. Dès le début, la société s'est formée autour de la famille. Ça s'est fait naturellement, ce n'est pas l'Eglise qui l'a imposé. Disons que les habitudes évoluent, mais pas la substance de l'homme. C'est ça la question, tu comprends ? Par conséquent, je te demande de rester avec ta femme. Je sais que pour toi c'est beaucoup plus facile avec cette jeune fille qui t'aime, une jeune fille qui te donne ce que tu veux, avec une différence de vingt ans, justement... Je pense bien que tu gagnes au change, entre nous, on peut bien le dire, n'est-ce pas ? Mais je crois que la liaison avec cette jeune personne pourrait être dangereuse à l'avenir, à moins qu'elle ne veuille juste se servir de toi pour ses études. Je pense qu'elle n'acceptera pas de te partager avec ta femme. Tôt ou tard elle t'obligera à divorcer.*

— Mais c'est moi qui le désire.

— *Oui, mais si tu choisis cette solution, elle sait très bien qu'il ne pourra pas y avoir de mariage religieux.*

— On n'a jamais parlé de mariage.

— *Quand vous serez confrontés à ce problème, comment vous justifier face à sa famille et à la société ? D'où est-elle ? Je ne veux pas connaître son nom...*

— Elle est de la région, de bonne famille, tout ce qu'il y a de plus normal.

— *Imagine un peu, la nouvelle se répand de sa liaison avec son professeur, beaucoup plus âgé qu'elle. Tout de suite on saura qu'elle ne peut pas aspirer à un mariage religieux. Essaie d'y penser, vois un peu ce que peuvent être les réactions des gens.*

— Oui, et alors...

— *J'éprouve du chagrin face à ce genre de situation... et il y en a beaucoup, comme toi, de nos jours. Malheureusement, je dois tenir ce discours, je suis là pour mettre un frein, pour éviter justement qu'on en arrive à un point de non-retour qui ne peut que nous faire du mal. Car, si cette expérience risque à coup sûr, de blesser ta famille, c'est toi-même qu'elle finira par détruire. A ta place, je réfléchirais un peu plus à cette différence d'âge. Tu vois, ton histoire subit l'influence du milieu dans lequel vous évoluez, c'est comme quand un prêtre rencontre une jeune fille qui tombe amoureuse de lui.*

— Cela arrive ?

— *Bien sûr que ça arrive, et comment ! Donc, je me demande jusqu'à quel point cette influence joue, je veux dire, cette attirance pour le professeur... Hors de ce contexte, et une fois qu'elle aura pris une autre place par rapport à toi, je ne sais pas comment cette personne réagira.*

— Comment ils s'en sortent les prêtres, dans des cas comme ça ?

— *Il faut vite trancher, couper court le plus vite possible. En effet, reporter la décision d'un jour ou d'une semaine... ne fait qu'augmenter l'attachement pour l'autre personne, avec toutes les conséquences que cela implique, et le résultat est qu'on n'y arrive pas. Surtout s'il y a des rapports sexuels ou l'équivalent. On est foutus, complètement.*

— J'imagine que ça doit être très dur.

— *C'est dur, oui... Les femmes ont parfois des envies, elles veulent tromper leur époux, mais elles n'arrivent pas jusque-là, elles souhaitent juste une petite escapade, quitte à se retirer en bon ordre, le moment venu. Elles ne vont pas très loin. L'homme, au contraire, s'engage dans des relations plus intenses et se retrouve très vite dans la condition de...*

« tout foutre en l'air ». Ainsi se termine la phrase du confesseur, en même temps que le magnétophone s'arrête. De toute manière, le prêtre n'est pas allé plus loin dans cette confession à l'envers, mais il a très vite repris sa plaidoirie en faveur de la défense du mariage. La confession s'est terminée sans absolution mais avec une poignée de main et l'invitation à revenir « pour bavarder entre copains ».

⁂

Pescara

— Je suis veuve, mon père. J'ai un enfant d'un an et demi et j'ai une liaison avec un homme divorcé qui désirerait m'épouser. Je ne sais pas quoi faire.

— *Votre mari est mort. Vous êtes libre de vous remarier, mais avec un homme libre, non avec quelqu'un qui a déjà une femme. Mettez-vous un peu à la place de son épouse, vous seriez contente, vous ?*

— Mais ils sont divorcés depuis longtemps. Ils ne se voient même plus.

— *Elle demeure toujours sa femme, et lui, son mari. Eh! Il y a beaucoup de cas comme ça... ! Si vous êtes une bonne chrétienne, cherchez ailleurs. Il est marié.*

— Du point de vue de la loi, il est en règle, mais il n'a pas obtenu l'annulation religieuse.

— *De nos jours, c'est devenu presque normal. On s'unit, on se sépare, puis on s'unit à nouveau, etc.*

— Mon père, je le fais aussi pour mon fils ; je désire qu'il ait un père à ses côtés.

— *Oui, d'accord, mais essayez de trouver quelqu'un d'autre, quelqu'un de libre. Pourquoi avez-vous été chercher un homme divorcé ?*

— Mais ça s'est fait comme ça... ! Je ne l'ai pas cherché exprès !

— *Vous avez sûrement vos raisons, mais... il y a aussi l'Eglise. Ce que Dieu a uni, l'homme ne doit pas le séparer. Celui-ci est lié à une autre. Il a sa femme, il a même des enfants, je parie...*

— Non, il n'a pas d'enfants.

— *Enfants ou pas, là n'est pas la question, c'est votre union en elle-même qui n'est pas valable.*

— Mes beaux-parents aussi s'opposent à cette liaison, ils ne veulent pas que je me remarie.

— *Ça, c'est un autre problème.*

— C'est pour vous faire comprendre les difficultés que je rencontre.

— *Vos beaux-parents se trompent et vous aussi, si vous choisissez cet homme. Vous êtes libre de fonder une autre famille. Certes, ils éprouveront du chagrin, mais vous êtes dans votre droit. Toutefois, pas avec cet homme. Quand est-ce qu'il est mort, votre mari ?*

— L'année dernière.

— *Et vous vous êtes déjà...*

— Mon père, c'était son meilleur ami. Il m'a beaucoup aidée.

— *Y a-t-il eu quelque chose ?*

— Oui, mon père.

— *C'est une erreur ! Que pense votre mère ?*

— Elle pense uniquement à mon bien-être et à celui de mon enfant. Elle me dit de choisir selon ma conscience.

— *Vous travaillez ?*

— Oui, mon père.

— *Vous êtes si jeune, il y a beaucoup d'autres garçons !*

— Mon père, on ne peut pas aller contre ses sentiments. Essayez de comprendrc ma situation.

— *Je comprends très bien. Si l'Eglise se prononce pour l'annulation, vous êtes libre de l'épouser. C'est un conseil que je vous donne, après...*

— Mon fils l'appelle « papa ».

— *Un enfant a besoin du père et de la mère.*

— Ecoutez, si je ne peux pas l'épouser, j'irai vivre avec lui, de toute façon.

— *Toutes les femmes disent la même chose, madame. Les enfants ont besoin de parents qui les suivent. Ce sont de jeunes plantes qui ne peuvent se développer que dans un milieu favorable, etc., etc.*

— Oui, en effet.

— *Mon conseil, je vous le répète, est que vous épousiez un homme libre. En tant que chrétienne, vous devez savoir que cette union n'est pas convenable et, dans l'état actuel des choses, vous ne pourriez pas recevoir les sacrements. Vous fréquentez l'église ?*

— Oui, mon père.

— *Justement, si on ne croit pas... Mais si on croit, on se met en marge de l'Eglise. C'est ça le problème. Réfléchissez. Vous, vous êtes libre, je suis désolé mais il faut dire la vérité, même si elle n'est pas belle à entendre. Aujourd'hui, les gens vivent en concubinage, mais si on croit en Dieu, ce n'est pas possible !*

— D'accord, mon père...

— *Espérons-le. Pensez-y, réfléchissez, priez. Ce sont des situations...*

— Mon père, nous avons des rapports sexuels.

— *Vous l'avez confessé. Si je vous donne l'absolution, et qu'une fois rentrée chez vous, vous continuez ainsi, ça ne servira à rien. C'est ça le problème. Si vous vous engagez à ne plus avoir de rapports...*

— Mais mon père, je serais une hypocrite ! C'est quoi ça, un troc ? L'absolution en échange de ma promesse de ne plus le faire... ?

— *Oui. L'absolution est à cette condition. Si on se confesse et qu'on retombe après dans le même péché, ça ne sert à rien. Si on se repent, on doit agir en conséquence. En tout cas, je vous souhaite tous mes vœux.*

***

Vérone

[Cette confession a eu lieu à 4 heures de l'après-midi, le prêtre avait beaucoup bu : il sentait très fort l'alcool et avait des grandes difficultés d'élocution que je n'ai reproduites que partiellement.]

— [...]

— *Eh, eh ! Tu ne peux même pas te confesser ! Tu ne peux pas si tu es avec un homme divorcé, tu comprends ?*

— Pardonnez-moi, je ne pouvais tout de même pas vivre en concubinage ! C'était le seul moyen pour être ensemble.

— *Mais tu n'avais même pas le droit de te marier. Es-tu chrétienne ?*

— Bien sûr.

— *Eh... ! Le problème [incompréhensible], tu ne peux pas... tu t'es trompée de chemin, tu comprends ? [sourire malin] Personne ne te l'a jamais dit ?*

— Si. Mais il fait des démarches auprès de la rote en vue de l'annulation.

— *Depuis combien de temps ? Depuis combien de temps il demande [petit rire] ct'annulation ?*

— Ce sont des choses très longues, mon père.

— *Oui, mais [incompréhensible] lui, il n'a pas, il n'a pas l'an...nulation, qui sera difficile à obtenir, car il était marié régulièrement, il ne peut pas avoir la... comment ça s'appelle ? l'annul...l'ann...*

— ...L'annulation. Voyez-vous, mon père, il m'a épousée parce que j'étais enceinte, vous comprenez ?

— *Ben oui, j'comprends très bien ! [petit rire]*

— Mais il a été honnête. Il a donné son nom à ma fille.

— *Oui, oui, mais... Oui, c'est très bien, mais tu ne peux pas vivre comme ça, c'est un problème. Tu as intérêt...*

— Mais qu'est-ce que je dois faire ?

— *Tu as intér... tu devais [petit rire] vivre avec ton enfant, mais...*

— Mais comment j'aurais pu ? L'élever et l'éduquer sans la présence de son père ?

— *Eh ! Je sais, je sais. Tu travailles ?*

— Oui, mon père, j'enseigne. En tout cas, j'espère qu'il obtiendra l'annulation et qu'on pourra régulariser une fois pour toutes. En attendant, ma fille porte son nom, au moins.

— *Mais toi, financièrement, tu pouvais t'en sortir...*

— Non.

— *Oui, Oui ! Mais [petit rire], l'important c'est que ta... ta sssituation en tant que [incompréhensible] avec cet homme. Tu es sur la mauvaise pente, ça c'est le problème, ça c'est le problème ! Savez-vous ce que le pape a dit, il n'y a pas longtemps, au sujet des divorcés : affection et compréhension, oui, mais [petit rire] mais sacrements, non ! [petit rire] Tu comprends ?*

— Donc, il ne pourra pas communier ?

— *Et toi non plus ! [petit rire] Toi non plus ! Tu as compris, ma fille ? Eh oui !*

— Je sais que les divorcés ne peuvent pas se remarier...

— *Mais aaa... avant de vous lier, personne ne vous a jamais rien dit ?*

— Je savais ; mais il y a de très bonnes raisons pour qu'il puisse obtenir l'annulation de son précédent mariage. De toute manière, j'étais persuadée qu'un divorcé pouvait accéder au sacrement de la communion, à condition de ne pas vivre dans le péché.

— *[soupir] Non, au contraire : [petit rire] si vous avez vu un prêtre, il a dû vous dire que non, il n'y a rien à faire, rien à faire. Tu comprends, ma fille ? Le pape l'a dit clairement, il n'y a pas plus de trois mois : à l'égard des divorcés, affection et compréhension, oui, mais pour ce qui est des sacrements... [petit rire] non !* Farpaitement ! *Il a expliqué que l'on ne peut pas donner de sacrement à quelqu'un qui est divorcé, comme toi.*

— Mais ce n'est pas moi qui suis divorcée ! C'est mon mari !

— *Oui, mais tu es avec quelqu'un qui est divorcé, qui est séparé, qui pratiquement n'est pas en règle, voilà, tu comprends, mon enfant ?*

— Euh ! de toute façon j'espère qu'il obtiendra l'annulation, car je n'ai aucune intention de briser ma famille ! Je ne vais sûrement pas le laisser pour aller vivre...

— *Ouiiii, je te le souhaite, mais tant qu'il est contre l'Eglise, avec cette histoire, rien à faire, d'accord ? Et maintenant, qu'est-ce que je dois dire ? Une bonne parole, te souhaiter que tout aille pour le mieux, selon tes désirs, et que la Vierge t'aide à être toujours sage avec... avec ces bons sentiments, ça va ? Mais rappelle-toi, tant que c'est comme ça, pas de sacrements, voilà, d'accord ? Maintenant, si tu veux, je te donne ma bénédiction...*

***

Rome

— Mon père, j'ai commis un sacrilège, j'ai communié sans avoir reçu l'absolution. Depuis plusieurs années je ne me suis pas confessé ; dimanche dernier c'était la première communion de ma fille, je me suis donc confessé et le curé m'a dit qu'en tant que divorcé, je ne pouvais pas avoir d'absolution. Je trouve cela injuste, ma fille y tenait tellement, vous savez, elle se sentait diminuée par rapport aux autres enfants, alors, ma femme et moi, nous avons été communier.

— *Dans cette église ?*

— Non, non, je vis à Milan.

— *Ah ! il me semblait bien, car je ne te connais pas.*

— Je suis ici pour mon travail, hier j'ai été mal toute la journée à cause de ça. Vous savez, je me suis éloigné de l'Eglise pour sa sévérité envers les personnes divorcées, mais je pense tout de même me comporter en bon chrétien, et jamais je n'aurais pensé me trouver dans la situation de commettre un sacrilège, si toutefois il y a sacrilège.

— *C'est une question assez délicate. Je te comprends très bien, malheureusement beaucoup de gens sont dans le même cas, et nous nous devons d'être clairs, n'est-ce pas? Car le mariage est un sacrement, un sacrement indissoluble; se marier deux fois ou se marier avec quelqu'un qui est déjà marié signifie se soustraire à la communion avec l'Eglise de Jésus-Christ. L'Eglise n'est pas insensible, au contraire, elle prend en charge ces problèmes puisque aujourd'hui, énormément de couples se trouvent dans ce cas, même des couples chrétiens, comme toi, car tu te sens chrétien, n'est-ce pas? Par conséquent, que dit l'Eglise? Elle nous invite à être disponibles et charitables avec ces personnes, sans pour autant leur donner la communion, tu comprends? Nous pouvons les inviter à venir à l'église pour écouter la parole du Seigneur, mais pas pour recevoir les sacrements. Le sacrement est une action de Jésus-Christ en communion avec l'Eglise. Je comprends que c'est une souffrance, un déchirement, c'est logique, surtout quand il y a un enfant. J'ai essayé, pour ma part, d'en parler aux parents qui vivent cette expérience; afin que leurs enfants ne soient pas trop troublés, il faut qu'ils leur disent que, pour le moment, ils ne sont pas en mesure de recevoir le Seigneur. J'ai l'impression que les enfants ont compris, ils se sentent un peu plus rassurés.*

— Je crois, au contraire, que cela est dramatique pour l'enfant. C'est comme si on lui disait : « L'Eglise en laquelle je t'ai appris à croire — et c'est pourquoi je veux que tu reçoives ta première communion — cette Eglise me rejette parce que je suis un pécheur. » C'est terrible pour l'enfant.

— *Oui, mais comment agir?*

— Tout cela vous semble-il charitable, mon père?

— *Charitable... disons que c'est un fait. Quand nos choix sont en accord avec notre foi, tout va bien; mais quand ils ne le sont pas, nous devons affronter les conséquences. Or, je ne connais pas la cause de ton divorce...*

— C'est très simple, mon père, nous n'étions pas heureux, tout au contraire. Sans aucune raison particulière. Plutôt que de vivre malheureux tous les deux, nous avons décidé de divorcer. Il n'y a pas eu de drame, d'ailleurs, nous n'avions pas d'enfants, maintenant nous sommes devenus de bons copains. Nous nous étions mariés très jeunes, ça a été vraiment une erreur de jeunesse. J'ai refait ma vie depuis, je me suis remarié civilement avec une femme qui me rend heureux, et nous avons eu cette enfant.

— *Voilà ce que je dis toujours à mes fidèles : « L'Eglise nous enseigne que le mariage, en tant que libre choix, est fondé sur le consentement, plein et conscient. » A travers les évêques, l'Eglise nous prévient qu'en certains cas, le mariage est rompu parce qu'à la base il y a une erreur de jeunesse, comme tu viens de le dire, parce qu'au départ il y avait juste une attirance, mais pas d'amour véritable. L'Eglise examine alors les circonstances et peut même estimer que le consentement n'était pas libre, qu'il n'était pas total... et elle déclare, à juste titre, que ce mariage n'a jamais existé.*

— Vous parlez de la rote ?

— *Oui, mais oui, ce mot intimide toujours un peu... mais c'est notre seule possibilité. L'Eglise nous dit bien : « Tous les mariages ne sont pas valides », n'est-ce pas ? Car on peut très bien se marier sans être conscient de ce que cela signifie. On prend la chose à la légère, on se dit : « Pourquoi ne pas essayer le mariage, on verra bien... ». Mais dans ces conditions ça n'a aucune valeur, tu comprends ? C'est là que l'Eglise intervient et déclare : « Ce mariage n'a jamais existé. »*

— Mais quand je me suis marié, j'avais vingt-trois ans, je venais de terminer mes études. J'ai même été heureux pendant quelques années. Puis, vous savez, après sept ans, les gens changent...

— *Voilà, justement. Il faut savoir à quand remonte ce changement, ou bien s'il y a eu des événements particuliers...*

— Notre mariage a été plus que consommé, l'idée d'une dissolution ecclésiastique ne m'a même pas effleuré.

— *Le mariage peut être consommé ou pas, l'important est que le consentement, qui est à la base du contrat de mariage, exactement comme pour n'importe quel autre contrat civil, le consentement, disais-je, ne soit pas « vicié » par des causes extérieures. Or, si on se rend compte que, dès le début, il n'y a pas eu vraiment d'adhésion sincère, on en fait part à l'autorité ecclésiastique. Il va de soi que cette dernière demandera des preuves, des témoignages, de part et d'autre, afin d'établir la vérité et de statuer. L'Eglise a même le pouvoir, non seulement de dissoudre le mariage, mais de déclarer qu'il n'a jamais eu lieu, qu'il n'a jamais existé.*

— Carrément ?

— *Oui, si l'engagement est faussé au moment du mariage. Tiens, je connais un couple, des jeunes gens qui, au bout de sept ou huit ans de fiançailles, ont décidé de se marier, poussés tout simplement par la force d'inertie. De toute évidence, cet acte n'était pas déterminé par un libre choix, mais par les circonstances dans lesquelles ils s'étaient retrouvés. Ils ont dû faire ce genre de raisonnement : « Se quitter après huit ans de fiançailles ? Ça ne se fait pas, alors, marions-nous. » Et puis, naturellement, tout est allé à vau-l'eau, tu penses bien ! Le mariage implique une volonté de savoir ce que tu fais et où cela t'amène. Ce n'est que de cette manière qu'il devient un lien valide, autrement il n'existe pas. Même s'il y a dix enfants, hein ? Car, ce n'est pas la fécondité qui joue pour la validité du mariage, mais le consentement.*

— Ainsi, je pourrais demander l'annulation, après tout ce temps ?

— *Certainement, tu peux demander, soumettre ton cas. Tu expliques les circonstances de ton mariage, en avançant qu'il pourrait y avoir un vice de consentement. Les juges vont se pencher sur ton cas, il y a aussi des avocats qualifiés, c'est-à-dire formés au droit canonique et donc...*

— Mais ça va coûter cher ?

— *Mais non, c'est encore une idée préconçue. Ça ne coûte pas cher, sauf si on a de l'argent. Car l'Eglise mène une enquête sur les moyens du plaignant. Par exemple, pour un simple ouvrier c'est gratuit. Donc, même sans moyens... Toutefois il arrive souvent que les avocats demandent et redemandent de l'argent — alors que la rote a des tarifs précis. Les avocats en profitent car les gens sont disposés à payer pour en finir. Alors qu'il ne faut pas. J'ai moi-même eu recours à la rote, car j'ai eu à m'occuper d'un cas de ce genre : un ouvrier à qui son avocat réclamait tous les mois de plus en plus d'argent. Cet avocat a été démis de l'affaire. Comme tu es de Milan, tu t'adresses à la curie de cette ville, où il y a un tribunal spécial pour ces causes. Les évêques nous poussent en effet dans ce sens, en nous disant de dialoguer avec ces personnes, parce qu'il y a sûrement des possibilités qu'elles n'ont pas envisagées, en vue d'ouvrir un dossier. Et comme ça, on a la conscience tranquille.*

— Mais moi, je me suis marié avec joie et enthousiasme, en toute conscience. Certes, s'il y avait cette possibilité, je le ferais volontiers, pour ma fille.

— *Tu devrais en parler avec ton ex-femme, voir si, au moment du mariage, elle a eu quelques difficultés, s'il s'est produit, disons, certains événements qui l'ont poussée à se marier... un peu contre son gré.*

— Evidemment, si nous y allons d'un commun accord...

— *Mais même si l'un des deux seulement prouve qu'il a adhéré au mariage sans être pleinement libre de son choix, dans ce cas aussi le mariage est nul, car il faut, de part et d'autre, une totale conscience de ce qu'on va accomplir.*

— Est-ce que c'est si facile que ça... ?

— *Eh bien ! facile... cela dépend des raisons et des témoignages que l'on apporte. Voilà, il faut voir un peu avec l'organisme auquel on présente son cas. Après examen, on te dira si c'est possible ou pas. L'instruction permet d'apprécier si on peut aller jusqu'au bout, car il ne faut pas croire que l'Eglise annule comme ça, à la légère ! De temps en temps le pape en parle, car il arrive qu'un tribunal soit trop laxiste, il conseille donc la prudence puisque ce sont, quand même, des choses très sérieuses. On peut dire que c'est comme une mère qui essaie de trouver les meilleures solutions. Ce prêtre qui t'a déclaré que tu ne pouvais pas communier, a, tout simplement, voulu dire : « Mon frère, tu n'es pas en communion avec Jésus-Christ. » Même si Jésus t'aime, car Il nous aime tous, les sacrements ne peuvent être donnés qu'à ceux qui sont en communion avec Lui. En effet, Dieu voit en profondeur et nous, nous ne voyons que la surface des choses. Moi je vois simplement que tu as divorcé, que tu t'es remarié, et je ne peux dire que ce que ta situation implique. Le Seigneur peut voir cela d'une autre manière, il arrive un moment où on se repent et où l'on demande pardon au Seigneur, et Lui, dans sa grande miséricorde... mais nous, comment faire... ?*

— L'Eglise se trompe peut-être... en jugeant trop sévèrement les gens divorcés...

— *Eh, je ne sais pas. Plus que se tromper, elle essaie d'aller à leur rencontre. Il y a justement un document rédigé par les évêques, la* Pastorale des divorcés, *un texte basé sur l'amour et la charité envers ces gens qui errent. Nous ne les chassons absolument pas. S'ils viennent faire baptiser leurs enfants, nous les baptisons, mais s'ils ont émis un choix qui n'est pas cohérent avec les principes de l'Eglise...*

— D'accord, mon père, je vais me renseigner auprès de la curie.

[...] Me donnez-vous l'absolution pour ce que j'ai fait dimanche dernier ?

— *Demande pardon au Seigneur et promets de ne plus recommencer. Quant à l'absolution... tu m'as dit toi-même quelle est ta situation : tu vis avec une femme qui n'est pas la tienne.*

— J'ai compris, je ne peux pas communier, vous ne me donnez pas l'absolution.

— *Mais la communion... demande pardon au Seigneur. Ton action était dictée par la bonne foi, non par le mépris pour la loi de Dieu. Dans ton cœur, tu as ressenti cette situation comme délicate, mais sois tranquille, le Seigneur est miséricordieux, ce n'est pas pour ça que tu vas être excommunié. Tu as fait une chose que tu n'aurais pas dû faire, ne recommence plus. Le Seigneur te pardonne et t'absout, disons, dans la mesure du possible, pour cette faute. Tâche de résoudre ton problème...*

— Merci, mon père. Au revoir.

***

Avellino

— *[...]*

— Mais quel est le motif pour lequel nous pouvons obtenir l'annulation ?

— *L'incompatibilité d'humeur due à l'absence d'enfants, il y a eu cet empêchement, dès le début, parce que...*

— Mon père, à vrai dire nous n'avons pas eu d'enfants parce que nous n'en avons pas voulu.

— *C'est une raison importante.*

— Ah ! Vous croyez ?

— *C'est une raison importante qui entrave l'épanouissement du mariage. Il y a des années de cela, deux jeunes gens que je connais se sont mariés et sont partis en voyage de noces. Sans en avoir parlé auparavant, ils ont décidé qu'ils n'auraient pas d'enfants. A leur retour, ils ont tout de suite entrepris de faire les démarches en vue de l'annulation. Lui, je l'ai perdu de vue, mais je sais qu'il s'est remarié, car c'était comme si ce premier mariage n'avait jamais eu lieu. Elle aussi, elle a reçu l'avis de la rote comme quoi elle était libre de se marier. Tout ça pour dire que dans ces cas, il convient toujours de s'adresser à un prêtre qui pourra vous mettre en contact avec la curie. Le fait de ne pas avoir eu d'enfants est une raison importante, car le sacrement du mariage est bénit par Dieu, principalement en raison de la procréation, et si ce but principal n'existe pas…*

— […]

⁂

Messine

— […]

— *L'annulation peut avoir lieu même s'il y a eu un enfant.*

— C'est comme si je n'avais jamais été marié.

— *Oui, vous n'avez jamais été marié. C'est ce qu'il faudrait essayer de faire, je le dis toujours aux gens qui… Ce serait plus facile si le sentiment qui vous liait n'était pas véritablement de l'amour, mais juste une attirance physique, car l'amour signifie un engagement réel et un esprit de sacrifice jusqu'à l'extrême. Oui, l'amour donne la capacité de se sacrifier jusqu'au bout. On fait tout pour la personne qu'on aime, pour qu'elle puisse être heureuse, ceci est à la base de l'amour.*

— Je suivrai votre conseil, j'en parlerai à ma femme. Je crois que c'est aussi dans son intérêt. Et pour l'enfant ?

— *Dans ce cas, l'enfant sera partagé entre vous deux, c'est-à-dire qu'il sera un peu avec l'un et un peu avec l'autre.*

— Comme pour un divorce.

— *Bien sûr, c'est la société civile qui établit cela.*

— J'ai compris, merci.

— *[…]*

⁂

Ferrare

— Mon père, j'ai un gros problème.

— *Du calme, j'ai été professeur de mathématiques pendant quarante ans… nous allons le résoudre. C'est quoi, de l'algèbre ou de l'arithmétique ?*

— Je crois que c'est plus compliqué que cela.

— *Oh! D'accord, j'essaierai, vas-y!*

— Je suis mariée depuis un peu plus d'un an et, à cause de son travail, mon mari est souvent absent. Jusque-là, tout s'est bien passé, mais cette fois-ci...

— *... Tu as rencontré quelqu'un d'autre. Mais pourquoi?* [à voix basse, d'un air malicieux] *Petite coquine! Qu'est-ce que tu cherches? L'herbe est toujours plus verte dans le pré du voisin. Maintenant tu t'aperçois que ce n'est pas ainsi. Repens-toi et ne le fais plus. N'en parle pas à ton mari, le pauvre, tu lui donnerais beaucoup de chagrin. Il n'en sait rien, n'est-ce pas?*

— Si ça pouvait être aussi simple, mon père! Je suis enceinte!

— *Du deuxième?*

— Oui, j'en suis sûre, car mon mari est stérile. Je le savais avant notre mariage. Il a passé tous les examens, il n'y a aucun doute là-dessus!

— *Mais vous avez des rapports normaux, complets?*

— Oui, complets.

— *Mais ça ne donne rien. Ecoute, l'avortement est à exclure, par principe, n'est-ce pas?*

— Mais...

— *Non, non et non! Tu ne peux pas avorter, ce serait un homicide. Je sais, je sais, écoute : ne lui dis rien, qui sait? Il pourrait penser que les médecins se sont trompés! Tuuu... calme-toi, c'est une possibilité. Ne lui dis rien.*

— Mais comment je peux faire?

— *Mais calme-toi! S'il pense que c'est son fils et que les médecins se sont trompés, laisse-le croire. Oui, cela signifie être sur la corde raide, mais pourquoi l'humilier? Attends jusqu'à ce qu'il s'en aperçoive!*

— Mais mon père, vous ne croyez pas que c'est pire?

— *Ne t'emballe pas! Quand il sera rentré, vous allez avoir des rapports! Bon, alors, tu pourrais le faire passer pour son fils à lui, oui ou non?*

— J'ai peur de sa réaction : il pourrait faire comme si de rien n'était et l'accepter comme son fils, mais il pourrait aussi mal supporter ma double trahison!

— *Bon, d'accord, c'est possible. Je ne prétends pas qu'il ne faut pas le dire, si tu es obligée, tu le dis... Mais dans un deuxième temps, pas tout de suite ! Est-ce que ton état se voit ?*

— Pas encore, je suis dans le deuxième mois.

— *D'accord, alors, tais-toi. Pourquoi tu devrais le lui dire maintenant ? Enfin, vous auriez pu adopter un enfant de Bosnie, un Africain, un Chinois, un Japonais, un enfant étranger, un fils de personne. Pourquoi il n'adopterait pas celui-là ? Ne fais rien. Moi, je le lui dirais au dernier moment, quand il n'y a plus rien à faire.*

— Je ne vois pas ce que cela change. Si je dois le lui dire, mieux vaut maintenant, n'est-ce pas ?

— *Qu'est-ce que ça change, qu'est-ce que ça change ! D'abord, je ne dis pas de tout cacher ! Et puis, quand il y a un obstacle, un ennui, pourquoi courir à leur rencontre. Il faut accepter les problèmes quand ils viennent. Et s'il se fâche et qu'il te dit d'avorter, alors le drame s'amplifie. Tu penses qu'il pourrait te le demander ?*

— J'en ai bien peur ! Il est si orgueilleux ! D'ailleurs, c'est compréhensible.

— *Bon, d'accord. Mais ne crains rien, il ne va pas te tuer. A la limite, tu vas avoir des reproches, peut-être quelques gifles, mais, ma pauvre enfant, il vaut toujours mieux subir des coups plutôt que de se damner pour l'éternité devant Dieu !*

— Et s'il voulait se séparer ou carrément divorcer ?

— *Oui, bien sûr, ce serait un calvaire pour toi. Tu pourrais vivre avec tes parents. Naturellement, tu dois tout de suite rompre avec ton ami, ce qui est fait est fait. Chacun doit porter sa croix avec dignité et sérieux !*

— Mon père, c'est impossible que j'habite avec mes parents, ils ne m'accepteraient pas !

— *Je pourrais t'indiquer une maison d'accueil, à Urbino, gérée pas des religieuses. Là-bas, il y a aussi des femmes qui ont failli, qui ont fait le trottoir, mais qui ne veulent pas avorter. On les soigne, on s'en occupe. On n'a pas beaucoup de moyens, mais l'Eglise agit au mieux. Tu pourrais garder ton enfant, après on verra ! Donne-nous notre pain quotidien, je ne vais pas dire au Seigneur de me donner le pain pour la semaine, car je ne sais pas si après... ce n'est pas pour autant que je ne lui fais pas confiance ! C'est un discours un peu pesant, n'est-ce pas ? Bon, sauvons ce qui peut l'être. Il faut exclure l'avortement et ne parle à ton mari qu'au dernier moment. Premièrement, j'exclus l'avortement.*

Deuxièmement, j'espère que ton mari finira par adopter cet enfant. Je comprends le drame que tu vis, que tu es humiliée et que tu te repens. Le Seigneur comprend. Et puis, en dernier recours, tu peux toujours aller à Urbino. Certes, tu serais parmi des femmes qui ne sont pas de ton milieu, des prostituées, peut-être, tu me suis ? Mais ça c'est un autre problème. Courage, que Dieu te bénisse. Je t'absous... Va en paix.

***

Pavie

[Une étudiante est enceinte de son ami, un compagnon d'université, musulman. Après s'être assuré qu'elle ne désirait pas avorter, le confesseur lui déconseille de l'épouser.]

— *[...]*

— Qu'est-ce que je vais faire ? Je vais élever mon enfant sans père ?

— *Et alors ? Vous ne seriez pas la première, vous savez ? Et puis le père... Il vaut toujours mieux choisir le moindre mal. On va lui donner le nom de sa mère, et c'est bon. Lui, il s'en moque complètement de notre religion !*

— Donc, je garde l'enfant et je le quitte, lui ?

— *Si sa religion lui permet de prendre une autre femme, vous avez intérêt à le faire. Est-ce que vous imaginez dans quelles conditions vous seriez après ?*

— [...]

***

L'Aquila

— *Depuis combien de temps ?*

— Longtemps, mon père.

— *Beaucoup de péchés ?*

— Je vais en commettre un gros.

— *C'est-à-dire ?*

— Voyez-vous, je suis enceinte et...

— *De combien ?*

— Deux mois.

— *Bon, et alors ?*

— Je dois avorter !

— *Non, vous ne devez pas le faire ! Vous ne devez pas le faire, car ce serait résoudre un problème qui, au fond, n'est même pas déshonorant. Et désormais... Mais tuer un enfant... non, vous n'avez pas le droit !*

— Pourtant je dois ! Il est de mon frère ! ! !

— *Patience, patience... Ce sont des choses qui arrivent aussi. Qui est au courant ?*

— Personne. Je n'ai pas le courage de le dire à mes parents.

— *Mais, ma fille, c'est une chose terrible que de tuer un enfant ! S'il est de votre frère, patience !*

— Patience... ? Mais comment pourrais-je le garder ?

— *Eh bien ! on demande conseil, il faut avoir la force de l'avouer aux parents. Que dit votre frère ?*

— Il n'en sait rien.

— *Vous avez été d'autres fois avec lui ?*

— Oui, mon père.

— *Bon, ces choses-là arrivent. A mon avis, tu devrais en parler à tes parents, ou à une personne qui pourrait servir de médiateur. Mais ne prends pas cette décision, d'accord ?*

— Vous n'avez aucune idée de ce que je vais devoir affronter. Aucune idée. Mon père me tuera !

— *Je ne crois pas... Ces choses-là arrivent... Car, tu vois, ma fille, une fois qu'on a avorté, c'est un tourment perpétuel pour la femme. Je connais des cas où certaines ont encore des remords, trente ou quarante ans après. Je ne sais pas, parles-en à ta mère ou à une amie. Par la suite, tu ne dois jamais dire qu'il est de ton frère...*

— Mon père, comment pourrais-je impliquer quelqu'un d'autre ?

— *Dis-le à tes parents, mais pas aux autres. Tu n'es pas tenue de le faire.*

— MAIS, MON PÈRE, COMMENT POURRAIS-JE AVOIR UN ENFANT DE MON PROPRE FRÈRE ?!

— *Euh ! patience... il y en a. Ce ne serait pas le premier...*

— Mais dans le cas d'inceste, on risque d'avoir des enfants handicapés !

— *Mais nooon... Bon, parfois ça arrive, c'est vrai, mais vous êtes jeunes, il est fort possible qu'il n'y ait pas de conséquences physiques, tu sais ? Et, à part ton frère, il n'y a eu personne d'autre ?*

— Non, non.

— *Ton frère est jeune, lui aussi ?*

— Oui.

— *Donc, voilà, ce fut une imprudence... je ne sais pas comment cela a pu se passer. Toutefois, ce n'est sûrement pas le premier cas ! Malheureusement ces accidents se répètent.*

— Non, non, je ne peux pas, je ne peux pas...

— *Tu dois être courageuse. Le Seigneur va t'aider. Tu es tout de même enceinte de deux mois... Mais, vois-tu, ma fille, je te comprends, je suis près de toi, avec le cœur et avec la prière. Mais essaie de résoudre ton problème au sein de ta famille. Parles-en avec ta mère, d'accord ?*

— NON ! Je ne peux pas le faire, JE NE PEUX PAS !

— *Je te le dis de tout mon cœur, comme si tu étais ma sœur. Oui, je te le dis comme si j'étais ton père. Sûrement, au début ils vont pester, mais petit à petit, ils comprendront et ils continueront de t'aimer. Essaie d'en parler à ta mère, avant d'en arriver à ce point...*

— Mais ma mère m'obligerait immédiatement à avorter, croyez-moi ! Mon unique peur est qu'elle en parle à mon père !

— *Eh bien, je te dis ce qu'est la chose importante à faire et ensuite tu choisiras librement, d'accord ? Librement, selon ta conscience. Mais je te préviens : je connais des femmes, beaucoup de femmes qui ont avorté il y a longtemps et qui revivent toujours ce moment dramatique. Par conséquent, c'est à toi de voir, confie-toi à ta mère pour trouver une solution qui ne heurte pas ta conscience et qui ne pèse pas sur ton avenir. Je te donne l'absolution en espérant que Dieu t'insuffle la force. Pour pénitence, livre-toi à une œuvre charitable. Je t'absous... Qu'est-ce que tu fais ?*

— Des études.

— *A l'université ?*

— Oui, mon père.

— *Maintenant, je vais t'aider à accomplir une œuvre charitable : suis-moi à la sacristie.*

***

Padoue

— *Tu ne t'es pas confessée depuis longtemps ?*

— Depuis plus d'un an, mon père.

— *Quels sont tes péchés... ?*

— J'ai avorté.

— *Pourquoi as-tu fait cela ?*

— J'ai été violée. Un soir, en rentrant chez moi...

— *Je regrette, je regrette beaucoup. Y a-t-il d'autres péchés ?*

— Non, mon père, celui-ci est...

— *C'est tout ? Alors tu diras, pendant tout le mois de mai, cinq Ave Maria...*

— Mais mon père, vous me comprenez ?

— *J'ai tout compris ! Ce n'était pas... ce n'était pas, comme on dit, le fruit de l'amour, mais un acte de violence !*

— Je n'avais pas le courage de...

— *Que le Seigneur te pardonne si tu as dû en arriver là, et qu'il donne à ces malheureux qui t'ont fait du mal la possibilité de se repentir.*

— Mais vous comprenez que ne je n'ai pas eu le courage d'avoir un enfant non désiré ? J'avais peur de le haïr et...

— *Oui, oui, j'ai compris. Je t'absous...*

⁂

L'Aquila

— *Quels sont les péchés que tu dois confesser ?*

— J'ai avorté. J'ai été obligée de faire ce choix.

— *Un choix coupable !*

— Mais pourquoi, mon père ?!

— *Parce que vous avez tué un être humain !*

— Je ne pouvais pas faire autrement...

— *Vous avez été capable de tuer un être humain parce que vous ne pouviez pas faire autrement ? Qu'est-ce qui vous en empêchait ?*

— De graves raisons de santé. Ma propre santé, mon père. J'ai dû avorter. Je l'ai fait en toute conscience et, croyez-moi, cela n'a pas été facile.

— *Que voulez-vous que je vous dise ? Je n'ai rien à ajouter, je ne sais pas. Je sais seulement que l'avortement est un crime, le meurtre d'un enfant, du fruit de l'amour. Et puis... on invoque souvent des raisons de santé, mais on n'en sait rien, en réalité...*

— Non, mon père, écoutez, j'étais gravement malade ! Il s'agissait de ma vie contre la sienne !

— *Il ne vous reste plus qu'à demander pardon au Seigneur et prier la Sainte Vierge pour qu'elle vous donne la force de vivre en harmonie avec le baptême.*

— Je ne vous comprends pas, mon père. Je peux prier, bien sûr : mais je le ferais encore, dans les mêmes circonstances. Jamais je ne mettrai au monde une créature destinée à rester sans mère ! Je regrette de vous entendre parler sur ce ton...

— *Le ton que j'emploie est celui de la vérité. C'est impensable pour moi de ne pas vous dire que l'avortement... Si vous ne vous sentiez pas responsable, vous n'aviez aucune raison de vous accuser. Si vous dites : « Je n'ai pas péché ! » c'est d'accord, vous n'avez pas à vous accuser de quoi que ce soit. Cela a un sens lorsqu'on pense qu'il y a péché ! Je ne sais pas si je me suis bien fait comprendre.*

— Oh oui, très bien. Toutefois, même si je me considère comme une bonne catholique, face à ce genre d'expérience, il n'est pas si facile de parler...

— *Oui, oui, oui, je comprends, je comprends. Si, comme vous venez de le dire, dans cette condition extrême, il fallait choisir entre votre vie et celle de l'enfant, et qu'après une profonde réflexion vous n'ayez pas eu le courage de... Les médecins savent cela, c'est sur eux, en quelque sorte, que retombe la responsabilité lorsqu'ils affirment que la grossesse peut être menée à terme. En revanche, se trouvant dans l'obligation de sauver la mère ou l'enfant, ils optent pour la première solution, ce qui entraîne un avortement non voulu par la mère elle-même, qui n'aurait pas souhaité la mort de son enfant.*

— Au contraire, c'est bien ce qui s'est passé, mon père ! Dès que j'ai pris connaissance du danger que je courais, j'ai interrompu ma grossesse. L'Eglise devrait être un peu plus tolérante. Je comprends que l'avortement soit moralement condamné : mais dans des circonstances particulières, c'est vraiment très difficile pour un catholique. Qu'on nous laisse au moins la liberté d'agir selon notre propre conscience !

— *Oui, oui, ce sont des cas exceptionnels. Mais vous n'imaginez pas comme l'avortement est en train de se répandre, et avec quelle insouciance on y a recours... C'est pour cette raison qu'il faut affirmer en permanence le droit à la vie. Ces créatures sont innocentes, elles ne sont pas responsables de leur existence, elle ont été appelées à la vie. Avez-vous d'autres enfants ?*

— Non.

— *Vous n'êtes pas mariée ?*

— Non.

— *Ah, c'est pour ça... d'accord.*

— Comment, c'est pour ça ?

— *Non, je voulais dire, vous vous êtes retrouvée dans une situation... A l'instant, je vous demandais de prier le Seigneur, de Lui demander pardon de ne pas avoir eu le courage de vous dévouer jusque... Très souvent les diagnostics des médecins sont dictés par leur idéologie, c'est connu. Enfin, ce n'est pas utile d'en discuter ici... Vous, vous agissez selon votre conscience, sachant parfaitement que l'avortement est un péché. Lorsque certains incidents se déclenchent, on peut demander au médecin si c'est bien raisonnable de poursuivre sa grossesse ; dans le cas contraire, c'est-à-dire si on choisit de sauvegarder le droit de la mère, les conséquences qui en découlent...*

— Mais comment peut-on demander à une femme de renoncer à sa propre vie au nom d'une créature non encore née ? C'est, de toute façon, une décision à prendre selon sa propre conscience !

— *Dans ces conditions, je ne peux plus rien vous dire.*

— Pourquoi ?

— *QUE VOULEZ-VOUS QUE JE DISE ? Vous parlez de conscience : la conscience est éclairée par la raison. Vous agissez de la sorte et moi, je vous affirme que votre attitude est contraire aux exigences de votre foi, du baptême, si toutefois, vous êtes encore croyante. La vérité... C'est une créature innocente !*

— Mais je comprends, je comprends ce discours pour ceux qui ont la foi... mais ceux qui ne l'ont pas, ceux qui ne croient pas...

— *C'EST UN TOUT AUTRE PROBLÈME POUR CEUX QUI NE CROIENT PAS ! D'abord ils ne viennent même pas se confesser !*

— Mais ce sont des arguments que l'Eglise ne traite pas exclusivement dans le cadre de la confession, mon père...

— *Et alors ! Allez chercher d'autres explications ailleurs ! Dans un confessionnal, on vient pour recevoir la grâce : on avoue son péché et on demande grâce au Seigneur ! C'est ça le confessionnal, est-ce que je me suis fait comprendre !*

— Très bien, mais ce principe qui condamne l'avortement n'est valable que pour nous, les croyants. Et les autres ? On ne peut pas faire une loi pour les croyants et une autre pour les non-croyants. C'est la loi civile, on peut la désapprouver, mais personne n'est obligé de la suivre. Vous comprenez, mon père ?

— *Non, je ne comprends pas !*

— Vous ne voulez pas comprendre.

— *LA LOI CIVILE N'A PAS DE VALEUR SI ELLE N'EST PAS FONDÉE SUR LA LOI NATURELLE ! Et la loi de la nature est la loi de Dieu ! L'Etat peut même instaurer une loi comme quoi on doit tuer tous ceux qui n'appartiennent pas à notre race ; la loi de l'Etat autorise donc le crime !... Je n'ai pas l'intention de discuter... Ecoutez, vous vous croyez innocente ?*

— Oui, parce que j'ai agi selon ma conscience !

— *Eh bien ! allez en paix !*

— Mais vous ne me donnez pas l'absolution ?

— *NON ! NON ! Vous ne pouvez pas, je ne peux pas !*

— Et la bénédiction ?

— *Tous mes vœux ! Je souhaite... que le Seigneur vous aide. Priez, priez ! Allez en paix !*

⁂

Pistoia

— J'ai un grave péché à confesser, mon père. Je suis médecin et contre l'avortement, mais j'ai fait l'expérience directe des problèmes de conscience que cela implique. Voyez-vous, ma fille de seize ans est tombée enceinte d'un garçon de son âge et je l'ai incitée à avorter. Ça a ébranlé toutes mes convictions. Je me rends compte que mettre au monde un enfant dans certaines conditions est très néfaste.

— *Gros dilemme. Nous sommes devant une vie innocente qui n'a aucune responsabilité et qui doit être supprimée...*

— Vous savez, c'est une vie, une vie... oui, biologiquement, c'est une vie.

— *Biologiquement, mais surtout spirituellement, car ce corps a une âme et nous ne connaissons pas les desseins du Créateur. C'est ce que disait ma mère qui a fait dix enfants, et moi, je suis le huitième, oui, le huitième. Mon père partait travailler le lundi matin avec sa bicyclette, une brouette accrochée derrière, il rentrait le vendredi soir. Vous imaginez un peu ? Et après la naissance de la petite dernière, elle a pris les deux plus fous et elle en a fait un prêtre et un moine. Pensez qu'elle est morte à l'âge de quatre-vingt-dix ans.*

— Mais vous aviez la vocation, vous ?

— *De devenir prêtre ? Moi ?* [incompréhensible] *Le curé m'avait dit : « Comment je vais m'arranger s'il n'y a pas d'argent ? Est-ce que tu accepterais de devenir moine ? » J'ai répondu : « Les moines peuvent-ils célébrer la messe ? » « Oui. » « Faites que je sois moine. » Voyez un peu les desseins de Dieu... ? Mais, tout cela mis à part, le problème de détruire une vie que Dieu a voulu est toujours là.*

— L'âme de ce fœtus ira sûrement au paradis.

— *Je n'en discute pas, mais la responsabilité du... appelons cela une condamnation à mort, revient à celui qui l'a... Je comprends très bien, grand Dieu ! toutes les difficultés que cela comporte, même pour la créature qui va naître, mais le plus important, c'est la préservation de la vie.*

— J'ai été obligé de penser à la vie de ma fille ainsi qu'à la mienne et à celle de ma femme, qui auraient été gâchées pour toujours.

— *Non, non, non !*

— Imaginez une enfant de seize ans avec un bébé, sans père !

— *Oui, mais malheureusement, il y en a des quantités. Tout ça arrive par manque d'éducation, on confond la simple attraction biologique, animale, avec l'amour. De toute manière, une fois qu'on a failli on ne peut plus revenir en arrière, car le Seigneur pardonne et quand Il a pardonné c'est fini. Nous, au contraire, nous n'oublions pas, nous disons : « Tu te rappelles de ce que tu as fait l'année dernière ? » [...]*

— ... Dites-moi, mon père, vous pensez que je commettrais un grave péché si, dans une circonstance vraiment exceptionnelle, je ne sais pas moi, pour une malformation ou pour un viol — il en arrive tellement — je devais aider une pauvre femme à avorter ? Et de toute façon, si ce n'est pas moi, c'est quelqu'un d'autre qui le fera, j'aurais presque l'impression de...

— *Non, non, il vaut mieux que ce soit quelqu'un d'autre.*

— Il s'agirait d'un acte charitable.

— *Non, écoutez, humainement parlant... Il me semble bien que ce soit Léonard de Vinci qui est né hors du mariage, ou en tout cas, un de ces grands peintres. Rendez-vous compte, si on lui avait fait ça ! Et ce n'est qu'un exemple.*

— Oui, mais un enfant handicapé ne deviendra jamais un Léonard de Vinci, sans parler d'être heureux.

— *Mais écoutez, ils sont très nombreux ceux qui ont appris à faire don de leur souffrance... Tout le monde peut se tromper, grand Dieu ! Prenez Alexandre VI*[1], *avec tout ce qu'il a fait et il n'en est pas moins devenu pape. Et César Borgia, hein ? Mais l'important, de nos jours spécialement, c'est que le Seigneur nous conserve la foi... Un jeune lycéen m'a demandé : « Mon père, un homme sans femme est incomplet, et vous, alors ? » Et moi, je lui ai répondu : « Tu ne sais pas l'épouse que j'ai ? J'en ai même trois : le Père, le Fils et le Saint-Esprit qui m'ont appelé. » Voilà ce que je lui ai répondu. Vous comprenez ? [...] Bon, et après ? Quoi d'autre ? Vous allez à la messe ?*

— Oui, oui.

— *D'accord. Vous critiquez votre prochain ?*

— Quelques gros mots, à l'hôpital, quand je m'énerve.

— *Des jurons ?*

— Non, non.

— *Autre chose ?*

— Il m'arrive de faire des expérimentations sur les animaux, mon père.

— *Ça n'a pas d'importance, ce ne sont pas des êtres humains.*

— Mais ils souffrent beaucoup.

— *Je sais, mais le centre de la création c'est l'homme, ne vous inquiétez pas pour les animaux. Soyez tranquille et demandez pardon pour tout. Pour pénitence, vous pouvez dire le Credo et un Ave Maria à la Vierge pour votre famille. Je t'absous...*

***

1. Rodrigo Lancol y Borgia (1431-1503), de la riche et puissante famille romaine originaire de Borja, près de Saragosse. Avide de pouvoir et d'argent, il décide que le meilleur biais pour parvenir à ses fins est de passer par l'Eglise. Il est nommé cardinal à l'âge de vingt-cinq ans par son oncle, Calixte III. A force d'intrigues, il finit par être élu pape sous le nom d'Alexandre VI. Objet de scandales répétés, il eut plusieurs enfants illégitimes parmi lesquels Lucrèce et César.

César Borgia (1476-1507), nommé cardinal à l'âge de seize ans, abandonne la vie religieuse et devient capitaine général de l'Eglise. Il se débarrasse sans scrupule de ses ennemis en ordonnant leur assassinat. La mort du pape, son père, met fin à sa puissance. Il a inspiré Machiavel pour son œuvre *Le Prince*.

Politique

Si, sur de nombreux points, la position des confesseurs est assez cohérente, en abordant la politique c'est tout le contraire, ce qui confirme que le clergé est sensible, au même titre que les fidèles, aux bouleversements actuels. Nous avons déjà rencontré, dans la deuxième confession (émanant de la ville de Foggia), un moine ouvertement fasciste. Dans cette partie — interrogés sur la Démocratie chrétienne, sur sa corruption et ses scandales — seul un confesseur déclare sans hésitation que : « la Démocratie chrétienne est un parti fondé sur l'Evangile ». Et, il ajoute qu'en dépit du fait que la majorité de ses membres soient des « délinquants », il faut néanmoins soutenir la minorité qui reste « honnête ». La plupart des prêtres refusent l'amalgame de l'Eglise avec la Démocratie chrétienne, soutenant que l'Eglise n'a pas à assumer la responsabilité de la détérioration politico-morale de ce parti, et invitant à attendre l'inévitable renaissance. Il y a tout de même ceux qui pensent que la Démocratie chrétienne « n'a de chrétien que le nom », lui niant le droit de « revendiquer les voix de tous les catholiques ».

Les sympathisants démocrates-chrétiens sont souvent des prêtres âgés, même si l'un d'eux n'a pas hésité à les qualifier, de façon non équivoque, de « salauds », sans pour autant décourager sa pénitente d'adhérer à la Ligue, en lui disant : « Si vous croyez que c'est bien ». D'autres exhortent, d'un ton apocalyptique, à ne pas se faire enjôler par les sirènes de la Ligue (« C'est l'Antéchrist ») et de la gauche, quelle que soit sa tendance (« Les communistes, ce sont les sans-Dieu ! »). Toutefois, un autre confesseur invite son fidèle, séduit par le Pds[1], à « accomplir, même d'un point de vue politique » la communion avec la gauche. Certains prêtres soutiennent que chacun est libre de son choix politique. Deux d'entre eux ont même eu des mots très durs et caustiques contre les évêques qui s'obstinent à prêcher l'unité politique des catholiques : « Les appels des évêques sont désormais devenus ridicules »; « Aujourd'hui les évêques s'expriment ainsi, mais à l'époque fasciste, ils tenaient un tout autre discours »... Ce sont des propos que l'on pourrait difficilement entendre hors du confessionnal et sûrement pas en chaire. Mais c'est justement pour cette raison qu'ils sont symptomatiques du réel état d'âme d'une partie du clergé et des directions vers lesquelles il engage, plus ou moins ouvertement, les fidèles.

En somme, on a l'impression que le Vatican perd peu à peu le contrôle politique des prêtres, tout comme le contrôle politique des catholiques pratiquants échappe chaque jour un peu plus à la Démocratie chrétienne.

*
**

Naples

— Mon père, j'écris pour un quotidien, et dans certains de mes articles j'ai attaqué l'Eglise pour ses prises de position.

— *En ce qui concerne la foi, le pape est inflexible. Pour le reste il peut commettre des erreurs, il faut être tolérant. Mais de là à écrire contre l'Eglise... Bon, quoi d'autre ?*

— Je voulais savoir si ce que j'ai fait est considéré comme un péché.

— *Eh oui, c'est un péché, un grave même, mais ce n'est pas un péché mortel. Si vous n'avez pas calomnié, ce n'est pas un péché mortel. Quoi d'autre ?*

— Je me suis livrée des actes impurs.

— *Toute seule ?*

— Oui, mon père.

1. En février 1991 le parti communiste italien est devenu le Pds (parti démocrate de la gauche). Ses dissidents ont créé Rifondazione comunista (Remaniement communiste).

— *Etes-vous mariée ?*

— Non, mon père.

— *Eh bien, lorsque ces tentations deviennent impérieuses, vous direz : « Jésus, libérez-moi, aidez-moi. Mon ange gardien, aimez-moi. » Si vous êtes seule, faites quelques signes de croix, et puis, si le soir vous voyez des spectacles excitants, obscènes, changez de chaîne. Et pas de café après dîner, hein ? Du vin, vous buvez du vin ?*

— J'en bois.

— *N'en abusez pas. Vous fumez ?*

— Oui.

— *Mais aussi peu que possible. Car, plus nous nous accordons des plaisirs, plus notre corps se rebelle à l'observance de ces choses-là, enfin, à s'abstenir de certains péchés. Et après, quoi d'autre ?*

— Quelques invectives, mais pour des raisons politiques.

— *Ma foi, les hommes politiques sont des hommes comme tous les autres. Même nous, les prêtres, qui sommes consacrés, nous avons bien souvent des faiblesses. Tout le monde le sait !*

— En effet, mes articles concernaient également ce problème : la façon dont les évêques ont abandonné Segni[1]. Ce n'est pas juste !

— *Ecoutez-moi bien : nous avons toujours fait de la propagande pour la Démocratie chrétienne, car c'est un parti fondé sur l'Evangile. Son programme se base sur le respect des règles de l'Evangile. Trop souvent, les hommes qui composent ce parti ne sont pas honnêtes. Ce ne sont pas de bons catholiques, ce sont des délinquants. Et alors, que devons-nous faire ? Il faut travailler pour le petit nombre qui est resté honnête.*

— Par exemple, Segni. Il faut le soutenir. Au lieu de cela, les évêques l'ont presque excommunié.

— *Ecoutez, la certitude de la perfection matérielle, seul Dieu la connaît, pas nous. Prenons le cas d'Andreotti[2] : il veut être jugé, en même temps il dit qu'il est innocent...*

1. Mario Segni, député. Dissident démocrate-chrétien, il a fondé, en octobre 1992, le Mouvement populaire pour la Réforme, devenu, en 1994, Patto per l'Italia (Pacte pour l'Italie).

2. Giulio Andreotti, membre influent de la Démocratie chrétienne. Depuis 1947 il a été plusieurs fois ministre, cinq fois président du Conseil des ministres. De 1983 à 1989, ministre des Affaires étrangères. Sénateur à vie, il est actuellement suspecté de connivences avec la Mafia, et une instruction est en cours.

— J'insiste : Segni est valable et pourtant on le condamne.

— *Et que peut-on dire ? Dieu voit tout, lui seul connaît la vérité. Sûrement pas les hommes. Nous, lorsque nous voyons quelqu'un qui fait un petit écart sur sa route, nous pensons tout de suite au mal. Et parfois c'est ainsi, même au sujet des prêtres. Si on constate que l'un de nous parle souvent avec une femme : « C'est sa maîtresse ! » Voilà ce que l'on raconte. Bon, pour pénitence : cinq Notre Père à Jésus. Et je t'absous...*

***

Cuneo

— *[...]*

— Je suis très amer, mon père, je regrette d'avoir voté démocrate-chrétien.

— *Mais tu sais, il n'y a pas que la Démocratie chrétienne, c'est tout le système qui est à refaire.*

— Tout de même, un parti catholique...

— *Tu verras, il va se renouveler. Ils en ont l'intention, il va se renouveler complètement, d'ailleurs, tous les partis en ont besoin. Regarde les socialistes, les libéraux...*

— Oui, mais les catholiques, un parti qui se définit comme chrétien devrait...

— *Il y en a qui en ont profité, mais ces gens-là, sont-ils des catholiques ? La Ligue du Nord n'a jamais été au pouvoir... Quant au parti d'extrême droite... Ils sont tous impliqués, pourquoi ? Parce que dans les rangs de la Démocratie chrétienne se sont infiltrées des personnes qui ne sont pas des catholiques. La Dc n'était pas un parti catholique, elle ne l'était pas !*

— Mais on nous a toujours dit de voter pour eux.

— *De bonne foi. De bonne foi, que voulez-vous, c'est tellement compliqué, là il faut être catégorique. Pour ma part, j'ai écrit une lettre à qui de droit, au père Sorge*[1]*, disant qu'il faut dissoudre la Démocratie chrétienne et choisir un secrétaire régional, capable et honnête, voilà ce que je leur ai écrit. On m'a répondu que ce n'est pas facile, qu'il y a des*

1. Jésuite sicilien.

magouilles... En tout cas, je leur ai dit ce que je pensais. Mais cette décision impliquerait que les membres du parti n'aient plus le contrôle...

— Je crois qu'à partir de maintenant, je voterai pour la Ligue, mon père.

— *Attention, la Ligue n'est pas catholique, tu sais ça ?*

— Mais si, ils ont même un conseil catholique...

— *Ne te fais pas d'illusion. Non, non, leur secrétaire, Bossi, l'a dit clairement : « Quant à l'Eglise... nous faisons ce que bon nous semble ! » La Ligue c'est l'Antéchrist. Souviens-toi, c'est l'Antéchrist !*

— Mais la moitié de leurs sympathisants sont catholiques !

— *C'est l'Antéchrist et Bossi est leur chef de file. Attends un peu, la Démocratie chrétienne va changer. Il va y avoir du renouveau. Il faut du temps, certes, mais ça va changer.*

— Mais dans combien de temps, mon père ? Ça fait cinquante ans que ça dure.

— *Mais maintenant...*

— Avant ma naissance, déjà...

— *Ce n'est pas si facile, au début ce n'était pas comme ça, à l'époque de don Sturzo et de De Gasperi*[1]*. Nous avons eu affaire avec les communistes et la Démocratie chétienne a dû composer, car il y avait un réel danger. C'est elle qui nous a sauvés. Et ensuite, elle a été contrainte d'accepter des compromis avec le parti socialiste. Tout ça, parce que le système électoral n'est pas bon. Elle aurait dû créer une république présidentielle, se donner un président capable et honnête. Au lieu de cela, ils ont été obligés de marchander, regarde un peu le nombre de gouvernements qu'il y a eu ! Tout ça uniquement par dépit. Exactement. Maintenant, c'est pareil, avec Occhetto*[2] *qui veut les*

1. Don Luigi Sturzo (1871-1959), prêtre et homme politique. Il fonda en 1919 le parti populaire italien (précurseur de la Démocratie chrétienne), dont il dirigea l'aile gauche, hostile au fascisme.

Alcide De Gasperi (1881-1954), président du parti populaire (1919), fut emprisonné par le gouvernement fasciste de 1926 à 1930. A la Libération, il reprit ses activités politiques en tant que leader de la Démocratie chrétienne, et chef du gouvernement de 1945 à 1953.

2. Achille Occhetto, député. D'abord secrétaire du parti communiste italien, ensuite du parti démocrate de la gauche (Pds), il a démissionné de son mandat après les élections européennes, en juin 1994.

élections à deux tours, il veut une chose et... mais c'est du blablabla, ils sont tous les mêmes, ils ne cherchent pas vraiment à faire le bien.

— Mais alors, à qui s'adresser ?

— *Maintenant, nous allons avoir une autre Démocratie chétienne, avec des gens nouveaux, avec les Martinazzoli, Jervolino, Rosi Bindi*[1] *et tant d'autres, n'est-ce pas ? Enfin...*

— Peut-on leur faire confiance ?

— *Oui, on peut, mais il ne faut pas s'allier aux communistes. Segni n'est pas sur la bonne route. En revanche, Martinazzoli est bien... Et il y en a d'autres qui sont honnêtes, bien sûr. En tout cas, la Ligue c'est l'Antéchrist. Bossi, c'est l'Antéchrist.*

— C'est un péché que de voter pour la Ligue ?

— *Ce n'est pas ce que ferait un bon chrétien. Bossi l'a dit très clairement : « Personne ne nous dira ce que nous avons à faire, pas même Dieu. » Avortement ou pas, ils s'en foutent !*

— Mais alors, le seul parti qui a toujours défendu les valeurs chrétiennes et qui n'est pas impliqué dans toutes ces affaires... c'est le Mouvement social[2].

— *Il ne faut pas non plus voter pour eux.*

— Ils ont toujours été contre l'avortement, contre...

— *Ce sont des opportunistes. Le Mouvement social n'est pas du tout... non, c'est de l'opportunisme. La seule valable reste la Démocratie chétienne, que veux-tu, il faut être patient. Ils ont fait beaucoup d'erreurs, mais ils ont combattu l'avortement et le divorce. Malgré tous leurs défauts, ce sont les seuls, les seuls... ! Par conséquent, il faut voter Démocratie chrétienne. Maintenant il est nécessaire d'éliminer tous ces gens qui ne pensent qu'à leurs propres intérêts, qui ne sont pas de vrais catholiques. Mais alors, pas du tout. Ce sont des hypocrites. Penses-tu, s'ils avaient été des catholiques, ils n'auraient pas agi comme ils l'ont fait. Andreotti, par exemple, c'est une victime, une victime.*

1. Mino Martinazzoli : dernier secrétaire de la Démocratie chrétienne qui est devenue, début 1994, le parti populaire italien.

Rosa Russo Jervolino : ex-ministre de l'Education nationale. Actuellement, président du parti populaire. Rosi Bindi : leader de l'aile gauche de la Démocratie chrétienne et ensuite du parti populaire.

2. Msi (Mouvement social italien) issu du parti fasciste, dont le secrétaire est Gianfranco Fini. Le Msi s'est présenté aux dernières élections sous le nom d'Alleanza Nazionale. Il est une des composantes du gouvernement que forma Silvio Berlusconi.

— Vous croyez ?

— *Calomnies, odieuses calomnies ! Il n'a peut-être pas su être à la hauteur, mais enfin... Le procès qu'il va subir sera très difficile pour lui, il aura du mal à s'en sortir parce qu'il a sur le dos tous ces repentis, des délinquants qui ont dit des choses inimaginables. Oser prétendre qu'il a embrassé Riina*[1] *mais c'est horrible !*

— Pourtant, son amitié avec Lima...[2]

— *Bon, c'est à voir...*

— La protection de Carnevale...[3]

— *Non, écoute, j'ai lu quelque chose au sujet de Carnevale. C'est un homme sérieux, il a déclaré : « On peut croire une, deux, trois fois à ce que dit un repenti, mais le croire systématiquement, c'est répugnant. » Et il a raison. C'est pour ça qu'ils ont dit... en tout cas, il va y avoir un procès... C'est une machination... Il faut prier. Prie.*

— [...]

***

Foggia

— *Depuis quand vous ne vous êtes pas confessé ?*

— Depuis très longtemps, mon père. Peut-être deux ans.

— *Pourquoi venez-vous aujourd'hui ?*

— Je suis de passage ici, c'est plus facile. J'ai vu le dôme et... Voyez-vous, je suis communiste...

— *Communiste ? C'est vrai ?*

— ... et je me suis toujours senti repoussé par l'Eglise. Donc, tout en étant croyant, je ne suis pas pratiquant.

— *Le communiste est un sans-Dieu, non ?*

1. Salvatore Riina (dit « Toto »), chef de la « Cupola », instance dirigeante de la Mafia. Actuellement incarcéré.

2. Salvo Lima, chef du courant « andreottien » en Sicile. Tué le 12 mars 1992 par la Mafia. Il a toujours été suspecté d'entretenir des rapports avec la Mafia pour le compte de Giulio Andreotti.

3. Corrado Carnevale, magistrat. Président d'une section pénale de la cour de cassation. Connu pour casser les jugements qui condamnaient les membres de la Mafia. Actuellement incriminé.

— Mais moi j'y crois. Je suis communiste et je crois en Dieu.

— *L'un et l'autre ne vont pas bien ensemble. Vous voyez bien ce qu'a donné la chute du communisme !*

— Oui, en effet, mais je pense que ce sont les hommes qui ont failli et que l'idée est juste. Moi aussi j'ai eu des doutes quand j'ai vu ce qui s'est passé. Quand le parti communiste a changé de nom, je l'ai quitté pour rejoindre Rifondazione comunista.

— *... Le contact avec ces hommes qui ne croient pas en Dieu peut être néfaste, il y a le risque de se laisser convaincre. Je n'y vois aucun avantage.*

— Désormais, il y a une liberté totale à ce sujet.

— *Oui, mais c'est le fait d'adhérer à un parti qui n'a pas de Dieu, vous comprenez ? C'est ça le problème.*

— Et alors, je suis dans le péché ?

— *Péché... De toute façon ce n'est pas une bonne chose. Mais pourquoi êtes-vous tous si convaincus que le communisme pourrait résoudre... ? Vous voyez bien ce qui s'est passé... pour quelle raison faut-il adhérer à un parti qui a eu une fin si misérable ?*

— Pour un idéal de justice humaine, pour la défense des travailleurs, des...

— *Je dirais plutôt de laisser tomber tous les partis, pour l'instant, en espérant qu'il y en ait un nouveau...*

— Lequel ?

— *En ce moment, il y a du mouvement un peu partout, attendons de voir ce qui va se passer, nous pourrions peut-être adhérer à un parti qui croit en Dieu et qui a vraiment l'intention de changer...*

— Vous parlez de la Démocratie chétienne ? Mais vous avez vu ce qu'ils ont fait ?

— *Je ne vous ai pas dit d'adhérer à la Démocratie chrétienne, j'ai dit que pour l'instant il faut s'éloigner de tous les partis et voir un peu comment ça se passe.*

— Oui, mais que dire de l'appui que la Démocratie chrétienne a reçu du Vatican pendant cinquante ans ? Ce n'était pas exactement un parti honnête et il ne s'occupait pas des plus démunis. C'est ça qui m'a...

— *La Démocratie chrétienne s'est trompée.*

— Elle s'est trompée pendant longtemps avec l'appui du Vatican, voilà ce qui m'a éloigné...

— *L'Eglise y croyait. Elle a cru bien faire. Le parti des catholiques est devenu ce qu'il est devenu.*

— Alors, l'Eglise aussi s'est trompée.

— *Mais l'Eglise y croyait, ce n'est pas vrai de dire qu'elle l'appuyait. Si elle l'avait su à l'avance, elle aurait réagi. Y a-t-il autre chose ?*

— Je ne me souviens pas.

— *Des critiques ?*

— Oui, des méchancetés.

— *Tu te repens ?*

— Oui.

— *Demande pardon au Seigneur de tout ton cœur pour les péchés passés et présents. Pour pénitence, tu diras un Notre Père et deux Ave Maria. Je t'absous... Souhaitons que cette confession soit pour toi un nouveau départ. Je te conseille d'aller à la messe tous les dimanches et de te confesser au moins une fois pas mois. Au revoir.*

⁂

Cosenza

— *[...]*

— Mais vous voyez bien le scandale qu'il y a eu à cause de l'appui à la Démocratie chrétienne, et cela dure depuis un demi-siècle.

— *Ce n'est pas de notre faute, car nous l'avions déjà dit auparavant. C'est que, probablement, quelqu'un y trouvait son compte.*

— Et qui, mon père ?

— *Beaucoup de gens. Nous l'avons toujours dit. J'ai beaucoup lutté pour faire adopter une loi comme quoi, après deux législatures, tout le monde partirait, mais ils ont tous ri. Maintenant c'est moi qui ris. Parfaitement. Je ne devrais pas rire, mais je ris. Pourquoi n'ont-ils pas approuvé cette loi? Parce que personne n'y trouvait son compte. Personne. Ni les démocrates-chrétiens, ni les communistes, personne. Pourquoi n'approuvent-ils pas cette loi ? Deux législatures et on rentre chez soi ! « Mais ils ont besoin de moi... » T'inquiète pas, ils n'ont pas besoin de toi, c'est toi qui a besoin d'eux, ils n'ont que faire de toi !*

— Oui, mais j'aurais aimé que le Vatican désavoue la Dc avant le scandale. C'est même incroyable qu'il ne le fasse pas maintenant...

— *Ça, il ne peut pas le faire. Ça dépend des directives. Mais c'était prévu depuis trois ans, cinq même. Nous savions que tout finirait ainsi. Nous l'avions dit, mais ils ne nous ont pas écoutés. Vous connaissez bien le dicton : « Tout le monde obéit à l'argent », n'est-ce pas ? Ce n'est pas nous qui l'avons inventé, ça remonte aux Romains, aux Grecs. L'homme est ainsi. Et alors, on s'arrange, celui qui comprend, devrait... Le peuple n'a pas le droit de dire : « Ah, ce sont tous des voleurs ! » Sinon, pourquoi vote-t-il pour eux ?*

— A chaque fois qu'il fallait voter, mon curé disait...

— *« Votez comme ça » ?*

— Oui.

— *C'est très mauvais. Nous le savions déjà depuis dix ans au moins que ça n'allait pas.*

— Mais alors, que pouvons-nous faire ?

— *Voilà ce que nous pouvons faire : « Messieurs les corrom...allez-vous-en, nous voulons un christianisme sérieux. Et ceux qui recommencent : oust ! Même s'il s'agit de personnes très haut placées, oust ! Commencez par approuver les lois : après deux législatures, à la maison ! Et vous verrez que l'Italie se portera mieux. Il y aura toujours des défauts, évidemment nous ne pourrons pas être toujours parfaits, mais vous verrez que ce sera moins pollué. Moins pollué. Oui, parce que si on sait déjà à l'avance... et puis, la législature ne doit durer que quatre ans, non cinq ! Et si on ne peut pas rester plus de huit ans, on est bien obligé d'être plus sérieux.*

— C'est pareil. Ils vont voler davantage et plus vite.

— *Non, ils n'auront pas le temps. Non, non, ils ne peuvent pas, surtout s'il y a des contrôles, comme dans d'autres pays. Même aux Etats-Unis ils volent, mais moins, il y a un contrôle terrible. L'étau se resserre.*

— Je parle souvent de tout ça avec des non-croyants et on me dit toujours que là-bas, ils sont plus honnêtes parce qu'ils sont protestants.

— *Non, non, ils sont plus honnêtes parce que les lois sont plus rigides.*

— Justement, cela dépendrait du protestantisme qui est plus rigoureux.

— *Non, ce n'est pas vrai, cela vient de... non, c'est l'homme qui est ainsi fait. Nous devrions donner l'exemple. Maintenant, ils font des enquêtes, mais quand fera-t-on les procès ? Ils devraient avoir lieu tout de suite. Si on laisse passer le temps, j'ai bien peur que personne ne sera... et tout redeviendra comme avant. Eh ! il faut des lois beaucoup plus sévères ! Pourquoi voit-on toujours les mêmes visages à la Chambre des députés ? La Démocratie chrétienne des débuts, celle des De Gasperi et compagnie, était bien différente, hein ? Eux, ils étaient vraiment sérieux. Ceux que nous avons maintenant... c'est tout autre chose, ils ont eu tellement d'argent entre les mains, qu'ils pensent d'abord à leurs propres intérêts, avant de s'occuper du peuple.*

— Je persiste à croire qu'il y a une responsabilité ecclésiastique.

— *Non, tous sont responsables, tous ! Mais ceux qui ont géré le pouvoir le sont davantage.*

— Quand je pense à tout ce que l'Ior [1] a pu tirer de son amitié avec Andreotti...

— *Mais que viennent faire ceux... Ce sont des faits qu'il faut tirer au clair, il faudrait voir ce qui s'est réellement passé, à quel niveau et pourquoi, enfin, il faut tout envisager, point par point.*

— Vous avez vu que les évêques ont applaudi Andreotti, à l'église ? C'est vraiment...

— *Mais ils ne l'ont pas applaudi, il l'ont... Eh oui ! il dit qu'il est innocent, que ce sont des calomnies. Nous verrons bien. Quand il y aura le procès, on verra s'il est innocent. C'est pour cela qu'il faut être très honnête. Tout ceci arrive que parce qu'il y a des gens qui siègent à la Chambre des députés depuis 1946. C'est vrai ou pas ? Je ne comprends pas pourquoi ils ne veulent pas approuver cette loi.*

— [...]

***

La Spezia

— *[...]*

— Ne pensez-vous pas que l'appui à la Démocratie chrétienne est une forme de violence envers notre pays ?

— *Ah ! C'est une tromperie, non une forme de violence ! Quand on pense que ces gens auraient pu avoir pour eux l'Evangile — en tant que*

1. Ior : Istituto Opere di Religione (Institut des Œuvres de Religion), la banque du Vatican.

croyants du moins, car c'est ainsi qu'ils se proclamaient — et qu'en fait ils l'ont jeté aux orties, c'est terrible ! Nous éprouvons une grande déception. Mais là où il y a eu des connivences, il y a également eu le partage de très graves responsabilités. Je souhaite que ce ne soit pas ainsi.

— Bof ! il est difficile de croire qu'au Vatican, en haut lieu, on n'ait pas été au courant de ce qui se passait.

— *C'est possible, je ne sais pas, c'est possible, je ne veux pas trop m'avancer, je dis seulement que moi, je n'étais pas au courant, voilà.*

— C'est évident, moi non plus, je ne le savais pas, mais probablement le secrétaire d'Etat ou Ruini[1], si. C'est décourageant pour un chrétien. Je ne me sens pas assez protégé par cette Eglise ; il me semble qu'elle n'en fait pas assez, ou alors, ce qu'elle fait, elle le fait mal. D'un côté, on laisse trop de liberté aux croyants, mais de l'autre, ce qui se fait, est fait avec les instruments usés et corrompus des vieux roublards.

— *Tu sais, il faut surtout penser à la partie vivante de l'Eglise, la véritable Eglise qui vit dans les paroisses et qui se construit avec l'engagement des fidèles et des mouvements ecclésiaux, avec leurs qualités et leurs défauts. Pense à la Caritas*[2]*, à l'esprit missionnaire... Il est vrai qu'on a plutôt tendance à voir l'Eglise en tant qu'institution et, par conséquent, à la juger pour ses liens avec les milieux politiques, pour ses connivences, etc. Mais regardons d'abord cette Eglise plus vivante, animée en permanence par le Saint-Esprit, indissolublement liée à l'autre et qui représente la partie charismatique et prophétique de l'Eglise, une perpétuelle purification, même de la pesanteur provenant de l'institution. L'Eglise, c'est également l'histoire du Christ, une caravane composée de pécheurs. Nous devons faire partie de cette caravane et l'aimer vraiment, car là se trouve le Dieu vivant, ressuscité : Jésus-Christ. De même que nous devons tout faire pour qu'il y ait de moins en moins de pécheurs et de plus en plus de saints. Ça c'est notre but. Trop souvent on voit l'Eglise comme une sorte de parti manipulateur, avec Dieu d'un côté et les fidèles de l'autre ; il faut se débarrasser de cette image.*

1. Mgr. Camillo Ruini, cardinal vicaire de Rome, secrétaire de la Cei (Conférence épiscopale italienne).
2. Organisation humanitaire de l'Eglise.

— Toutefois, il n'est pas facile de séparer les deux choses.

— *Il ne faut même pas les séparer. Dans la mesure où nous sommes sincères et libres, nous n'avons aucun mal à nous laisser guider par la charité, tout le reste ne compte pas. Dans l'Eglise aussi, il y a des personnes nouvelles qui viennent remplacer celles qui étaient là depuis longtemps, et c'est pareil pour les institutions. Ce qui rend l'Eglise vivante et attrayante, c'est la présence de l'Esprit, cet Esprit qui peut nous guider très loin, si seulement nous prenons la peine de l'écouter.*

— Cet Esprit guidait-il Andreotti qui a l'habitude de se confesser tous les matins ?

— *Ça, je ne sais pas. Certes, c'est une grosse affaire qui a éclatée. Non, je ne sais pas où il le guidait.*

— Lui, c'est un chef laïque de cette caravane.

— *Personne ne lui a jamais donné des directives en ce sens. Tout ça est bien triste. Autre chose ?*

— [...]

***

Trente

— Je ne suis pas allé à la messe dimanche dernier. Je ne m'entends pas très bien avec le curé, il fait beaucoup de politique et moi aussi. Je vis dans un petit village, près de Milan, où j'étais adjoint au maire. Bientôt il va y avoir les élections ; j'ai quitté la Démocratie chrétienne pour m'inscrire sur la liste unique de la Rete[1] et du Pds, contre la Ligue, mais surtout parce que je n'en peux plus de cette Démocratie chrétienne. Mon curé ne va pas jusqu'à dire que c'est un péché, mais presque. Ainsi les confessions se transforment toujours en débats politiques...

— *Eh oui ! bien que maintenant ce soit très difficile, chacun ayant ses opinions bien arrêtées, il ne faudrait pas oublier que le concile Vatican II a dit très clairement que la conscience de chacun doit être libre. Un prêtre ne devrait donc pas influencer la conscience d'un chrétien, car autrement on perdrait ce don merveilleux et unique que le Seigneur*

1. La Rete, mouvement anti-Mafia, fondé en 1991 par Leoluca Orlando, maire de Palerme, ex-démocrate-chrétien.

nous a donné : la liberté. Même si parfois elle nous prédispose au péché, il ne faut pas oublier que la liberté fait de nous des êtres dignes et capables de conquérir le bien. Si nous n'avions pas cette liberté... Par conséquent, la conscience de chacun doit être respectée.

— Toutefois, mon père, la Cei[1] n'a de cesse de prôner l'unité des catholiques, c'est ce qu'on n'arrête pas de me répéter. Mais jamais on ne me dit, comme vous êtes en train de le faire, que nous sommes libres. On nous rabâche sans cesse que nous devons rester unis. Malheureusement, je ne crois pas que ce soit encore possible d'être unis autour de ce parti pourri...

— *Il est évident que chacun doit choisir sur la base de ce que l'Esprit lui suggère car, s'il est vrai que l'Eglise agit pour le compte du Saint-Esprit et que le pape demeure son seul représentant infaillible, il est tout aussi vrai qu'un évêque, ou un prêtre, sont facilement amenés à donner leur opinion personnelle. Aujourd'hui, les évêques s'expriment ainsi, mais il faut se rappeler que pendant le fascisme ils tenaient un tout autre discours. Personne ne nous oblige à voir l'action de l'Esprit à travers la parole d'un évêque ou des évêques réunis. Pourquoi ? Parce qu'ils font partie, comme tout le monde, du contexte historique dans lequel ils vivent. Nous devons être à l'écoute de la parole de Dieu et agir selon notre conscience, indépendamment de ce que les autres peuvent dire. Vous savez, nous devons faire confiance à l'action de l'Esprit qui nous habite. Soyez donc tranquille et agissez selon votre concience, c'est sur ça que vous serez jugé, non sur ce que les évêques auront pu dire.*

— Je suis d'accord avec vous, et je crois que maintenant les ex-communistes ne sont plus les ennemis d'autrefois. Ils essaient simplement d'être guidés quelque part, les pauvres, nous faisons peut-être une œuvre charitable en étant avec eux.

— *Il y a en vous cet élan à réaliser cette communion et cet amour, même du point de vue politique, et apporter de l'espoir aux personnes avec qui vous êtes amené à vivre. Ça c'est votre voie, votre choix. C'est ce que vous inspire le Saint-Esprit. Et ce serait presque aller à l'encontre de votre concience que d'agir autrement. Remettez-vous donc à l'action de l'Esprit, que nous allons célébrer demain pour la Pentecôte, pour qu'il nous éclaire tous. Voilà pourquoi nous rencontrons des évêques capables de donner leur vie pour le peuple, pour les valeurs de la justice*

1. Conférence épiscopale italienne.

et les grandes valeurs sociales, et d'autres qui se replient sur eux-mêmes. Nous devons essayer de prier aussi pour eux et de vivre avec eux. Pour pénitence, vous pourrez dire trois fois l'Ave Maria... Je vous conseille également de changer de paroisse, si possible...

— Malheureusement il n'y en a qu'une.

— *Mais si à chaque fois c'est comme ça, cela risque de devenir pesant pour vous... L'idéal serait d'aller à la messe dans un autre village, vous ne croyez pas ?*

— Oui, je vais essayer de le faire.

— *Courage ! Trois Ave Maria à la Vierge, pour pénitence. Repentez-vous pour tous vos péchés. Je t'absous...*

***

Palerme

— *[...]*

— Vous savez, il nous est arrivé une chose désagréable : nous avons été obligés d'acheter une robe très chère, imposée par le curé, pour la première communion de notre fille. Et puis, mon mari et moi, nous n'apprécions pas du tout que la Cei ait encore le courage de soutenir la Dc...

— *Ah ! Ah ! Ah !* [il rit franchement]

— Enfin, dernièrement... ! Pour l'amour de Dieu, comprenez-moi bien, ce n'est pas la foi qui est mise en cause...

— *Bien sûr, je comprends... Pour ce qui est de la première communion de votre fille, vous n'êtes pas tenue de suivre strictement la tradition pastorale. Moi, j'ai fait faire sa première communion à ma nièce en été, avec un groupe d'amis, dans un village de montagne et sans aucun formalisme, parce qu'elle en avait marre du milieu catéchistique. C'était devenu tellement écœurant que nous l'avons éloignée, sans demander la permission à personne. Quant au reste, que voulez-vous que je vous dise, madame ? Les appels des évêques sont devenus ridicules désormais. Il faut prêcher la liberté de foi et comprendre que pour ce qui est des choses humaines, chacun a le droit d'avoir des opinions différentes. Si la tradition vous impose de suivre l'opinion du prêtre, libérez-vous de cette chape de plomb.*

— Quand j'avoue mon éloignement de l'Eglise, lors d'une confession, on me répond que je suis arrogante.

— *Si on vous dit cela, changez de confesseur. Je vous souhaite une liberté d'âme et d'esprit suffisante pour ne pas vous laisser impressionner. Nous avons besoin de mûrir.*

— [...]

⁂

Modène

[Cette confession a eu lieu le lendemain du refus de l'autorisation d'engager des poursuites contre Craxi, voté par la Chambre des députés.] [1]

— *Depuis combien de temps tu ne t'es pas confessée ?*

— Depuis une semaine.

— *As-tu été sage ?*

— Non, mon père.

— *Qu'est-il arrivé ?*

— Je me suis laissé prendre par la colère : j'ai dit des blasphèmes ! Contre tout le monde, mon père.

— *Pourquoi ? Qu'est-ce qui s'est passé ?*

— Je milite dans la Dc. Je lui faisais encore confiance, malgré tout. Mais après ce qui s'est passé hier à la Chambre des députés... Ça suffit ! Je quitte ce parti et j'adhère à la Ligue !

— *Il faut quitter tous les partis ! Nous devons toujours agir selon la conscience chrétienne. Soyons forts ! La Dc a creusé sa propre tombe en acceptant l'avortement et le divorce. Andreotti le premier ! La Dc doit disparaître. On ne peut pas tromper les gens !*

— Vous comprenez donc la rage que j'éprouve !

— *Oui, oui, très bien... Ça t'a échappé. Tu n'avais pas l'intention d'offenser le Seigneur. Mais il faut se contrôler, tu sais ?*

— Mais, mon père, quand je vois tous ces gens sans travail qui sont obligés de demander l'aumône par la faute de ces, de ces...

1. Bettino Craxi, ex-secrétaire du parti socialiste italien, Président du Conseil des ministres de 1983 à 1987. Actuellement en fuite à Hammamet (Tunisie). Plusieurs fois incriminé dans des affaires de pots-de-vin. Il a été condamné en première instance.

— *... ordures...*

— ... de ces salauds... Pardonnez-moi, mon père !

— *Salauds, salauds... Tu peux bien les appeler ainsi, ils le méritent. Oui, ils le méritent !*

— Toutefois, je n'ai pas l'intention d'abandonner, mon père. Je veux continuer à militer, j'irai dans la Ligue.

— *Continuez, continuez tous, si vous estimez que c'est la chose à faire... C'est une forme de protestation, espérons que cela serve à quelque chose.*

— Qu'en pensez-vous ? On peut lui faire confiance ?

— *Il faudrait tout d'abord pouvoir étudier son programme, n'est-ce pas ? Si la Ligue affichait clairement son programme, elle aurait probablement quelques voix de plus ! Mais s'il n'y en a aucun... comment leur faire confiance ? Ce n'est qu'un mouvement de protestation. Toute la question est là, tu sais ? Ils seront bien obligés de sortir quelque chose ! Mais comme ça, qu'est-ce que tu veux dire ? Ils créent un parti ? Très bien. Quel est leur programme ? Ils n'en ont pas ? Qu'ils débarrassent le plancher !*

— Je sais qu'ils ont un très sérieux conseil catholique.

— *Espérons que cela serve à quelque chose ! La Dc aussi en avait... mais tu vois ce qui est arrivé ? Eh oui ! l'argent, l'argent ! Qu'est-ce qu'on ne ferait pas pour l'argent !*

— Mais pourquoi l'Eglise n'intervient pas ? Après tout, elle a toujours soutenu la Démocratie chrétienne.

— *L'Eglise a toujours protesté contre ces systèmes. Toujours ! Ils n'écoutent pas ! Regarde l'appel du pape aux Nations Unies... ! « Allez là-bas, ou ils vont tous les tuer ! »*[1] *Mais ils ne bougent pas. Ils attendent que tous soient morts, et après ils bougent. C'est inutile.*

— Oui, mais il y a deux jours seulement, Andreotti a été applaudi par les évêques, pendant la messe, à cause de son intervention en faveur de l'Ior !

— *S'ils l'ont applaudi pour ça, ils ont mal fait ! Ils ont mal fait ! Lorsque quelqu'un est passible d'un procès, on laisse la justice suivre son cours. Bien que toute personne soit innocente avant que sa culpabilité n'ait été prouvée. Attendons de voir le résultat du procès.*

— Oui, mais qu'on laisse le juge mener son enquête.

1. Fait-il allusion à une éventuelle intervention en ex-Yougoslavie ?

— *Bien entendu !*

— Oui, oui, mais si on lui met des bâtons dans les roues... Regardez un peu ce qu'ils ont fait hier, avec Craxi...

— *C'est dégueulasse !*

— Oui, et pendant ce temps le pays court à sa perte !

— *Soyons optimistes ! L'Italie s'est toujours sortie de toutes les bourrasques.*

— De quelle manière ? A quel prix, hein ?

— *Eh, attendons de voir ! Il y aura bien quelqu'un.*

— Ce mois-ci il faut remplir la déclaration d'impôts. Ah mais ! je n'ai pas l'intention de payer mes impôts. Je ne veux plus rien leur donner à ces gens : plus de redevance, plus de Isi [1], etc. etc.

— *Il ne faut pas non plus exagérer dans l'autre sens. Je sais qu'il y a des voleurs partout, qui empochent des milliards. Et nous, nous entretenions ces voleurs... !*

— Que dites-vous de Scalfaro ? [2] Avec ses prières à la Vierge d'un côté, l'Action catholique de l'autre... il n'est même pas fichu de dissoudre le Parlement. Mais au nom de quoi s'adresse-t-il à la Vierge ?

— *Il faut s'en tenir à la Constitution. Il est obligé de se conformer à la Constitution italienne. Il y a des règles à respecter.*

— Mais dans des cas précis, le Président peut dissoudre le Parlement. Il n'y a qu'à lire la Constitution...

— *Je ne sais pas ! Peut-être que... je l'ai pourtant lue, mais je n'y comprends pas grand-chose. Elle est écrite de telle manière qu'il faut des avocats pour la comprendre. Mais s'il ne l'a pas fait, c'est qu'il a ses raisons !*

— Oui, je crois bien qu'il veut protéger ses amis...

— *Ah ! Ça, je ne sais pas. Mais maintenant, demandez pardon au Seigneur pour tout ce que vous avez pu faire de mal. Et essayez d'être optimiste. Pendant le mois de mai confiez-vous à la Vierge qui nous a aidés et continuera de le faire.*

— Oui, bien sûr, je vais prier ; mais je ne paye pas un sou d'impôts !

1. Isi : Imposta comune sugli immobili (taxe sur l'immobilier, équivalent de nos impôts locaux).

2. Oscar Luigi Scalfaro, depuis 1992, président de la République italienne.

— Faites attention à ne pas vous mettre hors la loi. Il faut être sérieux avec ces choses-là.

— Ah mais ! je ne suis pas la seule, vous savez ? Et il y a même des gens qui ne peuvent vraiment pas payer.

— Si on ne peut pas payer on le fait savoir à qui de droit, mais on ne peut tout de même pas aller contre la loi, d'accord ? Avant de sortir, dites trois Ave Maria à la Vierge de Fatima, elle a libéré la Russie. Qu'elle nous libère, nous aussi ! Je t'absous...

⁂

Grosseto

— [...]

— Je ne vais pas vous raconter la situation politique de mon village, mais cette crise est en train de nous faire perdre le pouvoir que nous avions jusqu'ici. Je croyais défendre une idée de vie chrétienne, plus que la Dc. Mais j'ai des doutes énormes, je ne veux plus rester dans un parti impliqué avec la Mafia et la Camorra et où il y a des abus à tous les niveaux. Absolument, je ne veux plus. Elle ne représente même plus l'idée du christianisme. Je ne sais plus quoi faire. Mon directeur de conscience n'est pas d'accord ; il dit que les hommes peuvent se tromper, mais que nous n'avons que ça et que ce qui compte c'est la défense de la tradition de la foi. Même là, je ne sais pas quoi faire.

— Je vais vous dire ce que je pense. Je crois qu'actuellement la Démocratie chrétienne n'a plus de chrétien que le nom.

— C'est exactement mon opinion.

— Par conséquent, elle n'est plus le garant des valeurs du christianisme, et n'a pas le droit de s'attribuer les voix des catholiques ou du monde catholique en général. Ça c'est mon idée personnelle.

— Oui, mais le message de l'Eglise est différent, jusqu'à présent les évêques nous ont dit : « Soyons unis autour de ce parti ».

— Ça c'est le problème. Il y a, malheureusement, cette attitude de la part de la hiérarchie ecclésiastique qui ne parle pas ouvertement de la Démocratie chrétienne. Mais en appelant les catholiques à se réunir autour d'un parti qu'elle ne nomme pas explicitement, il est évident qu'elle fait référence à ce parti-là et pas à un autre. En revanche, il y a un autre discours, qui vient de la base et auquel j'ai le sentiment

d'appartenir, qui se veut plus objectif. Par exemple, il n'est écrit nulle part qu'un catholique doit nécessairement adhérer à la Dc ou voter pour elle. La liberté de conscience en ce domaine est très très grande, on a tout à fait le droit de voter pour qui on veut. Mais ça, je le répète, c'est un discours qui vient de la base, ce qui se dit en haut lieu, en revanche…

— Je ne suis donc pas contre l'Eglise ?

— *Absolument pas.*

— Moi aussi, je vois les choses de la même manière. Si j'ai voulu avoir l'avis d'un autre prêtre, c'est parce que mon confesseur a plutôt tendance à me dire : « Continue ainsi, tu es quelqu'un de bien, tu es responsable en politique, on ne sait pas si celui qui va te remplacer… » Mais ça devient pénible.

— *Je m'en rends compte.*

— Vous savez, mon père, je parle d'honnêteté et de transparence, alors que je ne paye pas mes impôts, par égoïsme et parce que j'ai une famille.

— *Je vois. Mais c'est lié à un choix de vie. J'ai pu constater que souvent, même les prêtres cèdent aux compromis. C'est beaucoup plus simple et plus facile, tout en ne faisant rien de mal, au contraire, on peut même faire du bien, il n'empêche qu'au départ il s'agit bien de compromis.*

— Que signifie pour un prêtre faire des compromis ?

— *Oh! ça alors… Par exemple, se référer en permanence à l'Evangile, mais ne pas le vivre au jour le jour, c'est-à-dire ne pas vivre la pauvreté, l'obéissance et la chasteté.*

— Ah ! Ne parlez pas de ça ! Il y a de ces histoires qui circulent chez moi… Des histoires de prêtres que tout le monde rapporte désormais comme si c'était une chose normale. Ça n'étonne plus personne. Ce n'est pas un bon exemple. Mais là, il ne s'agit pas de compromis.

— *Oui, dans ce cas vous avez sans doute raison. Mais pour ce qui est de la pauvreté, nous sommes appelés à vivre pauvrement, je ne parle pas d'une pauvreté héroïque, sur le modèle de saint François d'Assise, mais quand même. En revanche, il y a des prêtres qui ne vivent absolument pas cette dimension, et qui cherchent tous les prétextes possibles pour justifier, par exemple, l'achat d'une voiture qui vaut vingt-cinq millions de lires « mais qui est utile », car un prêtre doit pouvoir de se déplacer en voiture. Je veux bien, je ne dis pas non plus qu'avec une voiture comme ça on fait de choses immorales, ça non, c'est pour aller visiter les malades. Mais je trouve qu'un véhicule utilitaire ferait tout aussi bien l'affaire. Et il y aurait d'autres exemples... Je comprends que pour les laïcs ce soit plus compliqué, on choisit toujours ce qui est facile et qui donne un avantage immédiat par rapport à ce qui serait plus cohérent avec la foi et même avec sa propre vie. Mais chacun devrait savoir choisir. Trop souvent nous optons pour la voie la plus large parce que l'autre est plus contraignante. Voilà ce que je peux vous dire à ce sujet : nous sommes appelés à prendre la voie la plus étroite... Je ne connais pas le milieu politique, mais je sais, parce qu'il y a des personnes qui l'ont fait, qu'on peut faire de la politique proprement.*

— Mais on risque de perdre.

— *Oui, ça c'est vrai.*

— Si tout le monde est malhonnête, celui qui veut rester propre est perdant. Et puis, c'est une spirale qu'on ne peut pas arrêter, car ça va de plus en plus loin. Espérons que maintenant avec cette... je compte sur la Ligue pour qu'elle fasse table rase et pour qu'on puisse enfin recommencer depuis le début.

— *Oui, bon... il faut, au moins, se poser ce genre de questions, comme vous semblez le faire... L'Eglise s'efforce aussi d'être plus près de la réalité et de lier un peu plus son propre destin à celui du monde. Au fond, elle est bien là pour être au service de l'humanité tout entière, par conséquent...*

— Vous pensez que, même en haut lieu, et pas seulement chez les simples prêtres, les choses sont en train de changer ?

— *Oui, je le pense. Sous certains aspects nous sommes encore très rigides, pour tout ce qui touche à la morale, par exemple, mais dans d'autres domaines nous avons avancé à pas de géant. L'Eglise s'interroge, c'est indéniable. Il y a eu un peu de rigorisme, il y a quelques années de ça, dû peut-être à certaines accusations dont, non seulement le pape, mais toute la hiérarchie, ont fait l'objet. En réponse à cela, l'Eglise s'est un peu figée, mais sur des sujets précis, non sur tout. Toutefois, un débat est en cours.*

— Je ne sais pas quoi penser du fait qu'on condamne l'utilisation du préservatif, avec les maladies qui circulent. Franchement, pourquoi ne pas accepter qu'il soit utilisé, non pour empêcher la procréation, mais pour se défendre du sida ? Mais sur ça le pape...

— *C'est un des aspects que je viens d'évoquer. Pour ne pas parler de l'avortement, après la* [incompréhensible : Bosnie ?]. *Ça doit dépendre des origines culturelles du souverain pontife ; il vient d'un pays un peu spécial, très lié à la tradition. Mais probablement les théologiens... disons qu'il y a beaucoup de monde qui réfléchit et qui en débat. A coup sûr, donc, dans quelques années on arrivera à des compromis, non sur l'essentiel, car tout ce qui est dépositaire de la foi reste immuable, mais des problèmes spécifiques, d'ordre moral ou autres, étrangers à la foi, pourront être discutés et modifiés. C'est comme une ville en mouvement.*

— [...]

⁂

Sexualité

D'après une enquête française qui date de 1966, 83 % des péchés confessés sont d'ordre sexuel[1]. Cela n'a rien d'étonnant, si l'on songe que c'est dans ce domaine que l'Eglise mène son combat le plus virulent depuis deux mille ans. C'est donc sans surprise que l'on constate, au sujet du sexe, que les prêtres font preuve de détermination, avec des réponses promptes et teintées parfois d'une curiosité morbide.

Toutefois, c'est là que les différences régionales sont les plus sensibles. Contrairement aux autres sujets, où resurgissait l'uniformité de l'éducation reçue dans les séminaires, ici l'influence des origines diverses est plus évidente. Les confesseurs méridionaux sont davantage imprégnés d'une culture marquée par la « possession » de la femme et par la virginité, non seulement en tant que valeur chrétienne, mais comme un « sceau » garantissant au « mâle » sa propriété exclusive. Ainsi, un confesseur calabrais met en doute le sérieux de la fiancée de son pénitent qui, ayant des rapports préconjugaux avec lui, le trahira plus facilement après le mariage. Un autre, toujours calabrais, explique à sa pénitente que, si elle n'arrive pas vierge au mariage, son mari aura l'impression d'avoir « acheté un costume avec une seule manche » et aura tout droit de l'abandonner au cours de la nuit de noces ; il s'étonne ensuite lorsque la jeune fille revendique le même droit. Les relations sexuelles avant le mariage

1. Enquête de *Témoignage Chrétien*, dans N. Valentini, *Le Sexe au confessionnal*, op. cit.

sont, d'une manière unanime, condamnées dans toute l'Italie, le seul comportement licite étant alors la chasteté. On remarquera que 46,9 % seulement des catholiques considèrent le sexe en dehors du mariage comme un péché, contre 21,8 % de la totalité des Italiens[1].

Même au sujet du mariage, on note encore un très grand rigorisme. Tout d'abord, il n'y a aucune tolérance vis-à-vis de la contraception, mis à part la méthode Billings — peu fiable et désagréable — qui a supplanté la méthode Ogino-Knaus dans l'esprit des prêtres. A ce propos, 9,5 % seulement des catholiques pratiquants se prononcent « résolument contre » la contraception et 41,6 % acceptent « seulement des méthodes naturelles » ; le premier chiffre est très proche de la moyenne nationale (8,4 %), tandis que pour le second, on note un écart important (14,6 %)[2]. Chaque fois que ce sujet était abordé avec un prêtre, je pensais au commentaire d'Eugène Carson Bleque, secrétaire du Conseil mondial des Eglises, à propos de l'encyclique *Humanae vitae* (De la vie humaine) de Paul VI interdisant définitivement l'usage des contraceptifs : « C'est la fin des tentatives de l'Eglise catholique pour s'adapter au monde ».

Quant aux rapports matrimoniaux, l'impression que l'Eglise soit plus laxiste au sujet des jeux érotiques entre conjoints est fausse. *Le Nouveau Catéchisme* est ambigu à ce propos : il reprend, en effet, une déclaration du concile Vatican II et une autre de Pie XII, qui se prêtent, toutes deux, à des interprétations diverses. Selon le concile : « Les actes par lesquels les conjoints s'unissent dans la chaste intimité, sont louables et dignes. Accomplis de manière vraiment humaine, ils favorisent le don de soi mutuel dont ils sont empreints, en enrichissant réciproquement la joyeuse gratitude des époux eux-mêmes. » Le *Catéchisme* ajoute : « La sexualité est source de joie et de plaisir. » Mais il conclut par la citation du discours de Pie XII, datant de 1951 : « Toutefois les époux doivent savoir rester dans les limites d'une juste modération. »[3] Les prêtres sont donc plutôt libres de donner leur propre opinion, qui reste, de manière générale, très restrictive : dès qu'on évoque les rapports bucco-génitaux ils réagissent avec horreur face à ce qu'ils appellent, presque à l'unisson, des « pratiques

1. Voir G. Brunetta/A. Longo, *Italia cattolica* (Italie catholique), op. cit.
2. Ibidem.
3. Ouvrage collectif, *Catéchisme de l'Eglise catholique*, op. cit., n. 2362.

bestiales ». Quelques-uns, à contrecœur, se montrent plus tolérants si la « turpitude » est exigée par un des conjoints comme une chose indispensable pour la poursuite du mariage. Un seul confesseur a répondu que *lambire genitalia* (lécher les organes génitaux) est autorisé. En revanche, un de ses homologues est convaincu que seules les prostituées, pressées par des raisons financières, peuvent s'avilir à ce point, et un autre conseille de prier ensemble avant de « s'unir ».

Les prêtres ont l'habitude d'entendre les épouses se plaindre des exigences trop fréquentes de leur conjoint, et les maris qui trouvent que leur épouse a bien souvent des maux de tête... Et ils s'étonnent lorsqu'ils sont confrontés à une femme sexuellement exigeante, alors qu'ils exhortent un homme insatisfait : « Eh ! forcez-la, rappelez-lui sa dette ! C'est une dette ! »

Un seul prêtre va au cœur du sujet : à une femme qui lui confie éprouver des blocages psychologiques face aux pratiques sexuelles, il demande à brûle-pourpoint : « Tu n'aurais pas eu, par hasard, une éducation religieuse plutôt rigide ? » Toute l'absurdité de la confession à caractère sexuel est là : les prêtres cherchent à résoudre des problèmes que le catholicisme a lui-même créés, associant toujours le sexe à la culpabilité et à la honte. Et ils utilisent des formules stéréotypées, sans jamais tenir compte de l'immense travail accompli par les théologiens moralistes qui expliquent que « la morale chrétienne, avant d'interdire, propose un projet », c'est-à-dire « la relation du rapport sexuel à un projet historique concret : le mariage. [...] En d'autres termes, la norme morale est une conséquence, non une fin ou un but. »[1] Même ainsi présentée, cette norme est très discutable, d'autant plus que les prêtres se limitent à dire que le sexe hors du mariage *transgresse la loi de Dieu*, et sont, par conséquent, les premiers à provoquer l'effet bien connu : « La norme apparaît totalement incompréhensible, elle est appréhendée comme une répression de la spontanéité et du bonheur des hommes »[2]. C'est ce qui se passe dans la réalité, en dépit des dissertations des théologiens moralistes et, très probablement, les confesseurs le savent, au moins

1. L. Lorenzetti, « Etica sessuale, Magistero e comportamenti » (Ethique sexuelle, magistère de l'Eglise et comportements) dans G. Brunetta/A. Longo *Italia cattolica* (Italie catholique), op. cit.

2. Ibidem.

de manière intuitive. En effet, dans leurs rapports quotidiens avec les gens, ils constatent que l'érotisme et la sexualité varient d'un individu à l'autre, d'un couple à l'autre, et que s'arroger le droit d'établir des codes est *contre nature*. Le catholicisme, à l'inverse, applique les codifications les plus strictes, en premier lieu celle qui prend en compte, explore et débat de la sexualité uniquement dans le cadre du mariage. Tous les autres domaines sont inscrits dans le schéma rigide : « péché — absolution — non-absolution ». A ce propos, l'interprétation des prêtres concernant les comportements sexuels moins courants, est très significative : la jeune fille qui fait l'amour à trois, le père pédophile qui se livre à des attouchements sur sa propre enfant, ainsi que la sœur incestueuse, sont réprimandés et absous de manière expéditive, sans chercher à comprendre le fond du problème. Ce qui les intéresse réellement, c'est la sauvegarde du mariage et les habitudes sexuelles des époux qui doivent s'aligner fidèlement sur les préceptes de l'Eglise.

La volonté de préserver le mariage en tant que fondement de la communauté chrétienne est mise en évidence, de manière éclatante, dans le cas du pénitent qui, ayant acheté une toute jeune prostituée en Orient pour la ramener à Milan comme une esclave-jouet, menace de quitter sa femme par amour pour la jeune fille. Après avoir vainement tenté de le convaincre de renvoyer cette jeune fille chez elle et sans obtenir non plus la promesse qu'il ne la touchera plus, le prêtre se résigne à laisser son esclave au pénitent ; il l'absout à la condition qu'il s'engage à sauvegarder son mariage, et lui demande de s'engager à célébrer une union à l'église avec sa femme qu'il avait épousée civilement.

Et enfin, avec les homosexuels, c'est la « compréhension », prêchée dans *Le Nouveau Catéchisme*, mais intransigeante. Concrètement, les réponses des prêtres sont extrêmement dures et excessives : à la lesbienne et à l'homosexuel, heureux de leur « mariage », ils préconisent de vivre dans la solitude et la détresse, afin de ne pas pécher. A celui qui s'est marié, ou qui en a l'intention, pour dissimuler son état à la société, on conseille de ne rien avouer à la fiancée ou à l'épouse, donc de la tromper, mais de sauver la normalité apparente du mariage. On suggère même à quelqu'un d'avoir recours à un psychologue, comme si l'homosexualité était une maladie.

Ce qui apparaît évident c'est que de nombreux confesseurs

auraient, eux, besoin d'une aide psychologique pour affronter les troubles occasionnés par la chasteté. Sur cent confessions, dont vingt-six seulement à caractère sexuel, nous avons pris connaissance de situations (nous en avons déjà rencontrées quelques-unes dans les pages précédentes) que d'aucuns pourraient définir comme fâcheuses, mais qui sont en réalité pitoyables : un prêtre qui avoue à un pénitent avoir eu des rapports homosexuels ; un autre qui laisse entendre qu'il entretient des relation sexuelles avec ses jeunes paroissiennes ; un troisième qui tâte le sein de la pénitente pour en chasser les esprits malins ; le dernier qui parle avec insistance de l'humidification de *l'appareil génital* de sa pénitente, médicalement stérile. Et pour terminer dans le paroxysme, le cas qui m'a semblé le plus répugnant est celui du confesseur qui, face à une jeune fille désespérée d'avoir provoqué la mort par euthanasie de son fiancé, qui végétait dans un coma irréversible, ne trouve rien de mieux à lui demander que : « Aviez-vous des rapports nus ? » Il y a trop d'exemples pour se fixer sur l'un plutôt que sur l'autre, mais on est en mesure de s'interroger sur les comportements des confesseurs envers les pénitents réguliers, avec lesquels ils ont, de fait, une plus grande intimité.

Ce qui ressort dans la presque totalité des confessions c'est que, si les prêtres sont obséquieux envers les pénitents de sexe masculin, ils le sont beaucoup moins lorsqu'ils sont confrontés aux femmes.

⁂

Alessandria

— *[...]*

— Vous disiez que « le corps appartient au Seigneur », mais lorsque j'éprouve du plaisir, j'ai l'impression de Lui rendre hommage.

— *C'est un plaisir qui donne une satisfaction immédiate, mais tous les plaisirs immédiats sont autant de signes de carence affective, seul l'acte sexuel entre le mari et la femme donne le plaisir approuvé par Dieu. Nombreux sont ceux qui ne désirent pas d'enfants, mais qui recherchent simplement le plaisir. Mais c'est un manque affectif étranger aux desseins de Dieu. Dieu a associé le plaisir sexuel à la procréation, ceux qui veulent ce plaisir sans en accepter les conséquences, appauvrissent cette loi de la nature.*

— Je ne crois pas que mon amie et moi, nous pourrons avoir des enfants... malheureusement elle se drogue à l'héroïne et se livre à des petits trafics, elle a même été en prison. Je n'ai pas très envie de l'épouser.

— *Non, non, voyons! Si elle ne guérit pas, si elle n'accepte pas d'aller dans un centre de désintoxication pour se reprendre en main, c'est une aventure qui risque de virer au cauchemar.*

— Mais nous avons des rapports sexuels.

— *Ça non, c'est contre les commandements.*

— Je sais, mais il me semble que l'Eglise pourrait être...

— *Ça n'a rien à voir. L'Eglise répond négativement, c'est la loi divine qui l'affirme, le sixième commandement le dit très clairement : « Tu ne commettras pas d'adultère, tu ne convoiteras pas la femme d'autrui. » Cette femme ne vous appartient pas, elle n'est pas à vous. Aucun lien ne vous unit, par conséquent...*

— C'est une loi très rigide.

— *Ce n'est pas pour rien, et elle n'est pas spécifique au christianisme. Il y a, c'est vrai, certaines religions qui autorisent sa transgression, car ce sont des religions très humanistes, très terre à terre, elles ne sont pas* théologiques... *mais c'est une loi de la nature... les commandements... Celui qui agit selon les commandements est sauvé, de quelque religion qu'il soit, même s'il ne connaît pas le nom de Dieu.*

— Pardonnez-moi, mais d'autres religions sont plus tolérantes en matière de sexe.

— *Elles sont humaines, non divines. Les musulmans, par exemple, peuvent avoir trois, quatre femmes...*

— Vous voulez dire que si un musulman commet cet unique péché, ignorant qu'il en soit un, il ira au paradis ?

— *Pardon ?*

— Vous disiez que...

— *S'il observe les commandements, s'il fait abstinence, s'il ne commet pas ces péchés, même s'il ne sait pas appeler Jésus, s'il ne sait pas appeler Dieu Notre Père parce qu'il ne le connaît pas, mais s'il suit cette loi qui est, au fond, une loi de la nature, il est sauvé.*

— Justement, ainsi un honnête musulman ira, de toute manière au paradis, même s'il a quatre femmes.

— *La miséricorde de Dieu est infinie pour celui qui ne connaît pas, mais pour quelqu'un qui est baptisé, qui sait, ou, tout au moins, devrait savoir, mais qui veut ignorer... en se disant : « L'Eglise n'approuve pas, mais moi... » Mais attention, l'Eglise c'est moi, c'est vous, c'est toutes les personnes baptisées qui, de ce fait, croient à cette loi qui est de Dieu, non de l'Eglise.*

— Mais c'est le pape qui établit les règles.

— *Non, non, c'est Jésus !*

— Quand j'avais dix-huit ans, il y a vingt ans de ça, les confesseurs disaient qu'il ne fallait même pas s'embrasser avant le mariage, et pas d'attouchements, rien du tout.

— *C'est ce qu'on appelle les actes impurs.*

— Mais ces actes sont tolérés de nos jours.

— *Qui l'a dit, qui l'a dit ? Absolument pas. C'est que malheureusement aujourd'hui...*

— Maintenant les confesseurs sont plus tolérants.

— *Je ne dirais pas cela, ils essaient de...*

— J'ai un neveu qui...

— *... ils essaient de le dire, mais quand ils s'aperçoivent qu'ils sont devant un mur... le Seigneur s'occupera de ces jeunes gens. Moi, je dis : « Seigneur, occupe-Toi d'eux. » Que voulez-vous, s'ils ne veulent pas comprendre...*

— Mais dans mon cas, vous m'avez dit de ne pas épouser cette jeune fille, je devrais alors vivre chaste ?

— *Toujours, il le faut, c'est le commandement. Il ne faut pas commettre d'actes impurs. Tout ce qui procure un plaisir personnel, en dehors du mariage, est...*

— Je risquerais de perdre cette jeune fille qui n'est pas croyante, qui ne... elle a besoin de moi.

— *Vous pouvez être auprès d'elle de différentes manières, mais pas comme ça. Vous n'obtiendrez rien comme ça.*

— N'étant pas croyante, elle ne peut même pas comprendre ou accepter ce genre de discours.

— *Voilà pourquoi il ne faudrait pas admettre les mariages mixtes, les conjoints ne pourront jamais avoir une vie heureuse, l'un des deux sera obligé de renoncer à son Credo. Chacun a sa liberté, on peut ne pas avoir le don de la foi, on peut aussi le refuser. Peut-être qu'elle aussi a été baptisée, non ? Pourquoi pas ? Je connais des jeunes qui n'acceptent même pas le dialogue. Le problème de l'incrédulité est très grave de nos jours ; c'est le dieu bien-être, le dieu égoïsme, le dieu divertissement...*

c'est le matérialisme qui s'est infiltré jusqu'à la moelle. Ils ont réussi à faire passer dans les mentalités... toute cette culture matérialiste !

— Qui a réussi ?

— *Eh bien ! Marx, lorsqu'il a commencé avec son matérialisme. C'est clair ?*

— Je n'ai pas l'impression que le communisme ait obtenu de grands résultats.

— *Oh ! mais celui-là il l'a obtenu. Croyez-vous que tous ceux qui ont abandonné le communisme l'ont fait pour des raisons religieuses ? Personne ne l'a fait pour ça. Il l'ont abandonné pour avoir le ventre plein, pour l'argent, il est évident que le monde communiste pense : « Pourquoi l'Occident est aussi repu, pourquoi il se porte aussi bien et pas nous ? C'est que leur système marche, et le nôtre pas. » Et ils se sont révoltés. Il n'y a rien à faire, l'infime minorité qui tente encore de le sauvegarder n'y arrivera pas, car le masque vient de tomber. Mais, il ne s'agit pas de croyants...*

— Ainsi vous ne pensez pas que l'Eglise a vaincu le communisme ? Le pape... ?

— *Absolument pas. Quand j'entends ça, je ris. Ça m'énerve aussi. Mais absolument pas. Elle a aidé, ça oui, car le pape connaissait le communisme de l'intérieur, alors que nos communistes à nous ils ne le connaissent que de l'extérieur. Mais il faut l'avoir vécu.*

— En parlant du pape... je ne comprends pas du tout son discours au sujet des contraceptifs. Voyez mon cas, comment ne pas utiliser de préservatifs avec cette fille qui se drogue ?

— *Mais parce que c'est contre nature. On veut le plaisir, mais on n'accepte pas les conséquences.*

— Mais dans ce cas spécifique, ce n'est pas pour qu'elle ne tombe pas enceinte, c'est plutôt pour me protéger.

— *Pour vous protéger, vous n'avez pas à avoir ce genre de rapport. Mais c'est cela qu'on ne veut pas perdre, on n'en discute même pas. « Je veux le plaisir, mais je n'en veux pas les conséquences. » C'est comme ça, oui ou non ? C'est bien appeler les choses par leur nom.*

— Si la conséquence est une maladie, merci, je n'en veux pas.

— *Certes, ça peut être la maladie ou, pourquoi pas la procréation, il y en a mille autres... La conséquence, on n'en veut pas, mais on fait l'acte.*

— Si on n'a pas la vocation, comme vous, la chasteté est impossible.

— *Ce n'est pas vrai. Il suffit d'être intègre, équilibré humainement, psychologiquement. J'ai bien étudié le problème [...]. Le fond de la question est là : on veut avoir le rapport, mais pas les conséquences. On dit : « Mais c'est difficile. » Merci bien, ça l'est pour tout le monde. Pour moi aussi c'est difficile, mais j'ai accepté cette vie, ma vocation. Mais, s'il n'y a pas une aide surnaturelle, il n'y a rien à faire, on n'y arrive pas, c'est un instinct de la nature qui nous porte...*

— Comme c'est le cas pour certains prêtres... on dit que...

— *Ces jeunes ont été mal conseillés, ils n'auraient jamais dû devenir prêtres. Il y a aussi beaucoup de gens qui n'auraient jamais dû se marier, tout le monde n'est pas fait pour le mariage. Il y a ceux qui n'ont pas le sens de la paternité...*

— Moi, par exemple, je ne me suis jamais marié parce que je ne crois pas être fait pour le mariage.

— *Tant mieux, autant ne pas se marier dans ce cas-là.*

— Mais je ne suis pas non plus fait pour vivre chaste.

— *C'est pourtant ça l'objectif. Vous devriez vous laisser guider, avoir le courage de parler avec des gens éclairés qui vous aident. Car vous pourriez faire beaucoup de bien, vous consacrer au volontariat, à une mission humanitaire, on peut faire énormément de choses en étant libre. Mais personne ne veut rester libre. Je connais pourtant des jeunes — je les appelle ainsi même s'ils ont cinquante ans — très dévoués, généreux et intègres ; ils se consacrent aux jeunes drogués, aux pauvres, aux vieilles personnes abandonnées, ils adhèrent à la Caritas, à la conférence de saint Vincent*[1], *ils prêtent même leur voiture, ils se rendent utiles, quoi. Donc, si vous le vouliez vraiment... Mais ne vous méprenez pas, quand on se repent, le Seigneur pardonne toujours le péché, toutefois le Seigneur veut nous encourager, il nous dit : « Ne recommence pas. »*

— Très honnêtement, je n'ai aucune envie de dire que je ne le ferai plus.

— *C'est alors au Seigneur de nous dire : « Va-t-en et ne fais plus ça. » Il arrive ainsi que les gens y mettent toute leur bonne volonté. La*

1. Société Saint-Vincent-de-Paul, fondée en 1933. Organisme charitable présent dans 125 pays. Elle comprend 45 800 « conférences » (équipes).

faiblesse est tellement grande et l'habitude si ancrée qu'on ne peut pas prétendre changer, de but en blanc ; le Seigneur non plus ne demande pas ça, car Il sait bien que l'homme n'en est pas capable. Quand on a l'habitude de faire quelque chose, cela devient comme une seconde nature. Prétendre à des miracles... ? Mais les miracles ne se produisent pas aussi aisément, ce n'est pas aussi facile que de boire un verre d'eau. Un miracle c'est sérieux... il ne faut pas provoquer les miracles sans qu'il y ait une réelle nécessité, il faut savoir attendre que le miracle arrive. Toutefois, le Seigneur apprécie nos efforts et notre bonne volonté, cela nous permet d'acquérir plus de conscience et nous fait sentir plus responsables et plus satisfaits. Quand on a atteint un but, après avoir failli plusieurs fois, c'est une véritable victoire. Et, si cela se reproduit, nous en éprouvons un réel sentiment de force, car notre nature représente un mystère à nos propres yeux. Quand nous nous sentons rassurés, notre volonté devient plus ferme. Mais il est vrai qu'il n'y a pas pire qu'un péché impur pour affaiblir notre volonté. Pourquoi ? Parce que c'est le plus facile, parce qu'il donne l'immédiate satisfaction, il faut dire les choses comme elles sont. Que déclare Dante en arrivant au giron des... comment les appelle-t-on ? des condamnés de la chair. [?] ... *Il compare cette foule à un fauve, à une bête sauvage qui :* « poscia il pasto ha più fame che pria »[1], *qui après avoir mangé est encore plus affamée. Ça, c'est le péché sexuel. Et alors, comment est-il possible qu'il y en ait qui disent : « Je n'y arrive pas » ? Mais, un instant, pas tout seul, ça c'est clair, avec l'aide de Dieu et de quelqu'un qui nous soutient, qui nous encourage, car aucun homme n'a le droit de condamner son frère. Nombreux sont ceux qui font preuve de trop d'assurance, ce sont des bigots qui effraient le pauvre malheureux. Mais nous n'en avons pas le droit, il faut lui tendre la main, l'encourager. Vous aussi vous y arriverez, j'en suis convaincu, c'est peut-être la première fois que vous en parlez en confession et que vous êtes confronté à ce problème, mais vous verrez, vous en tirerez beaucoup de joie, de paix et de sérénité. Vous n'avez qu'à vous y mettre. Oui, essayez, essayez ! Il faut s'entraîner, savoir s'abstenir de cette petite chose, une fois, deux fois et ainsi de suite, je ne sais pas moi,* vous mettre autre chose sous la dent, *faire preuve de force. Voilà, déplacez votre centre d'intérêt, engagez-vous dans une action charitable qui vous*

1. Dante Alighieri, *La Divine Comédie*, (Enf., I, 99).

donne cette satisfaction morale, cette joie intérieure qui nous fait dire : « Mais moi aussi j'y arrive ». Bien sûr que vous y arriverez, parce qu'au fond de nous il y a toujours quelque chose de bon et nous avons le devoir de le faire surgir. N'est-ce pas ? Je vous exhorte à cet engagement, et vous, confiez-vous à la Vierge, adressez-vous au Seigneur, dites-Lui : « Moi aussi j'ai besoin de Ton aide, sans Toi je ne peux pas, avec... »

C'est ici que la cassette s'arrête, mais la confession allait bientôt se terminer, avec l'absolution.

***

Modène

— *Il y a longtemps que tu ne t'es pas confessé ?*

— Il y a quelques jours, mon père.

— *As-tu essayé d'être sage ?*

— J'ai essayé, mais...

— *Tu as suivi la messe ? Tous les dimanches ?*

— Oui, tous les dimanches.

— *Et tes prières ?*

— Je les dis régulièrement.

— *Ça c'est bien, c'est important pour se maintenir dans la grâce de Dieu. Ensuite, qu'est-ce qu'il y a de mauvais ? En famille, comment ça va ?*

— Ça va, mon père, sauf que je suis souvent absent et...

— *Quand on prend ce genre d'engagement... c'est très laid, vous savez ? Très laid.*

— Il y a parfois des tentations.

— *Oh ! Il y a eu des occasions ?*

— Eh bien ! oui. Vous savez, dans les hôtels...

— *C'est arrivé ?*

— Oui.

— *Gare à toi, je te le recommande, gare à toi. Les hôtels sont souvent des maisons closes.*

— Eh oui ! dans certains surtout, il y a de ces femmes...

— *C'est bien connu, certains particulièrement. Mais dans tous, il y a des occasions hélas ! Il faut éviter les occasions, être fort pour rester fidèle à la famille. Et donc, vous me dites que vous avez trompé votre femme, bien sûr.*

— Eh oui !

— *Et quand ta femme te demande si tu es fidèle, il faut lui dire oui, tu as bien compris ?*

— Ah oui ! forcément.

— *Il faut toujours dire : « Ne t'inquiète pas, soit tranquille... » Avec le confesseur c'est autre chose, il faut avoir l'absolution divine. Il y a le secret de la confession. Autre chose ?*

— Oui, des petits mensonges pour bien faire, je suis engagé politiquement, et en politique on en dit beaucoup.

— *Hum, quand il a compris qu'il y avait des mensonges, saint Alphonse a tout laissé tomber pour aller fonder l'ordre des rédemptoristes. Sur sa tombe il y a écrit : « Avocat, mais pas voleur ». Eh bien ! ce sont des situations un peu particulières, on peut s'en sortir en faisant des entorses qui n'offensent pas notre conscience. C'est la loi qui nous donne ces possibilités. Demande pardon au Seigneur, pardon pour tout ce qu'il peut y avoir eu de mal, à tout moment. Avant de sortir, pour pénitence, trois Ave Maria à la Sainte Vierge, demain, comme c'est la fête du travail, va à la messe, d'accord ? Je t'absous...*

***

Salerne

— Mon père, je suis mariée mais j'ai une liaison avec un autre homme.

— *Vous priez tous les jours ?*

— Oui.

— *Vous allez toujours à la messe du dimanche ?*

— Moins, dernièrement. Je me sentais fautive.

— *Depuis combien de temps ne vous êtes-vous pas confessée ?*

— Depuis deux ou trois mois.

— *Avez-vous manqué la messe par votre faute ?*

— Oui, pour des raisons familiales.

— *Avez-vous dit des blasphèmes contre la Vierge, le Seigneur et Jésus-Christ ?*

— Non, mon père.
— *Et vous vivez avec votre mari ou avec l'autre ?*
— Avec mon mari.
— *Il est au courant ?*
— Non, mais il a des doutes.
— *Maintenant, qu'avez-vous l'intention de faire ?*
— Je ne sais pas : mon mari a toujours été violent avec moi, même physiquement...
— *Quel âge a-t-il ?*
— Trente-cinq ans, dix de plus que moi.
— *Il est encore très jeune. N'avez-vous jamais essayé de parler...*
— Non. D'ailleurs, il ne veut rien entendre. De plus, je me sens beaucoup mieux avec cet autre homme, vous comprenez ?
— *Pourtant, vous devez rompre définitivement avec lui. Ainsi, vous n'êtes pas en mesure de recevoir l'absolution... Tout ce que je peux vous dire, si vous voulez l'absolution, c'est de rompre pour de bon avec cette autre personne.*
— Non, mon père, je ne peux pas. Je ne peux pas faire une promesse, sachant que je ne la tiendrai pas. Je mentirais.
— *...Je vous conseille, alors, de dire tous les jours, matin et soir, trois Ave Maria. La Vierge résout nos problèmes familiaux selon la volonté de Dieu et nous aide à agir selon notre conscience. Vous avez ma bénédiction, mais je ne peux vous donner d'absolution...*

⁂

Trapani

— *Cela fait longtemps que vous ne vous êtes pas confessé ?*
— Oui, depuis un bon moment, mon père. Mais maintenant j'en ai envie... Depuis presque un an je vais chez un psychanalyste, car je déprime et j'ai quelques problèmes sexuels. Cela m'a fait beaucoup de bien ; je vais mieux maintenant, je me sens plus soulagé et j'ai même retrouvé un peu de vie sexuelle. Mais le médecin m'a dit que certains problèmes dépendent de mon éducation religieuse, de la « sexophobie » catholique...
— *Hum...*
— Tout petit, je fréquentais le patronage, j'ai été enfant de chœur,

ensuite je suis rentré dans l'Action catholique, etc. Effectivement, je dois admettre qu'il a raison. J'ai toujours la foi, mais je me suis éloigné de l'Eglise.

— *Hum... Par conséquent, vous n'avez pas été à la messe... depuis longtemps ?*

— Je n'y vais pas depuis longtemps, la dernière fois c'était à Noël et...

— *Je comprends. Bah ! je ne pense pas que cela est dû à une éducation religieuse. Avez-vous été mêlé à quelque scandale ? Non ?*

— Non, non. C'est tout le contraire, quand nous étions enfants, on nous disait toujours de ne pas nous toucher, de ne pas faire ceci et cela... même les confesseurs. Nous vivions constamment avec cette peur, cette terreur du sexe qui m'est restée, tant et si bien que...

— *Etes-vous marié ?*

— Non.

— *Mais... ! C'est un psychologue qui vous l'a dit ?*

— Un psychanalyste.

— *Bon. Donc, vous auriez été traumatisé par ça, hein ? En tout cas, vous savez bien que la pureté est une vertu que nous devons sauvegarder, n'est-ce pas ? Mais il y a également les instincts naturels et, par conséquent... tous les jeunes, arrivés à un certain âge et en dépit de leur éducation, sont confrontés aux tentations. Il ne faut pas croire que... suivant la personnalité de chacun, on prend des mauvaises habitudes, malgré l'éducation religieuse. La nature varie d'une personne à l'autre et donc... bah !*

— Voyez-vous, maintenant que je me sens libéré de cette chose, je vais mieux, je me sens...

— *Oui, plus serein.*

— Plus serein, plus content, même si je commets des péchés d'impureté qu'avant je désirais faire mais sans succès.

— *Oui... ainsi donc, vous avez commis ces péchés ?*

— Oui.

— *Seul ou avec des femmes ?*

— Les deux.

— *Et ensuite ? Pour le reste, rien de grave ?*

— Et puis... non, rien de grave...

— *Approchez-vous du Seigneur. Confessez-vous plus souvent, quand vous commettez ces péchés. En fait, ce sont des péchés comme tous les autres, ils sont graves parce qu'ils transgressent les commandements de Dieu. Mais savez-vous quel est le plus grave ?*

— Non, lequel ?

— *Le blasphème ! Le blasphème c'est une insulte dirigée contre Dieu. C'est comme si on giflait un roi, tandis que les autres péchés sont une transgression de la loi divine. C'est comme si une mère disait à son enfant : « Si tu vas là-bas, achète-moi ceci. » S'il ne le fait pas, il désobéit à l'ordre de sa mère. Mais ce serait pire s'il donnait une gifle à sa mère. Le blasphème c'est une gifle morale qu'on donne à Dieu. On ne va pas contre Sa loi, mais c'est une insulte contre Lui. Vous ne devez donc pas avoir honte de le confesser, d'accord ?*

— Mais je ne dis pas de blasphèmes, mon père.

— *C'est bien, mais quand cela arrive... bon, confessez alors avoir péché contre le sixième commandement.*

— C'est que je n'ai pas tellement l'impression de pécher. Je n'arrive plus à croire que c'est un péché. Pourquoi ce qui me procure de la joie, qui est propre et normal, devrait offenser le Seigneur ?

— *Non... en tout cas ce n'est pas un péché dans le cadre du mariage, car le Seigneur a créé l'homme et la femme en leur donnant la faculté de procréer, afin que l'espèce humaine se multiplie, autrement, il aurait dû créer tous les jours un homme et une femme et l'humanité ne se serait pas multipliée. Vous n'avez rien d'autre à confesser ? Je vous recommande d'aller à la messe tous les dimanches si vous voulez vivre dans la grâce de Dieu. C'est un précepte de l'Eglise et c'est le troisième commandement : tu respecteras le jour du Seigneur. Demandez pardon au Seigneur de tout votre cœur...*

— Permettez-moi, mon père. Je peux aller à la messe, je le fais même volontiers, mais le vrai problème reste la confession, car je sais qu'à chaque fois on me dit de ne pas pécher contre le sixième commandement ; il n'y a donc pas d'issue.

— *Mais si vous commettez un péché et en plus vous n'allez pas à la messe, vous avez deux péchés. Ayez conscience de ce que vous avez fait et, à la première occasion, avant de communier, vous le confessez, mais il faut obtenir l'absolution. D'un côté* facere, *de l'autre non* omittere *: faire une chose sans négliger l'autre. Nous sommes d'accord ? En d'autres termes, si vous commettez un péché contre le sixième commandement, ce n'est pas pour cela que vous ne devez pas aller à la messe en vous disant : « Du moment que je suis dans le péché,* *pourquoi aller à la messe ? » Non ! Sinon vous aurez deux péchés. En revanche, si vous n'en avez qu'un et que vous le confessez, vous êtes dans la grâce de Dieu. C'est pas vrai ?*

— ... D'accord.

— *Alors, demandez pardon au Seigneur de tous vos péchés... même de ceux dont vous ne vous souvenez pas. Je t'absous... Pour pénitence : trois Notre Père au Seigneur et trois Ave Maria à la Vierge.*

⁂

Reggio de Calabre

[Le pénitent, originaire du Nord, avoue avoir des rapports avant le mariage avec une Calabraise. Au cours d'une très longue confession, le prêtre explique que c'est un péché, puis il ajoute : « En plus de ça, l'attitude plus que légère de cette jeune fille ne fait pas présager d'un comportement sérieux dans l'avenir : ce qu'elle fait maintenant avec vous, elle pourrait continuer de le faire avec d'autres, après le mariage. Réfléchissez. » Une fois la confession terminée, le pénitent, troublé, revient quelques minutes après afin d'obtenir de plus amples explications. Voici rapportée la deuxième partie de l'entretien qui a eu lieu hors du confessionnal.]

— Pardonnez-moi, mon père, vous m'avez invité à réfléchir, vous connaissez mieux que moi les gens et les mœurs d'ici, j'aimerais que vous m'en parliez...

— *Malheureusement, cette histoire du rapport avant le mariage... Comme nous sommes influencés par tout ce qui vient du Nord... Mais nous avons encore beaucoup de jeunes qui se respectent réciproquement. Il est vrai qu'il y en a d'autres, plus faibles...*

— Cette fille n'était pas vierge, quand je l'ai connue...

— *C'est déjà une chose... oui, c'est déjà... Une personne qui a eu ce genre de comportement, avant même... que va-t-il se passer après ? Nous ne pouvons pas le prévoir, il se peut qu'elle se repente, mais tout laisse à croire... Est-elle pratiquante ?*

— Non.

— *Si elle ne l'est pas, tant pis. Mais elle est baptisée ?*

— Oui, bien sûr.

— *En règle générale, ceux qui ont été baptisés ne devraient pas renier. Or, si elle n'avait pas été baptisée... mais quand même, le décalogue n'est pas fait que pour les chrétiens, il concerne tout le monde, car le Seigneur l'a gravé dans l'esprit de tous les hommes. Même les païens suivent cette loi de Dieu... Même sans croire en Dieu, ils n'ont pas le droit de tuer ni de voler. Celui qui ne croit pas en Dieu ne doit pas non plus commettre des actes impurs.*

— Eh bien ! pour la loi civile, avoir des rapports avant le mariage ne représente pas un...

— *Nous ne tenons pas compte de la loi civile, mais de la loi morale inspirée par Dieu. Il arrive que les lois des hommes diffèrent de la loi divine. Ce n'est pas parce la loi civile autorise le divorce que ce dernier est licite, il en va de même pour l'avortement. Il y a la loi de Dieu qui les condamne.*

— Oui, oui, je sais tout ça, bien sûr. Mais vous croyez qu'un Calabrais ne voudrait pas d'une fille pareille ?

— *Eh bien non, il y en a qui... pris par les sentiments se contentent de n'importe quelle marchandise. Voilà, avec la passion on accepte tout, mais quand on a des sentiments nobles et le respect des valeurs, alors, on y pense à deux fois.*

— J'ai justement réfléchi à ce que vous m'avez dit... et je me suis souvenu...

— *Vous risquez de perdre la grâce de Dieu à cause de cet amour, car un jour vous devrez vous marier à l'église, non ?*

— Oui.

— *Eh ! Comment faire alors ? La foi ne naît pas d'un moment à l'autre. Si elle est croyante, ça va. Même un croyant peut commettre un péché, ça c'est clair, car, si le baptême nous donne la vie divine, il n'élimine pas pour autant notre faiblesse et notre penchant au mal, mais il nous donne la force de le combattre. Vous voyez, on ne peut pas vivre que selon la loi de la chair. Un chrétien peut même commettre des péchés, c'est pour cela que le Seigneur nous a donné la confession, car il savait qu'un chrétien conserverait difficilement la grâce. Jésus miséricordieux sait que notre faiblesse peut nous faire faillir, mais Il est prêt à nous accueillir... Il y a des couples de fiancés qui savent vraiment rester purs, tout en luttant, car ce n'est pas très facile. Eux aussi sont faits de chair et de sang, pour eux aussi la passion existe. Le véritable amour tend à l'union, mais il faut se conformer aux règles !*

— Hum... Et ceux qui n'y arrivent pas ? Si cette fille s'est montrée si disponible...

— *Eh...*[il écarte les bras]

— D'accord, mon père, je vais réfléchir à ce que vous m'avez dit. Je vous remercie. Au revoir.

***

Reggio de Calabre

— *Depuis quand tu ne t'es pas confessée ?*

— Environ deux semaines, mon père.

— *Tu t'es toujours confessée comme il faut ?*

— Oui, mon père, mais j'ai un problème. Je suis fiancée à un garçon de Reggio et...

— *Ma chérie, tu n'es pas d'ici ?*

— Non, je suis de Milan. Nous nous sommes connus à l'université. Le problème c'est qu'il est très jaloux, il ne me laisse pas un moment de répit. Souvent, je suis obligée de...

— *... Le Calabrais est ainsi fait !*

— Eh, je vois bien. Mais je suis obligée de lui mentir ; il ne veut pas que je sorte avec mes copines, que j'aille en boîte...

— *... Avec moi et personne d'autre !*

— Exactement. S'il n'est pas là, je dois rester à la maison.

— *Mais c'est notre mentalité. Une fois qu'on est fiancée, on ne doit plus avoir aucun rapport avec personne. Même pas les copines. Seulement lui. Malheureusement, nous sommes ainsi faits. C'est une chose qui est enracinée en nous, dont nous héritons. Que pouvons-nous y changer ? Tu ne dois pas t'étonner. Vous, là-haut, vous avez une autre mentalité. Et donc, voilà, avec ce sentiment de propriété, de même que ma voiture m'appartient, ma fiancée m'appartient. C'est ainsi que nous voyons les choses. Et gare à toi, si ton fiancé découvre que tu as été en boîte avec une copine. De ton côté, tu dois être honnête dans tes intentions, tu ne dois pas trahir ce garçon. C'est bien clair ?*

— Voyez-vous, mon père, j'ai déjà été fiancée. Il m'avait demandé une preuve d'amour, que je lui ai accordée. Et ensuite il m'a quittée.

— *Les hommes sont des voyous ! Ils demandent tout de suite des preuves d'amour, pour s'amuser et après ils s'en vont. Et puis, quand il faut se marier, ils trouvent une fille vierge. Ce garçon le sait que tu n'es plus vierge ?*

— Oh non ! Il ne le sait pas !

— *Ah bon ? Depuis quand êtes-vous fiancés ?*

— Deux ans et demi.

— *Et tu n'as jamais eu des rapports avec lui ?*

— Mais... quelque chose, je ne sais pas ce qui est permis... *Le Nouveau Catéchisme* parle de « baisers et caresses ». Mais comment ?

— *Enfin, des manifestations d'amour normales. Une caresse, un baiser, n'est-ce pas ? Mais on ne peut pas aller au-delà, c'est-à-dire avoir des rapports intimes, des attouchements, etc. Ça, non ! Tant qu'il s'agit d'une caresse ou d'un baiser pur, c'est bon, mais on ne doit pas aller au-delà.*

— Donc, on n'a pas le droit à la masturbation réciproque ?

— *Pour l'amour de Dieu, non ! Tu l'as fait ?*

— Quelquefois, oui.

— *Avec lui ?*

— Oui, mais je n'ai jamais...

— *Tu ne l'as jamais confessé...*

— Non.

— *Pourquoi ?*

— J'ai un peu honte, mon père.

— *Et tu as honte de dire ça, à moi ? Tu ne dois pas t'inquiéter, ma fille. Nous avons l'habitude d'entendre ces choses. Il ne faut pas t'inquiéter. Je ne te connais pas, je ne sais pas qui tu es, peut-être ne nous verrons-nous plus jamais. Il faut être sincère dans la confession. Je ne suis pas là pour te frapper ou te menacer, et il y a le secret de la confession. Dis-moi, combien de fois vous l'avez fait ?*

— Plusieurs fois.

— *Ah ! plusieurs fois ! Même seule ?*

— Oui, parfois.

— *Ainsi, tu n'es pas vierge mais il ne le sait pas ?*

— Non.

— *Tu dois faire attention, il faut le lui dire. S'il s'en aperçoit la nuit des noces, il est même capable de te quitter.*

— Eh non ! Nous serions déjà mariés !

— *Mais s'il pense épouser une fille vierge et qu'il découvre qu'en réalité ce n'est pas le cas... Etant donné que la virginité est un bien essentiel pour le mariage, il pourrait être déçu, il pourrait penser : « Comment, je croyais avoir épousé une fille pure et je découvre qu'elle ne l'est plus ! » Tu vois ce que je veux dire ? Il faut que tu lui en parles.*

— Non, mon père. Il me quitterait immédiatement. Et puis, pardonnez-moi, mais une fois mariés... Que pourrait-il faire ? Demander le divorce ?

— *Il pourrait demander une dispense à la rote. Je sais de quoi je parle ! La nuit du mariage, découvrant que sa femme n'est pas vierge, le mari pourrait la chasser, ou bien s'en aller.*

— Et pour cette raison le mariage pourrait être déclaré nul ?

— *Un mariage non consommé peut recevoir une dispense spéciale.*

— Mais pour savoir si je suis vierge ou pas, il doit avoir un rapport avec moi. Par conséquent, le mariage sera consommé.

— *Un instant : le mariage est consommé après qu'il y ait eu un rapport après la célébration. Tu peux avoir cent mille rapports avant, mais si, après le mariage il n'y a plus d'union, on ne peut pas dire qu'il est consommé.*

— Excusez-moi, mon père, je ne comprends pas : si je...

— *Prenons ton cas : aujourd'hui tu te maries, tu n'es pas vierge, ton mari veut s'unir à toi, il se rend compte que tu n'es plus vierge et il te quitte. Maintenant...*

— Oui, d'accord, mais il s'en aperçoit sans avoir un rapport avec moi ? !

— *Il s'en aperçoit, et comment ! La première fois !*

— Eh, justement !

— *Si son membre entre librement, s'il n'a aucune difficulté, s'il n'y a pas de sang... c'est que tu n'es plus vierge. IL N'Y A PAS DE SCELLÉ !!! Par conséquent...*

— Oui. Mais pour le savoir il est obligé d'avoir un rapport avec moi !

— *Certainement !*

— Par conséquent le mariage est consommé.

— *Non ! Un instant ! Toi... on dit qu'un mariage est consommé après le premier rapport qui a lieu après la célébration.*

— Ah ! J'ai compris... !

— *Tu peux avoir eu avec lui cent mille rapports. Aujourd'hui vous vous mariez, s'il n'y a pas d'union après, votre mariage n'est pas consommé.*

— Non, je n'ai rien compris. Je résume : je me marie, ce soir nous faisons l'amour, au moment même où l'acte s'accomplit, le mariage est consommé ou pas ?

— *Au moment même... Il faut voir s'il y a pénétration... s'il s'aperçoit que tu n'es pas vierge, il se retire. Donc il ne consomme pas le mariage. Ayant vérifié l'absence de virginité, il est déçu et...*

— Ainsi donc, il commence, il se rend compte, il se retire et il ne consomme pas.

— *Ecoute-moi, je dois célébrer la messe maintenant. Tu peux attendre qu'elle soit terminée ?*

— D'accord, mon père. Je reviens tout à l'heure.

[Une demi-heure plus tard.]

— *Continuons notre confession. Tes idées sont-elles plus claires, maintenant ?*

— Oui, mon père, mais je me sens un peu troublée. Voyez-vous, mon fiancé aussi m'a menti, même s'il déclare n'avoir jamais fait l'amour.

— *Comment le sais-tu ?*

— Ça se voit.

— *C'est-à-dire ?*

— Eh bien !... comment vous expliquer... ? Je ne connais pas les termes techniques, mais... enfin son prépuce est dégagé...

— *Je comprends.*

— Et donc, lui aussi a menti. Je ne lui ai rien dit car je sais que, de mon côté, moi non plus...

— *J'ai compris. Ma fille, je te dis ça par expérience, il vaut mieux, par précaution, que tu lui en parles ouvertement, afin d'éviter que la nuit du mariage... Tu comprends ? Je connais beaucoup d'histoires comme ça, de femmes abandonnées, pour la même raison, le soir du mariage.*

— Oui, mais il est dans la même situation que moi, il est aussi fautif que moi, non ?

— *Non, un instant. C'est comme si, après avoir acheté un costume très cher, il s'apercevait qu'il lui manque une manche. Du moment qu'il croyait avoir acheté un costume parfait...*

— Ça, j'ai bien compris. Mais tous les deux nous ne sommes pas « parfaits ».

— *Oui, mais il n'a eu aucun contact physique avec toi.*

— Mais il m'a dit qu'il était vierge ! Il m'a dit qu'il voulait attendre le mariage afin que pour tous les deux ce soit la première fois.

— *Oui, mais il pense que tu es vierge.*

— Moi aussi, je pense la même chose de lui, alors que ce n'est pas vrai !

— *Oui, c'est vrai, de son côté il n'agit pas correctement, mais si tu déclares être vierge et s'il découvre qu'au moment du mariage, c'est faux, qu'est-ce qu'il va dire ? « Tu m'as trompé ! Tu m'as vendu un costume pour neuf et je découvre qu'il lui manque une manche ! Mais qu'est-ce que tu m'as vendu ? »*

— Mais nous sommes tous les deux dans la même situation ! Je serais, moi aussi, en droit de demander l'annulation !

— *Vous vous trompez mutuellement ! Mais je ne sais pas qui est celui qui trompe le plus... De ton côté, tu lui fais croire que tout est en règle et demain, quand il va découvrir la vérité, tu verras... En tant que Calabrais, je connais bien cette mentalité, aussi parce que les causes d'annulation passent par nous. Il pourrait te quitter. Jaloux comme il est, rien qu'à l'idée que tu as donné ta virginité à un autre, il serait capable de te rouer de coups.*

— Mais pourquoi cette mentalité ?

— *Nous sommes, malheureusement, les fils de cette terre ! C'est comme ça que nous voyons les choses ! Pense qu'ici, en Calabre, si un père voit passer dans la rue sa propre fille avec un garçon, il l'obligera à l'épouser.*

— Même aujourd'hui c'est comme ça ?

— *Dans les villages surtout, de nos jours un peu moins, mais quand même... Oui, sa fille sera obligée de l'épouser. Toutefois, si elle peut prouver qu'elle n'avait pas donné librement son consentement, le mariage est annulé.*

— Heureusement ! S'il n'y a pas le libre consentement... Voyons !

— *Tu vois où elle mène, la jalousie de l'homme ? Un père s'aperçoit que sa fille regarde quelqu'un passer dans la rue... et tout de suite le mariage. Et il lui interdit de rester sur le seuil de la maison ; elle doit rester à l'intérieur ! Que sais-tu de la mentalité calabraise ? Maintenant, beaucoup de choses sont en train de changer, mais autrefois... Quel âge a-t-il ?*

— Vingt-huit ans.

— *Alors, cette mentalité est bien enracinée. Comment la changer ?*

— Mais enfin, je respecte la mentalité des autres, mais j'aimerais que la mienne aussi soit respectée.

— *Oui, mais ça c'est un autre sujet. Venons-en aux péchés que tu as commis. Tu t'es confessée il y a quinze jours. Mais avant?*

— A Pâques.

— *Et depuis combien de temps vous masturbez-vous? Tu n'en a jamais parlé à ton confesseur?*

— Non, mon père. C'est assez gênant. Et puis, très souvent, quand je dis que j'ai commis des actes impurs, les prêtres veulent rentrer dans les détails. Alors, je n'en parle plus.

— *Il suffit de dire que tu as commis des actes impurs et le nombre de fois, plus ou moins.*

— Oui.

— *Quand est-ce que tu as commencé?*

— Toute seule, quand j'étais petite.

— *Oui.*

— Avec lui... eh bien ! après un temps raisonnable. Un an environ.

— *Je comprends. Ce que tu as fait jusqu'à présent, ce sont des confessions sa-cri-lè-ges! Voilà pourquoi au début je t'ai demandé si tu t'étais toujours confessée comme il faut. Celui qui ne confesse pas un péché grave au moment de la confession, il commet un sacrilège! En d'autres termes, tu viens ici avec dix péchés et tu repars avec onze, si en plus tu communies, ils deviennent douze. Aujourd'hui, par un acte de courage, tu as tout confessé. Engage-toi à ne plus le faire. Seule ou avec lui, n'est-ce pas? C'est clair? Mais confesse ces péchés quand tu les commets, soit seule, soit avec lui, ce qui est encore pire.*

— J'essaierai, mais lui...

— *Quoi?*

— Il me l'a demandé, je pensais qu'il n'y avait rien de mal, du moment qu'il ne s'agit pas d'un rapport complet.

— *C'est pareil. Personne ne peut demander le mal. Mais tant qu'il te demande quelque chose de bien, ça va...*

— Il dit qu'il faut bien se connaître, même physiquement, avant le mariage.

— *Le premier garçon aussi te disait qu'il t'aimait.*

— Mais lui, c'est différent.

— *Il voulait s'amuser à tes dépens.*

— Mais mon fiancé ne m'a jamais demandé d'aller jusqu'au bout.

— [Il baisse le ton] *Oui, c'est toujours un péché. Même s'il était vierge,* [incompréhensible] *devant Dieu il ne l'était pas, n'ayant pas* [incompréhensible]. *Ces femmes bosniaques qui sont violées, par exemple, devant Dieu, elles sont vierges.*

— Pardonnez-moi, mon père, pouvez-vous parler un peu plus fort ?

— [Il s'adresse à une curieuse] *« Madame, s'il vous plaît, éloignez-vous un peu, autrement je suis obligé de parler à voix basse pour que vous ne m'entendiez pas ! Vous me gênez. Soyez gentille ! Merci ! » Ces femmes bosniaques violées, devant Dieu elles sont vierges. Même si physiquement elles ne le sont plus, du moment qu'elles ont subi une violence et qu'elles n'ont pas été « d'accord », comme tu l'es avec lui...*

— Je ne sais pas, de toute manière, si j'étais à leur place...

— *Ça c'est autre chose. Ce que je veux dire c'est que la femme peut être vierge physiquement, mais si elle pratique la masturbation, elle ne l'est plus devant Dieu. Ce qui compte devant Lui c'est la virginité morale et spirituelle. C'est clair ? ... Ensuite, quoi d'autre ?*

— Je suis un peu superstitieuse, mon père.

— *Tu n'auras pas d'autres dieux que Moi...*

— De temps en temps je joue au Loto en interprétant les rêves.

— *Et tu ne gagnes rien ?*

— Si, j'ai gagné deux fois.

— *Tu as eu de la chance ! Mais c'est ton imagination. Ce n'est pas un péché, mais tu dois faire attention. On gaspille son argent dans l'espoir de gagner et puis on se retrouve sans rien. Le jeu n'en vaut pas la chandelle. Dans toute chose il faut être modéré. Essaie de dépenser ton argent d'une autre manière. Qu'est-ce que tu dois me dire d'autre ? Tu vas à la messe ?*

— Oui.

— *Quoi d'autre ?*

— Mais, je ne sais pas...

— *As-tu vu des choses indécentes à la télévision ?*

— Oui, parfois.

— *Là aussi, il faut faire attention. Si tu vois des choses mauvaises, ça te donne envie de pécher. Bon, y a-t-il autre chose ? Pour ta propre tranquillité.*

— Bah ! je réfléchis, mais...

— *Arrêtons-nous là. Je te donne l'absolution. Si tu veux, je dis la messe tous les soir à 7 heures, mais j'arrive toujours un peu en avance.*

Demande sincèrement pardon au Seigneur pour tous tes péchés. Trois Pater, trois Ave. Je t'absous...

***

Pérouse

— *Depuis quand ne vous êtes-vous pas confessée ?*

— Depuis longtemps.

— *Comment ça ? Deux ou trois ans ?*

— Deux ans.

— *Et pourquoi ?*

— Voyez-vous, je suis fiancée, et...

— *Et votre fiancé est la cause de ce manque d'amour envers le Seigneur ?*

— Oui, mon père, il en est la cause indirecte.

— *Et pourquoi ?*

— Vous savez, nous avons des rapports sexuels et...

— *Non, ma fille ! Pour l'amour du ciel ! Et après, quand vous serez mariés, vous n'en aurez plus ! Vous parlez avec quelqu'un qui est prêtre depuis cinquante ans, responsable d'une très grande paroisse. Sachez que, d'après un sondage fait par nos tribunaux ecclésiastiques, 27 % des mariages religieux, les civils ne comptent pas, mais ceux qui sont célébrés à l'église se terminent, après deux ou trois ans, par une séparation ou un divorce. Pourquoi ? Parce qu'on arrive fatigué au mariage, on en a déjà marre. Pour l'amour du ciel, je dis cela surtout aux jeunes filles : « Soyez fermes en cela car, qui vous garantit qu'ils ne font pas la même chose avec d'autres femmes ? »* [petit rire]

— Il y a un autre problème, mon père. Mon fiancé ne veut que le coït anal.

— *Eh, bien sûr ! C'est un soulagement pour les sens. Mais ces choses sexuelles et sensuelles, ne me dites pas que c'est le fruit de l'amour ! Ne me dites pas ça. Voyons ! C'est la passion des premiers moments. Mais après, hein ? Après... c'est un point d'interrogation. Je ne veux pas vous faire peur, mais si j'étais vous, je ferais plus attention. D'abord, je prierais ce garçon de pratiquer un peu plus l'abstinence.*

— Il n'est pas catholique, mon père.

— *Que signifie cela, il n'est pas catholique? Tant mieux! Vous devriez être encore plus ferme.*

— Il appartient à une autre religion, mon père.

— *Encore pire! Ça, je vous le dis! C'est la surenchère, car dans la vie de ce pauvre type il n'y a même pas cette sensibilité pour le Christ. Voilà.*

— Il est musulman.

— *Voilà! Les musulmans ont le harem, pardi! Tout est libre!*

— Mais non, il m'est fidèle, mon père!

— *Ça, c'est vous qui le dites! Pourquoi? Il est toujours accroché à vous? Que fait-il en ce moment?*

— Il va à l'université.

— *Oui, mais où se trouve-t-il en ce moment?*

— A la maison. Nous vivons ensemble.

— *Ah! Vous êtes déjà ensemble! Pour l'amour du ciel...!* [pause] *Mais vous voulez l'absolution? Ensuite vous rentrerez chez vous et vous recommencerez de nouveau...*

— Nous allons nous marier dans quelques mois, mon père.

— *Mais cela ne veut rien dire. Ces choses-là, on les fait après le mariage. Et puis, vous vous mariez où?*

— Ici, en Italie.

— *Oui, mais civilement?*

— Je ne sais pas. Il aimerait que je me convertisse à sa religion. C'est un gros problème entre nous.

— *Ce n'est pas qu'un gros problème! Au sein de l'Eglise, c'est un obstacle qui ne laisse même pas envisager un mariage religieux, c'est clair?*

— Même pas avec une dispense spéciale? Je veux dire, même si tous les deux on garde sa propre religion?

— *Ah, ah, ah! Ça c'est un problème qu'il faudra soumettre à qui de droit, quand tous les deux vous demanderez à contracter un mariage chrétien.*

— Bien sûr.

— *Enfin, je ne sais pas*[1].

1. Le mariage mixte est possible, même à l'église, lorsque le fidèle appartenant à une autre religion garantit au conjoint la liberté de pratiquer sa propre religion ainsi que la faculté d'éduquer les enfants dans le catholicisme. Dans ce cas, le fidèle d'une

— Ecoutez, je ne connais pas grand-chose à la religion musulmane. Etant donné votre si grande expérience, pourriez-vous m'en dire plus.

— *Il n'y a pas de morale, la morale n'existe pas.*

— Comment cela ?

— *Leur religion leur permet d'avoir sept, huit, même dix femmes, tranquillement.*

— Même en Italie ?

— *Certainement, ils sont musulmans. Il restent fidèles à leur religion, pas à la nôtre. D'ailleurs, ils sont très fidèles, sur ça, ils ont beaucoup à nous apprendre. Ils prient beaucoup.*

— Ça c'est vrai, mon fiancé aussi.

— *Les chrétiens ne font pas ça.*

— Alors, il me semble que c'est bien, non ?

— *Oui, le tout est de savoir qui on prie, ce que l'on demande et ce que l'on veut réaliser. La prière n'est pas une simple répétition de mots, elle est vivante ! Pensez-y un peu, mademoiselle. Pensez-y... Vous restez en Italie ou vous allez chez lui ?*

— Cet été, il voudrait me présenter à sa famille, là-bas...

— *C'est ce qu'ils veulent tous ! Evidemment !*

— Pourquoi, mon père ? Qu'est-ce que vous voulez dire ?

— *Je veux parler de la fuite de ces pauvres femmes italiennes mariées à ces gens-là. Il s'agit bel et bien de fuites, de fuites rocambolesques, car on ne résiste pas, on ne résiste pas à la vie de...*

— Mais non, mon père. Je pars en vacances, un mois, pour connaître ses parents, sa famille.

— *Mademoiselle, si vous pensez que c'est bien, faites-le. Je dis ça par simple expérience...*

— Mais mon père, un des préceptes de l'Eglise est : aimer son prochain comme soi-même. J'aime ce garçon...

— *... Faites ce qu'il vous demande. Que voulez-vous que je vous dise ? Si vous aimez de cette manière, faites comme bon vous semble.*

— Mais mon père, vous me donnez des doutes !

— *Bah voyons, le doute !* [petit rire] *Bah voyons ! Je dis ce qui est. La morale musulmane n'a aucune limite, c'est le harem, le sérail* [petit

---

autre confession ne participe que physiquement à la cérémonie, sans en réciter les prières ni se plier aux rites d'usage. Le prêtre ne pouvait pas ne pas être au courant : il essayait simplement de dissuader la jeune fille.

rire] *des maîtresses... Mais on m'a parlé de ça aussi : dans le même lit, je dis bien le même, il y a trois ou quatre femmes et l'homme choisit sa préférée, ce qui pour moi est déjà énorme, il choisit donc sa préférée et les autres assistent, écoutent...*

— Mais mon père, avec moi il n'a jamais...

— *Ah, ah, ah ! Peut-être pas maintenant, mais demain... Je prierai pour que le Seigneur vous inspire, mais si vous vivez déjà avec cet homme, comment revenir en arrière ? SI, SI vous l'aimez, ma fille, et de cette manière... A votre place je ferais attention, très attention... Je vous souhaite tout le bien possible, je prierai pour vous, d'accord ?*

— Oui, mon père, je vous remercie.

— *Au revoir, ma chère enfant. Bonne journée.*

***

Brindisi

— *[...]*

— Mon père, *Le Nouveau Catéchisme* parle de « baisers et caresses » au sujet des marques d'affection dans un couple. Comment l'interpréter ?

— *Ce qui n'est pas permis ? Que les marques d'affection soient chargées de cette recherche du plaisir pour lui-même, ça ce n'est pas autorisé...*

— Donc, la différence réside dans l'état d'esprit avec lequel on le fait ?

— *Tu t'en aperçois bien, non ? Si ton mari ne te demande que le côté matériel, et non la véritable union...*

— Avec mon mari j'ai des rapports bucco-génitaux. C'est un péché ?

— *Je comprends que ce genre de pratique favorise et donne libre cours à l'intimité du rapport, mais tout de même, essayons de... Il faut respecter ta dignité de femme et sa dignité d'homme. Il faut pratiquer une forme d'expression plus simple, plus linéaire. Tobias et Rébecca*[1] *s'agenouillaient pour prier à chaque fois qu'ils s'unissaient.*

1. Il s'agit de Tobias et Sarah (Tb, 8, 4-9). Cet épisode est également cité dans *le Nouveau Catéchisme*, n. 2361.

— Oui ?... Je ne savais pas.

— *Moi aussi, lors des préparations au mariage, j'invite les couples à la prière avant l'union. Autre chose ?*

— Non.

— *Je t'absous...*

⁂

Pérouse

— [...]

— *Le but principal du mariage est la procréation, c'est l'essentiel. Certes, pendant l'acte, on a une certaine liberté, mais qui ne doit pas être contre nature ni aller à l'encontre de la dignité humaine, spécialement celle de la femme, que l'on soumet en ces instants...*

— Sauf que ma femme est satisfaite.

— *Ah bon ? Elle est satisfaite ?*

— Parfois c'est même elle qui...

— *C'est elle ? Ça c'est un comble ! Votre femme peut bien être satisfaite, mais cela n'enlève rien au préjudice contre le Seigneur, n'est-ce pas ? La loi de Dieu reste identique, même si, tous les deux, vous êtes contents.*

— Mais entre mari et femme...

— *Ce qui est autorisé entre mari et femme ne peut pas aller contre nature, n'est-ce pas ? C'est moi qui dois vous expliquer comment pratiquer l'acte sexuel, l'acte conjugal ? Si vous le faites d'une tout autre manière, d'une manière inappropriée, vous allez contre la loi de Dieu. La sexualité, c'est Dieu lui-même qui nous l'a donnée.*

— Justement...

— *Moi aussi, il m'a donné cette pulsion sexuelle, mais j'y ai renoncé spontanément, n'est-ce pas ? Vous aussi, vous devez l'utiliser à bon escient. Ne sommes-nous que des animaux qui font ça par instinct ? Non, nous sommes des hommes ! Nous avons une volonté, une intelligence, nous n'avons pas le droit d'aller à l'encontre de la loi divine. Et ça, c'est aller contre... Dans la vie, combien de choses mériteraient le châtiment de Dieu ? Cette loi est toujours valable.*

— Qu'est-ce qui mérite ce châtiment ?

— *Les choses contre nature, par exemple. Elles méritent le châti-*

ment, et comment! On a beaucoup de liberté dans les rapports, mais dans les limites de la normalité. Je ne sais pas ce que vous faites, vous...

— Par exemple, nous avons des rapports bucco-génitaux...

— *Quoi? Ce n'est pas digne de l'homme! Ce sont les animaux qui font ça, et encore! Avoir du plaisir dans l'acte sexuel, d'accord, mais ça, ça c'est contre... c'est bestial, je suis désolé, mais c'est bestial. Est-ce qu'on a besoin de ça pour s'exciter? C'est pour vous exciter davantage?*

— C'est agréable.

— *Agréable, mais voyons! Oui, on dit ça, même si c'est contre nature.*

— Parfois, c'est ma femme qui me le demande.

— *Et votre conscience? Si elle vous demande ça... il ne fallait pas l'épouser. Elle ne peut demander que ce qui est licite, ça oui, vous avez des devoirs l'un envers l'autre, c'est ce qui s'appelle le devoir conjugal, non? Mais pas ce qui est contre nature, autrement il n'y a plus de limites.*

— Justement, ma femme dit que dans le mariage tout est permis.

— *Mais pas du tout, en ce qui concerne le sexe, rien que ce qui est normal, et pas ce qui relève de l'animalité... Car, ce dont vous parlez, c'est un plaisir bestial. N'ai-je pas raison? C'est de la sexualité bestiale, que les animaux pratiquent par instinct, et encore, car ils ne le font pas, même les animaux ne font pas ces choses-là.*

— Mais l'acte sexuel est bestial en lui-même.

— *Mais son but est la procréation. Dieu a créé l'Homme, le* mâle *et la* femelle *pour la procréation. Pour rien d'autre.*

— Oui, mais ça pose un problème : on ne peut pas avoir un enfant tous les ans.

— *Ah, mais ce n'est pas la question! Ce n'est pas pour autant que Dieu admet ces actes. Et puis, comment faisaient les gens autrefois, avec sept ou huit enfants? Comment les élevaient-ils? Nous, c'est parce que nous n'avons aucune confiance en Dieu et que nous voulons faire ce que bon nous semble. S'il y en a un, c'est déjà un de trop, pourquoi? Pour être libre, aujourd'hui la femme veut être libre et sans enfants.* [...] *Alors, pour pénitence, vous direz cinq Ave Maria et cinq Notre Père. Je t'absous...*

***

Rovigo

— *Quels sont vos péchés ?*

— J'ai des problèmes avec mon mari.

— *Ce sont des choses qui arrivent. Vous devez trouver la voie de la réconciliation.*

— Oui, mais il est un peu trop exigeant sexuellement. Alors, je vais souvent chez ma mère.

— *Il ne faut pas l'abandonner. Il ne doit pas interpréter votre geste comme un abandon. Enfin, c'est un fardeau que tout ménage doit supporter. Toutes les difficultés que vous rencontrez dans la vie de tous les jours, le travail, etc., tout cela influe sur vos rapports de couple. Nous devons essayer de nous aider les uns les autres à surmonter ces obstacles. Soyez le plus disponible possible.*

— Mais mon père, il y a des choses impossibles.

— *Pourquoi ?*

— Je n'accepte pas de faire tout ce qu'il me demande.

— *L'amour conjugal demande un échange de tendresse. Non seulement en ce qui concerne l'union spirituelle, mais à d'autres moments également. Vous parlez de ces moments-là ?*

— Oui, il me demande de pratiquer la fellation. Je n'en ai pas envie !

— *De faire quoi ?*

— La fellation.

— *La fellation ?!*

— Oui, mon père, cela veut dire des rapports bucco-génitaux.

— *Ah ! je comprends. Eh bien ! vous ne devez pas considérer ça comme une faute !*

— Mais c'est une dépravation !

— *Non, je ne dirais pas ça. Je ne pense pas que c'est une dépravation. En latin on dit bien* lambire genitalia *(lécher les organes génitaux). Vous connaissez le latin ?*

— Moi oui, mon père.

— Lambire genitalia ! *Ce n'est pas un péché... Ce sont les préliminaires à l'acte complet.*

— Mais je croyais que l'Eglise condamnait ces choses !

— *Non, cela me semble évident. Les baisers, les étreintes, les attouchements… Chacun connaît les techniques d'excitation, non? Les rencontres entre le mari et la femme ont lieu dans le cadre familial… les baisers, les étreintes, les caresses… ont pour but l'union totale. Il ne faut pas se culpabiliser outre mesure, d'accord? Ne vous dérobez pas à votre mari, essayez avec délicatesse… En tout cas,* lambire genitalia, *ce n'est pas un péché! Dites trois Ave. Je t'absous…*

⁂

Bologne

— Mon père, j'ai un problème qui m'angoisse.

— *Mais, c'est un péché, ou simplement un problème?*

— Je ne sais pas, mon père, je ne sais pas.

— *Depuis combien de temps tu ne t'es pas confessée?*

— Depuis une semaine.

— *Mais alors il n'y a rien de spécial. Quel est ce problème?*

— C'est la première fois que j'en parle à un prêtre. Je suis mariée depuis un an et j'attends un enfant. Physiquement, mon mari m'a toujours respectée. Mais maintenant, il exige des choses que je ne peux et ne veux pas faire. Il est devenu très insistant. Non seulement il veut pratiquer le coït anal, mais il souhaite aussi des rapports bucco-génitaux.

— *Mmmoui…? Pourquoi il ne veut pas d'un rapport normal.*

— Si il veut, mais ça ne lui suffit pas.

— *Bah, hummmm… mais… avec la bouche, oh! Comment c'est…?*

— Bucco-génitaux, mon père! Il a même dit qu'il irait avec une autre, si je…

— *Bah! Trouver une autre femme qui s'avilisse ainsi… il devra la payer cher, en plus, non? Les femmes qui vendent leur dignité parce qu'elles sont dans le besoin, je les comprends, je compatis. Pour quelques sous on peut s'avilir ainsi, mais c'est triste. Même si on s'habitue à faire certaines choses, n'est-ce pas?*

— Mais un couple marié peut faire ça?

— *Bien sûr, mais alors c'est une preuve d'amour, ça ne peut pas être qu'un simple plaisir. Je regrette pour vous, mais si votre mari est comme ça… Mais consolez-vous, même si vous l'avez incité, ce n'était pas volontaire de votre part. Le Seigneur vous pardonne, vous pouvez être sûre de Son pardon mais vous devez avoir la foi dans le sacrement et une certaine tranquillité d'esprit. Je t'absous...*

⁂

Rome

— *Alors, qu'avez-vous à me dire ?*

— Mon père, à propos du commandement : « Tu ne convoiteras pas la femme d'autrui », je me surprends souvent à...

— *A penser, oui, je te comprends.*

— En réalité, je ne fais rien.

— *Oui, oui, je comprends. Il faut distinguer entre la tentation et l'acte volontaire. Etre tenté par une autre personne qui nous inspire du plaisir, c'est commun à tout le monde. Il n'y a pas un homme qui ne me dise qu'il n'a pas été tenté ainsi... ou alors c'est un parjure, ou bien un malade. C'est une chose spontanée, voilà, la tentation en elle-même n'est pas un péché, le péché c'est quand notre volonté nous pousse à la satisfaire. Alors là, oui, vous comprenez ? Mais si vous rencontrez dans la rue quelqu'un qui vous plaît, il n'y a rien de plus normal. Toutefois, il faut se méfier, car on regarde, on regarde encore, on y pense, puis on regarde encore, ensuite la volonté ne peut plus grand-chose, vous comprenez ?*

— Par exemple, j'aime aller sur la plage, maintenant qu'il fait chaud, pour regarder...

— *Eh bien ! disons que, de cette manière on s'expose. Evidemment ce n'est pas interdit d'aller à la plage. Ça nous arrive, à nous aussi. Par exemple, moi, quand j'étais dans une localité de bord de mer, il y a quelques années, j'allais dire la messe dans une petite église qui donnait justement sur la plage. Est-ce que je pouvais la traverser les yeux fermés ? Bien sûr que non, car je me serais buté contre les gens. Hein ? Mon Dieu, que faire ? C'est ainsi.*

— Voyez-vous, mon père, le fait est que ma femme est très froide.

— *Froide ? Oui, j'ai compris.*

— C'est un glaçon...

— *Eh ! malheureusement c'est un problème, je vous comprends.*

— Elle ne veut vraiment jamais...

— *C'est un réel problème, seulement, elle ne devrait pas. Car l'union entre deux personnes implique l'affection, l'amour, le don total de l'amour. L'amour commence par la connaissance réciproque, dont le but est l'union complète de l'âme et du corps, ça c'est le véritable amour. Lorsque cette partie fait défaut, on en souffre. Je vous comprends, mais qu'est-ce qu'il faut faire ?*

— Ma femme dit qu'elle n'a jamais éprouvé de plaisir, jamais.

— *Si elle a des droits sur toi, toi aussi, tu as des droits sur elle. Mais voyons ! C'est un don réciproque, l'amour est un don réciproque, ça ne peut pas être à sens unique. L'amour s'exprime à deux.*

— D'autre part, que faire, si elle n'aime pas ça, l'obliger ?

— *Eh bien oui, obligez-la, rappelez-lui sa dette. Car c'est une dette. Par le mariage : « Je suis à toi et toi, tu es à moi », corps et âme. Même si elle n'éprouve rien, elle doit également penser à l'autre.*

— J'aurais l'impression de l'utiliser comme un instrument.

— *Le Seigneur a créé le mariage pour remédier aussi à la concupiscence, non ? Elle devrait donc être compréhensive et se dire : « Je renonce à mon plaisir afin que tu sois heureux » ; ça c'est le véritable amour réciproque, l'amour qui se sacrifie. Pensons au sacrifice du Christ qui nous a beaucoup aimés. Mais où cet amour l'a-t-il amené ? A la croix. Ainsi, quand nous pensons à l'amour terrestre, nous pensons uniquement à son aspect extérieur, alors que le vrai amour est peut-être le renoncement de soi-même pour le bonheur de la personne aimée. En effet, que signifie : « Je t'aime », sinon : « Je veux ton bien » ? Mais très souvent, c'est le contraire qui se produit : « Je veux mon bien ».* [gros rire] *Cela représente un problème, en tout cas. Prions le Seigneur afin qu'il nous éclaire et nous donne la force et le courage nécessaires. Vous verrez, petit à petit... Le Seigneur comprend toujours mieux que nous. En tant que prêtres, en tant qu'hommes, nous pouvons apporter notre réconfort, mais Lui, Il peut tout résoudre par la force du Saint-Esprit. Continue à prier, tu verras, lentement, elle deviendra un peu...*

— A votre avis, mon père, dans un cas comme ça, la rote pourrait...

— *Eh... elle pourrait même... car, si c'était déjà ainsi avant le mariage, il y aurait une raison suffisante pour l'annuler. Parce que le mariage implique, de toute évidence, l'union physique.* [...] *Priez le Seigneur afin qu'il vous donne beaucoup de courage. La vie est une lame de fond, pour tout le monde. Il y a un proverbe chinois qui dit : « Le mariage est comme une tour assiégée, ceux qui sont à l'intérieur veulent s'en échapper et ceux qui sont à l'extérieur veulent à tout prix y entrer ». Je t'absous...*

***

Rome

— *Soyons conscients de la présence du Christ. Dites-moi.*

— Mon couple est en crise : après trois ans de mariage, mon mari a demandé la séparation.

— *Pour incompatibilité ?*

— Nous ne pouvons pas avoir d'enfants. Physiquement tout est normal, mais j'ai des problèmes psychologiques.

— *Pourquoi ? Vous refusez les rapports ?*

— Les quelques rapports que nous avons eus ont représenté un gros effort pour moi.

— *Avant le mariage, vous n'aviez jamais eu de rapports sexuels complets ?*

— Pas complets, mais...

— *Oui, des manifestations d'affection, comme ça ?*

— Il a insisté, il disait qu'il est important de se connaître, même physiquement, pour éviter ce genre de soucis après le mariage. On aurait dit qu'il l'avait prévu !

— *Avez-vous essayé de vous confier à d'autres personnes... parce que souvent ce genre de difficulté a des origines psychologiques.*

— Nous sommes allés consulter un sexologue, sans résultat.

— *A votre avis, le problème est lié à votre mari, ou bien tout homme qui vous approche...*

— Tous les hommes, mon père...

— *Alors, il se pourrait que vous ayez eu une éducation un peu trop sévère, c'est-à-dire qu'on vous ait appris à voir le mal dans toute manifestation physique d'affection. Est-ce que tu as eu une formation religieuse plutôt stricte ?*

— J'ai fréquenté les écoles religieuses, de la maternelle jusqu'au bac. Mon mari est croyant, mais il soutient qu'il faut vivre avec son temps.

— *Eh oui ! D'ailleurs, madame, dans un mariage la sexualité représente... un prêtre n'en a pas l'expérience directe... mais d'après les confidences que l'on reçoit, c'est fifty-fifty, voilà, 50 %. Etant donné que les problèmes à affronter sont déjà assez nombreux, des soucis d'ordre financier jusqu'aux difficultés à comprendre l'autre, s'il n'y a pas cette compensation sexuelle, tout devient beaucoup plus compliqué.*

— Le fait est qu'il me demande des choses qui vont au-delà de...

— ... *Vous voulez dire qu'il vous demande des pratiques qui ne sont pas tout à fait naturelles... ?*

— Il veut des rapports bucco-génitaux et le coït anal aussi. Pour moi, c'est de la dépravation.

— *Je le pense aussi. Mais s'il vous demande une sexualité normale...*

— Il faut dire qu'il ne me l'a pas demandé souvent, mais moi, je me suis bloquée encore plus.

— *Même au début de votre mariage il y avait cet obstacle ?*

— Je n'ai pu supporter le rapport qu'après quelques mois.

— *Vous étiez tellement crispée qu'il n'arrivait pas à vous pénétrer ?*

— Exactement. Maintenant il demande la séparation. Qu'est-ce que je dois faire ?

— *Vous pourriez même essayer... l'annulation, le mariage ne serait pas annulé, mais pourrait être déclaré nul, jamais existé. Avec l'avis du sexologue, d'une part, et d'autre part votre déclaration commune et sincère confirmant vos difficultés à vivre le rapport sexuel, je pense que votre cas pourrait être présenté devant la rote.* [...] *Mais vous n'auriez pas plutôt une insuffisance pelvienne ? A savoir, ne seriez-vous pas très étroite ?*

— Non, mon père. Nous avons fait tous les examens, c'est vraiment une question psychologique.

— *Oui, au lieu d'éprouver du plaisir, au moment de la pénétration vous éprouvez comme une répulsion. Et ça, votre mari il le sent. Sinon tous les jours, un homme a besoin, dans le mariage, d'exprimer fréquemment son amour à son épouse et, par conséquent, d'avoir ce genre de satisfaction. Mais présentez votre cas au diocèse.*

— Vous pensez qu'il y a de bonnes raisons ?

— *Je pense que oui. Aujourd'hui surtout, les gens ont de gros problèmes psychologiques. L'Eglise devrait être plus tolérante en ce sens. Ce n'est pas l'égoïsme la raison de ces troubles.*

— Non, et s'il n'y a pas un peu plus de compréhension, les fidèles fuient ou s'éloignent.

— *De nos jours, tout est tellement exacerbé qu'on ne peut allumer la télévision sans que le sexe nous saute à la figure. Ça nous sort par les oreilles... Je n'ai aucune recette à vous donner... Mais essayez de vous rapprocher de votre mari, faites-le dès ce soir... Le lit conjugal est l'autel des époux, en se donnant l'un à l'autre, ils réalisent le vœu du Seigneur. Si tu aimes profondément ton mari, tu t'effaces devant lui... Aimer quelqu'un signifie se sacrifier pour lui. C'est là qu'on réalise la volonté de Dieu. Je t'absous...*

⁂

Modène

— *[...]*

— Ma femme est très exigeante sexuellement...

— *Si vous voulez parler de choses contre nature, je dirai que ce n'est pas permis, même si dans les manifestations affectueuses entre époux il peut y avoir des préliminaires très intimes...*

— C'est-à-dire ? Je ne comprends pas...

— *Oui, vous me comprenez, si par exemple le coït a lieu d'une manière inhabituelle...*

— C'est ce qui arrive aussi.

— *En tant que préliminaire peut-être. Oui, même les moralistes admettent ces actes un peu trop poussés, un peu trop intimes, qu'il n'est pas lieu de décrire ici... voilà, s'il s'agit simplement de jouer, mais pas de...*

— A ce sujet, nous avons souvent des discussions, ma femme et moi ; il faut préciser qu'elle n'est pas pratiquante et, étant donné qu'elle prend la pilule, elle soutient que ce n'est pas un péché de disperser la semence en se livrant à ce genre de coït.

— *Que voulez-vous que je vous dise, si votre femme prend la pilule, vous ne pouvez pas l'en empêcher.*

— Sur ça, nous sommes d'accord, mais si je la satisfais pour la tranquillité du couple, est-ce que je commets un péché ? Car je le fais vraiment et uniquement pour ça, et pour qu'elle n'ait pas à aller chercher ailleurs avec l'excuse que je suis un bigot.

— *Vous me posez un problème auquel je ne peux pas répondre. Mais... c'est tout de même étrange, ce sont plutôt les hommes qui sollicitent ce genre de choses d'habitude.*

— Je suis tombé sur une femme ardente, remarquez, je ne m'en plains pas, mais je ne voudrais pas aller contre l'Eglise.

— *Qu'est-ce que je dois répondre, moi? Je ne peux pas vous dire de le faire tranquillement, ça, je ne peux pas. Vous pouvez essayer d'en parler avec un prêtre plus proche.*

— J'ai voulu profiter de ce déplacement de travail pour me confesser loin de ma ville. C'est très gênant de parler de ces choses avec mon curé.

— *J'imagine. Mais parfois dans une autre ville... avec un religieux qui aurait une réputation de guide spirituel... tel que padre Pio, par exemple... Il n'y en a plus beaucoup, ça c'est vrai, mais enfin... Moi, je ne peux vous dire que ça, d'ailleurs, qu'est-ce que je devrais... Dans certaines églises il y a des jésuites, ou des frères appartenant à d'autres ordres...*

— La tentation serait de chercher un religieux tolérant...

— *Voyez-vous, c'est une chose que d'être tolérant dans la miséricorde et le pardon, et c'est autre chose que... Je ne peux pas vous dire que vous avez droit à ce genre de pratiques.*

— Mais il y a peut-être des théologiens, des moralistes qui admettent n'importe quelle pratique?

— *Non, je vous le répète, tant qu'il s'agit de préliminaires en vue de... comment dirais-je?... d'atteindre... l'union complète, l'orgasme, si vous voulez... parce qu'il y a des gens qui ont besoin de ces actes contre nature pour avoir l'orgasme... Mais laissez-moi vous signaler ce que nous étudions dans le cadre de la morale... prenons la bouche, par exemple.*

— Ça aussi, c'est une sorte de préliminaire, non?

— *Si vous faites* tout dans la bouche, *même l'éjaculation, cela devient un acte complet.*

— J'ai compris, mais justement, en ne faisant pas tout, même *par derrière*, pouvons-nous considérer ça comme un préliminaire?

— *Si vous n'atteignez pas l'orgasme.*

— Et si nous recommençons de la manière la plus normale?

— *Vous voulez dire que si vous ne faisiez pas comme ça, l'autre partie n'aurait pas de satisfaction?*

— Ça n'arrive pas à chaque fois, mon père...

— *Je crois que vous m'avez compris... Le désir humain est ce qu'il est, malheureusement, il faudrait pouvoir s'élever davantage. Quand on a la foi, on est prêt à des sacrifices, à des actes de générosité. Je vous recommande d'assister à la messe le plus souvent possible. Vous direz un Notre Père au Seigneur et trois Ave Maria à la Vierge. Et surtout, pour le reste, faites ce que vous pouvez, pour sauver votre couple au mieux. Je t'absous...*

⁂

Varèse

— *[...]*

— Il dit que ce que je veux, ce sont des actes contre nature, même les plus courants, comme les rapports bucco-génitaux !

— *Non, non ! Pas de ça, c'est pas bien ! Il a raison ! Il a raison !*

— Vous dites ? ! Il a raison ?

— *Eh oui ! Sur ce point vous n'y êtes pas du tout. Faites attention ! Aujourd'hui, certaines théories sexuelles font passer la déviation pour de la normalité. Eh oui, ça il faut le dire. C'est un peu dégoûtant. On est là en pleine confusion, excusez-moi de vous le dire !*

— Mais non, mon père ! Je ne veux pas passer pour une dépravée !

— *Je ne suis pas là pour juger des dépravations, je dis simplement que...*

— Mais les préliminaires sont nécessaires !

— *Attention ! Mon rôle n'est pas de donner des cours de sexologie. Mais il me faut bien vous rappeler aux valeurs de dignité et de respect. Certains gestes sont contre nature, parfois déviants. Aujourd'hui, ils sont peut-être reconnus comme une bonne chose, comme des préliminaires... mais pas du tout ! Il ne faut pas confondre !*

— Mais mon père, c'est en toute bonne foi !

— *Bon, si vous êtes de bonne foi, d'accord. Alors c'est la faute à ce genre de culture ! Mais, par rapport aux valeurs profondément humaines, éclairées par la foi, certains gestes... Essayez de me comprendre, je ne vous critique pas, je juge l'acte, non la personne... Mais enfin, certains actes relèvent d'un instinct animal !*

— Je me sens humiliée...

— *Non, je préférerais que ce soit plutôt une aide. Peut-être que les difficultés de votre mari, que vous n'arrivez pas à comprendre, dépendent justement de ça. Pensez-y un petit peu, devant le Seigneur et avec la pureté intérieure nécessaire : « Les gestes que je fais, ou que je demande, ou que j'exige, qui sont pour moi naturels (naturels entre guillemets), sont-ils vraiment les gestes de l'amour ? » Ça c'est la question !*

— [...]

⁂

Padoue

— J'ai été avec des prostituées.

— *Ecoute, ne viens pas ici dans l'espoir que je te pardonne comme ça, tu sais ? Quand on confesse certaines choses, c'est qu'on a décidé de s'amender. J'espère que tu me donneras une bonne nouvelle, que toi aussi, tu as décidé de t'amender. C'est vrai ? Ou bien tu recommenceras comme avant ? Quand le Seigneur a rencontré les femmes adultères — il en a rencontré trois, du moins d'après l'Evangile — il leur a pardonné. Qu'est-ce que le Seigneur a dit à celle qu'on allait lapider ? « Personne ne t'a condamnée, personne, et moi non plus je ne le ferai pas, mais ne commets plus ce péché. » Oh ! mais c'est une bonne nouvelle que tu me donnes là ! Tu viens te confesser parce que tu as enfin compris qu'il ne faut pas faire ces choses-là. Mais si tu ne t'amendes pas, il est parfaitement inutile de confesser tes péchés. Il est vrai que c'est un moindre mal, car, si au lieu de cela, tu avais promis à une jeune fille monts et merveilles, ce serait encore pire ; non seulement ce serait une chose impure, mais une escroquerie par-dessus le marché. Alors que, comme ça, tu paies ta part. Mais, mais... on ne peut continuer ainsi.*

— Voyez-vous, mon père, si ma femme était un peu plus disponible, mais pour elle tout est péché. Moi, je n'ai pas cette impression.

— *Mais, bien sûr que tout n'est pas péché. Avez-vous des enfants ?*

— Oui, un enfant de trois ans.

— *Un enfant, un petit Jésus. Certes, la morale catholique est très sévère, mais c'est aussi une question de bonne volonté, si tu agis honnêtement avec ta femme — mon Dieu ! — si tu ne la trompes pas avec une autre... Je n'ai pas le droit de te dire : « Vas-y, bravo ! » Non...*

— Toutefois vous êtes d'accord avec moi, tout est licite dans le mariage.

— *Non, ça je ne peux pas le dire. Beaucoup de choses sont autorisées, oui, beaucoup, mais tout n'est pas permis.*

— *Le Nouveau Catéchisme* dit qu'entre conjoints...

— *Il y a deux choses, deux buts principaux dans le mariage : tout d'abord la promesse d'amour et puis le don de son corps pour une éventuelle procréation. Alors qu'auparavant, l'union n'était envisagée qu'en vue de la procréation. Or,* Le Nouveau Catéchisme *— et c'est la première fois que je le vois écrit noir sur blanc — spécifie bien que les buts sont : la procréation et la promesse d'amour. Car, autrement, lorsqu'on ne peut plus avoir d'enfants, ce serait... Apprends-lui ces choses. Quand tu l'as épousée, elle était vierge ? Tu lui as fait l'amour ?*

— Non, pas avant le mariage.

— *Parce qu'elle ne voulait pas, oui, en effet, les filles bien éduquées... mais tu aurais quand même pu te demander pourquoi elle ne voulait pas.*

— Je crois qu'elle est frigide, tout le reste, c'est des excuses. Vous savez, mon père, elle prend la pilule et après elle me dit qu'on commet un péché à faire certaines choses.

— *Elle a peur de tomber de nouveau enceinte. Si elle prend la pilule, c'est pour ça.*

— Enfin, je regrette énormément.

— *De l'avoir épousée ?*

— De ne pas l'avoir fait auparavant, d'avoir suivi les préceptes de l'Eglise, au moins j'aurais su d'avance qu'elle était frigide.

— *Eh ! que veux-tu... elle t'a donné un enfant au moins. Mais ce n'est pas juste d'aller avec d'autres femmes.*

— Mais alors, qu'est-ce que je dois faire ?

— *Si tu veux être un vrai chrétien, tu dois t'en passer. Il n'y a rien à faire.*

— Ainsi, je suis obligé d'avoir une vie sexuelle déplorable parce que j'ai écouté ce que me disait le curé ?

— *Va voir ton curé, raconte-lui : « Monsieur le curé, voilà... » Tu lui parles ouvertement, emmène aussi ta femme, et comme ça, en discutant de choses et d'autres... tu sais ? Il y a des jours où la femme est frigide et, dès qu'elle peut, elle se dérobe. Avec quelle fréquence elle te laisse...*

— Elle a toujours mal à la tête.

— *Ah! Les femmes ont toujours mal à la tête. Mais à force d'insister… enfin…*

— Quand ça tombe bien, une fois par semaine, mais vous savez, c'est vraiment… une chose sans…

— *Si elle te sort que c'est un péché, réponds-lui : « Ce n'est pas vrai, avoue que tu n'éprouves aucun plaisir, mais ne me dis pas que c'est un péché ! »*

— Nous avons sans cesse ce genre de disputes. Elle est persuadée que je veux faire des cochonneries. Elle entend par là des choses comme la fellation…

— *Tu sais quoi ? Ce sont les petits vieux qui demandent ça, quand ça devient très difficile. Tu en connais des façons d'expliquer, toi, tu es médecin ?*

— Non, j'enseigne la littérature.

— *Quel âge as-tu ?*

— J'ai quarante-deux ans.

— *Eh bien! tu as encore dix ans à passer avant de te calmer, t'inquiète pas.*

— J'aimerais en profiter.

— *Avec ta femme tu en aurais même le droit, mais… si tu me dis que tu vas avec d'autres, tu finiras en enfer. Tu as l'impression de devenir fou, mais non, tu ne deviens pas fou. Souviens-toi qu'autrefois il y avait la masturbation. Essaie, après ça passe. Que veux-tu, on fait comme on peut… Si tu es un polisson, tu devais te trouver une femme polissonne, sans scrupules religieux, qui t'aurait… Mais aller avec des prostituées… Quelqu'un m'a dit : « Mon père, si j'attrape le sida c'est cuit, je ne veux pas tomber malade. Il est vrai que je mets une capote, mais si elle se déchire, comme c'est déjà arrivé ! »*

— Moi, j'en mets deux. Dites-le à vos fidèles, mon père.

— *Un autre m'a avoué : « Moi, je n'achète pas celles à 700 lires, mais celles à 3 300 lires… » Moi aussi je suis malin, vous savez ? Quand j'étais jeune, je regardais les journaux de charme, il y avait écrit : « HATU*[1] *— trois points de suspension — et je suis tranquille. » Que signifie ça ? Ah, il vaux mieux laisser tomber.*

— Vous savez ce que signifie HATU ?

— *C'est la marque.*

1. Cette marque de contraceptifs est très répandue en Italie.

— C'est la contraction de : *habemus tutorem* (nous avons une protection).

— *Ah bon? Ça, je ne savais pas, note que j'ai* [...] *années...* Habemus tutorem *veut dire...?*

— Oui, c'est écrit quelque part.

— *Pour aller à Rome, on passe par Bologne, c'est là qu'il y a l'usine HATU, tiens, tiens...* habemus tutorem, *signifie... Ainsi, tu dis au Seigneur : « Seigneur, je viens à Toi, je T'aime, mais à ma façon... » Tu vois, l'adultère est toujours l'adultère, même avec une prostituée. Enfin, c'est ton affaire, je te donne l'absolution, mais souviens-toi, il ne faut pas se présenter au Seigneur avec cette pensée : « Mon Dieu, d'une part je suis chrétien, mais d'autre part je fais ce que je veux car je n'y arrive pas. » Au contraire, tu dois dire : « Mon père, c'est ma dernière confession, j'attends que mon fils soit grand, que ma femme ne soit plus fertile, pour qu'elle n'ait plus peur, et après... » Voilà, tu as compris ? Devant le Seigneur, si je m'avance trop, je ne suis plus prêtre, d'un autre côté, si je veux être honnête, je ne peux pas te condamner, car j'aurais les mêmes difficultés, si j'étais à ta place, et alors ?*

— Je crois que vous êtes d'accord avec moi.

— ... *Que le Seigneur vienne à ton secours. Oui, je suis d'accord avec toi, mais en tant que chrétien, je n'en ai pas le droit. En tant qu'homme je suis d'accord. Heureusement que je ne suis pas marié car, si j'avais une femme qui ne me donne aucune satisfaction, autant me faire moine !*

— Et je crois que le Seigneur me pardonne.

— *Je le souhaite, mais tu sais, tu dois prendre une résolution. Dis trois Notre Père à saint Antoine pour qu'il accomplisse le miracle. Mais souviens-toi : pas de prostituées et encore moins de jeunes filles. Tu dois vivre avec ta femme, la conquérir par l'amour, non par la violence. Ça doit être une douce violence. Tu comprends ? Je t'absous...*

⁂

Rome

— *Quels sont les péchés dont vous vous souvenez ?*

— J'ai fait l'amour avec ma cousine et son copain. Nous avions bu, fumé un petit peu et...

— *C'était la première fois ?*

— Oui.

— [pause] *Quoi d'autre ?*

— Rien, j'ai du remords... Autre chose... je ne saurais pas...

— *Demandez pardon. Il y a toujours une première fois. Ce serait bien pire si c'était la deuxième ou la troisième fois, ça deviendrait une habitude. Soyez prudente. Quant aux causes... eh bien ! quand on est jeune on se fourvoie facilement. Demande pardon au Seigneur et tâche d'éviter les mauvaises occasions dans le futur. C'est ce que nous disons à tous. Dix Ave Maria en l'honneur de la Vierge. Acte de contrition. Je t'absous...*

⁂

Ancône

— *Depuis quand ?*

— Je ne me suis pas confessé depuis quelques mois et je ne vais pas trop souvent à la messe du dimanche.

— *C'est par négligence ou vous ne pouvez pas ?*

— C'est que parfois je travaille le dimanche.

— *Quel genre de travail ?*

— Un magasin qui peut rester ouvert quelquefois...

— *Si vous devez aller chez le médecin, sans que ce soit prévu, ou répondre au téléphone... vous le faites ? Donc, une heure ne change pas grand-chose ! Personne ne te condamne, entendons-nous bien, mais très souvent nous pourrions y aller et nous y renonçons. C'est comme si nous volions Dieu, comme font ceux qui touchent des pots-de-vin. Eux, ils volent et de la même façon nous volons Dieu, en n'allant pas à la messe...*

— A propos de pots-de-vin, mon père, il m'est arrivé d'en donner pour avoir des autorisations.

— *Vous voyez ? Vous aussi, vous y êtes passé !*

— Comment faire autrement ? On me l'a demandé, je ne l'ai pas proposé.

— *Ah ! C'est un tout, aujourd'hui on donne, demain... et ça recommence ! Vous leur avez donné beaucoup ?*

— Oui, beaucoup d'argent.

— *Des millions ?*

— Oui, des millions.

— *Des millions... C'est trop !*

— Et moi, je me suis rattrapé sur les clients.

— *Voilà, vous voyez ? Avec les clients, toujours contre la justice, contre la charité. Un peu par ici, un peu par là. Ça va, demandez pardon... Si vous pouvez y remédier.. avec les clients, parce qu'avec eux il y aurait beaucoup à faire... hein ? Autre chose ?*

— Et puis, il y a plus grave, mon père, j'ai commis des actes impurs avec ma petite fille...

— *Oh ! Ça c'est grave ! Ça ne me plaît pas ça, si on vous surprend, vous allez en voir de belles, c'est la prison tout de suite. Violer une enfant !*

— Non, non, je ne l'ai pas violée.

— *Y a-t-il eu des rapports ?*

— Non, non.

— *Des choses intimes...*

— Oui, des jeux, des choses...

— *Avec les sous-vêtements, non ? Une caresse... mais pas de luxure, hein ?*

— Ben, vous savez, elle ne s'en aperçoit même pas.

— *Eh oui, elle est petite !... Bon, dix Ave Maria à la Vierge. Je t'absous.*

⁂

La Spezia

— *Dites-moi.*

— Mon père, je suis là pour rencontrer un officier de la marine. Je dois lui remettre une somme d'argent afin que mon frère soit exempté.

— *Ah, carrément !*

— Oui, mon père. C'est comme ça que ça marche maintenant.

— *Pourquoi vous ne voulez pas qu'il fasse son service militaire ? C'est une expérience qui n'a pas que des inconvénients. S'éloigner un peu de la maison pour former sa personnalité, c'est bien. Certes, il y a des côtés très difficiles, mais tous les jeunes gens que je connais ont changé en mieux.*

— Je sais, mon père. Mais s'il part, il va perdre son emploi.

— *Oui, je comprends. Cela m'étonne, car il y a beaucoup de gens exemptés qui n'ont pas besoin de payer. C'est une malhonnêteté.*

— Mais je suis très... très attachée à mon frère ! L'idée de ne pas le voir pendant un an... vous comprenez ? Et lui aussi...

— *Mais il le sait que vous devez payer ?*

— Oui, oui, il le sait.

— *Beaucoup ?*

— Quinze millions de lires !

— *Dites donc ! Tant que ça ?*

— Oui.

— *Et pour quelle raison il va être exempté ?*

— Je ne sais pas exactement, en tout cas on nous l'a assuré.

— *J'ai compris. Qu'est-ce que tu attends de moi ? Si on ne peut pas revenir en arrière... Certes, ce n'est pas correct, même si ça ne porte préjudice à personne, non, ça non. Cela arrive toujours quand les appelés sont en surnombre. Mais il y a une sorte d'injustice vis-à-vis de ceux qui, se trouvant dans des situations peut-être pires que la vôtre, ne peuvent pas payer. Donc, il ne faut pas se plaindre du système des pots-de-vin, quand on joue le même jeu, même si on n'est pas du côté de ceux qui empochent, ce qui est bien plus grave ! Y a-t-il autre chose ?*

— ... C'est difficile pour moi de me confesser, car c'est vraiment très grave...

— *... Hum... ?*

— Cela concerne mon frère. Voilà, nous sommes vraiment trop attachés l'un à l'autre. Je n'arrive pas à... vous me comprenez ?

— *Etes-vous mariée ?*

— Non, mon père.

— *Vous allez à la messe du dimanche ? Est-ce que vous priez ?*

— Mais comment aller à la messe dans ces conditions ? Ce serait se moquer du Seigneur !

— *Je sais. Oui, ça c'est vrai ! Mais quand la maladie est grave, on a besoin des meilleurs médecins ! Pour ce qui est de notre âme, le meilleur médecin reste le Seigneur ! Cette confession pourrait être le début d'un nouveau contact avec la foi et avec le Seigneur à qui nous avouons nos péchés en toute humilité, dans l'espoir et dans l'attente qu'Il nous guérisse. Il est impossible de guérir tout seul, n'est-ce pas ?*

— J'ai essayé, croyez-moi... S'il faisait son service militaire peut-être... Mais il est trop tard.

— *Vos parents sont au courant ?*

— Non, non, ils ne savent rien ! Je ne peux pas le leur dire ! Et si je le quitte, c'est lui qui menace de parler !

— *Vous pourriez partir de la maison, trouver un emploi ailleurs... ce n'est pas possible ?*

— Absolument pas ! J'ai un emploi et je le garde ! Et il n'y a aucun moyen d'être mutée ailleurs.

— *Alors, il ne se rend pas compte qu'il faut en finir ? ! Même si cela a pu se produire, il faut savoir remonter la pente et reprendre une existence normale. Tous les deux, vous devez vivre votre vie de la manière la plus normale possible. Mais comme ça, vous vous enfermez de plus en plus !*

— Il ne veut pas entendre raison ! Moi, je sais ce qu'il faudrait faire, mais si je n'ai aucun soutien...

— *Quel conseil attendez-vous de moi ? Pensez que le Seigneur est descendu si bas, au point de devenir homme. Il est tombé trois fois avant de monter sur la croix, et Il est mort comme un malfaiteur, justement pour nous dire qu'il n'y a pas de circonstance assez grave pour qu'Il ne la comprenne afin d'ensuite nous aider. Ça c'est l'enseignement de cette confession, de ce renouveau. Ce que tu demandes c'est un point de repère... un confesseur intelligent, capable de te donner de bons conseils, d'examiner avec toi le processus d'évolution de ce qui te préoccupe. Tout cela exige beaucoup de rigueur, tu sais ?*

— Qu'entendez-vous par « processus d'évolution » ?

— *Mettre à plat la situation. Faire des petits pas qui pourront mener à la libération totale.*

— Il ne vaudrait pas mieux trancher tout de suite ?

— *Ce serait l'idéal. La meilleure solution, comme quand on décide d'arrêter de fumer... C'est stupide comme exemple ! Mais quand on arrête, on arrête. Alors que si on commence par diminuer... Mais s'il n'est pas possible de procéder par petits pas, il faudrait, du moins, trouver de plus en plus de moments de dialogue avec votre frère, afin qu'il s'ouvre à la raison. Mais il faut d'abord prier. Se répéter toute la journée : « Seigneur Jésus, ayez pitié de moi, pauvre pécheresse ! » Cette force agit de l'intérieur et nous permet de faire des choix apparemment impossibles et impensables, mais auquels nous parviendrons, avec l'aide du Seigneur. Ce serait également une bonne chose de s'engager dans un groupe chrétien, par exemple, pour avoir une expérience de vie chrétienne intense. Demande déjà pardon sincèrement au Seigneur et fais-lui la promesse de te sortir de cette situation. L'absolution est valable dans la mesure où il y a un profond désir de changement. N'aie pas peur de regarder le Seigneur en face. Tes larmes, verse-les devant Jésus-Christ. Je t'absous...*

***

Milan

— Mon père, j'ai un péché grave à confesser. Pour mon travail je me rends souvent en Extrême-Orient, Thaïlande, Japon, Philippines... où il y a de très jeunes prostituées.

— *Depuis combien de temps ne vous êtes-vous pas confessé ?*

— Depuis quelques mois, depuis Pâques. C'est autour de Pâques, justement, que je suis parti en Thaïlande, où j'ai acheté une de ces jeunes filles.

— *Quoi ?*

— Je vous ai prévenu, mon père, c'est grave.

— *Une femme achetée ? Qu'est-ce que ça veut dire ?*

— Ça veut dire que... je l'ai achetée, tout simplement, et je lui ai procuré un faux passeport.

— *Et vous l'avez amenée ici ?*

— Oui, mon père. Et... je l'ai installée dans un studio, étant donné que je suis marié. Et... bref, elle est très contente.

— *Comment ? Pourquoi elle est très contente ?*

— Vous savez, là-bas elle était dans un bordel et maintenant... maintenant au moins...

— *Maintenant c'est moins le bordel qu'avant ! Je ne sais pas... c'est grave. Vous la tenez comme une prostituée. Alors qu'il faudrait lui trouver un travail, un nouveau travail, pour qu'elle puisse se suffire à elle-même. Quelle est sa religion, elle est chrétienne ou pas ?*

— Non, elle est taoïste. Je suis très attaché à elle.

— *Eh, je comprends. Etes-vous marié? Avez-vous une famille?*

— Oui.

— *... Vous avez de grosses responsabilités, c'est un péché très grave, c'est une lâcheté; il faut comprendre que maintenant vous lui devez du respect, il importe qu'elle se mette en règle, un faux passeport n'est pas suffisant pour être accepté dans un pays, vous savez? Il y aura sûrement des complications.*

— Elle a un visa touristique.

— *Pour combien de temps il est valable?*

— Six mois. Vous savez, mon père, je suis tombé amoureux de cette fille. Du moment que je ne suis pas marié à l'église, car ma femme n'est pas croyante, je suis presque tenté de...

— *Vous vous êtes mis dans de beaux draps, vraiment! Comment penser à l'épouser? Vous êtes déjà marié civilement! Il vous faudrait divorcer, mais également régler la question religieuse. Vous ne pouvez l'épouser simplement parce que vous êtes tombé amoureux d'elle.*

— Je crois qu'elle serait prête à se convertir.

— *On n'a pas besoin de se convertir pour se marier, on peut très bien faire un mariage mixte. Vous avez également des enfants?*

— Oui, j'ai un fils.

— *Et alors? Admettons que... il faut d'abord sauvegarder votre famille! Non seulement, mais il est important que vous vous mariez aussi à l'église.*

— Vous savez, depuis longtemps, les rapports avec ma femme ne sont plus ce qu'ils étaient...

— *D'accord, mais vous avez un fils tous les deux.*

— Il est déjà grand, cette année il rentre à l'université, par conséquent...

— *Il sera toujours un fils de parents séparés : c'est dramatique! Il traînera ça toute sa vie, ce n'est pas bon. Il dira : « Mon père, il s'est pris une Thaïlandaise. » Vous imaginez? Comme si ces jeunes filles étaient des jouets! Ce n'est pas possible. Vous ne devez pas oublier que vous avez déjà une famille et qu'elle devra être reconnue devant Dieu. Cette fille ne pourra jamais être votre épouse.*

— En tout cas, ma femme ne voudra jamais se marier à l'église, nous en avons déjà parlé...

— *Eh bien! alors, continuez à rester ensemble comme vous l'avez fait jusqu'à présent. Mais c'est mal. Si votre femme découvre quel genre de liens vous entretenez avec l'Orient, il vous faudra lui faire comprendre que vous seriez prêt à l'épouser à l'église et à abandonner tout ça. Ce serait déjà une bonne chose.*

— Je devrai lui dire... ?

— *Votre femme n'est pas au courant ?*

— Non, bien sûr que non !

— *Evidemment ! Alors, vous ne lui direz rien, mais il faut rester avec elle et prier le Seigneur afin qu'il vous aide à la convaincre qu'il est nécessaire de régulariser votre mariage à l'église. Vous comprenez ? Elle n'est pas croyante ? Il est essentiel qu'elle commence à croire en quelque chose. Qu'est-ce qu'elle fait ?*

— Elle est dentiste.

— *Ah ! odontologiste ?*

— Oui, oui. Son activité lui permet d'être économiquement indépendante.

— *Ah ! ces femmes indépendantes... qui passent à côté de la vraie vie ! Si elle n'est pas en règle avec Dieu... Courage ! Et cette jeune fille qui va rester ici quelques mois, vous devez l'aider...*

— Mais mon père, si je la renvoie chez elle, c'est comme si je la renvoyais se prostituer.

— *Essayer de faire en sorte que... Vous devriez parler avec un prêtre de son pays, à Milan il existe... attendez...* [après avoir consulté un livre, il fournit les adresses de deux églises où il y a un prêtre chinois et un autre coréen].

— Merci, mon père, mais mon idée serait de la garder ici, de l'embaucher en tant que domestique afin qu'elle obtienne une carte de séjour.

— *Ce serait la meilleure chose à faire, mais je ne sais pas si votre femme serait contente de cela.*

— Non, elle n'en saurait rien. Ce serait juste une embauche comme ça... Je me suis renseigné, quand on a un emploi on a droit à une carte de séjour. Elle continuera à rester dans son studio.

— *D'accord, mais n'oubliez pas qu'elle n'est pas votre femme. Il faut la respecter et l'instruire afin qu'elle puisse se suffire à elle-même. Quel âge a-t-elle ?*

— Elle-même ne le sait pas, mais elle ne doit pas avoir plus de quatorze ans.

— *Ce sont vraiment de très jeunes filles.*

— Oui, sur son passeport ils ont mis dix-neuf.

— *Oui, pour faire croire qu'elle est majeure. Je ne peux pas vous donner l'absolution si vous avez l'intention de continuer ainsi. Jusqu'à présent vous n'avez jamais confessé ce péché ?*

— Si, je l'ai fait...

— *Et on ne vous a rien dit... ?*

— On me dit toujours d'arrêter, bien sûr. Et à chaque fois j'en ai la ferme intention, mais après...

— *Il faut fuir les occasions. Lors de vos prochains voyages en Orient, n'allez plus dans cet hôtel... il faut essayer de l'éviter. Vous allez à la messe le dimanche ?*

— Oui, mon père. Quand je suis en Italie, j'y vais.

— *Par conséquent, pensez-y. Demandez pardon au Seigneur pour tous vos péchés, même pour ceux dont vous ne vous souvenez pas ou que vous ne connaissez pas, comme les mauvaises pensées, les mauvais spectacles, la télévision... Pour pénitence, un Notre Père, un Ave Maria et un petit pèlerinage. Vous êtes de Milan ?*

— Oui.

— *Allez donc dans une église dédiée à la Vierge, disons Santa Maria delle Grazie, rendez-vous là-bas et récitez un chapelet. Vous pouvez bien faire ce petit effort. Pouvez-vous consacrer un peu de temps à ça ? Je t'absous...*

***

Belluno

— *Cela fait longtemps que vous ne vous êtes pas confessée ?*

— Oui, environ six ans. Voyez-vous, je n'ai jamais eu le courage de me confesser depuis que j'ai une liaison.

— *Elle est finie maintenant, cette liaison ?*

— Non, mon père, ça continue. D'ailleurs, vous savez...

— *Etes-vous mariée ?*

— ... Non, mon père, je ne... C'est que... il s'agit d'une femme... Il semblerait qu'avec *Le Nouveau Catéchisme* l'Eglise soit un peu plus ouverte à notre égard.

— *Mais l'Eglise n'est pas plus tolérante maintenant. Hier comme aujourd'hui, elle a toujours fait preuve de miséricorde, mais... vous devez la quitter, c'est contre nature, vous savez ?*

— Mais je ne peux pas faire autrement !

— *Vous vivez avec elle ?*

— Oui, bien sûr. J'ai même réussi à la rapprocher du Seigneur, mais, sachant que les gens comme nous ne sont pas acceptés, elle refuse d'aller à l'église.

— *Et vous, est-ce que vous allez à la messe du dimanche ?*

— Non, mon père. Je n'y vais plus depuis que je vis avec elle.

— *Mais comment ça se fait que vous ayez une liaison avec cette femme ?*

— ...C'est arrivé tout simplement. Nous sommes tombé amoureuses, c'était plus fort que nous. Nous sommes bien ensemble, elle représente toute ma famille.

— *Voyez-vous... cette attitude, n'est-ce pas ? ... C'est contre nature. L'homme est fait pour la femme et vice versa. Et votre comportement est anormal. Ce n'est pas l'Eglise qui n'accepte pas... Souvent elle est sévère, mais non parce qu'elle ne veut pas telle ou telle chose ou qu'elle n'en tient pas compte. Elle en tient compte, et comment ! Seulement, elle réfléchit à la manière d'aider à se sortir de... de ce cercle vicieux.*

— Mais mon père, ce n'est pas une question purement physique ! Nous nous complétons, je me sens bien avec elle.

— *Pardonnez-moi d'être indiscret, mais... où est-ce que vous habitez ?*

— Près de Milan. J'ai profité de ce déplacement.

— *Ah ! Vous n'êtes donc pas d'ici ! Mais, même si je vous donnais l'absolution... ça ne servirait pas à grand-chose, du moment que vous n'avez pas l'intention de rompre. C'est comme si vous aviez volé et que vous ne vouliez pas arrêter de le faire. L'absolution n'a de valeur que s'il y a un réel désir de s'amender.*

— Mon père, je ne peux pas, je ne veux pas la quitter ! Je redeviendrais comme avant, un être incomplet. J'ai fait d'énormes sacrifices, j'ai même changé de ville, mon père ne veut plus me voir... il ne comprend pas. Ce n'est pas une forme de dépravation, contrairement à ce qu'on pourrait penser. Je vous le répète : elle représente toute ma famille !

— *Oui, mais s'il y a des rapports sexuels... c'est ça qui est grave, c'est une déviance ! Je comprends qu'entre amies on puisse s'aider, mais ceci... non, c'est de la dépravation ! Pardonnez-moi, mais vous n'avez aucune attirance pour les hommes ?*

— Non, mon père ! Comment vous expliquer... ? Ça me dégoûte !

— *Ne parlez pas si fort !*

— Excusez-moi. Cette force, cette violence chez l'homme...

— *Ne croyez-vous pas que ce soit une autre forme de violence, doucereuse et cachée... ?*

— Mais c'est cette douceur qui m'attire, je ne vois pas de violence !

— *Vous avez un moment, ou bien vous devez partir ?*

— Je dois partir.

— *C'est la première fois que vous confessez ce que vous venez de me dire ?*

— Oui, j'ose le faire seulement maintenant.

— *Je comprends votre besoin de vous approcher de Dieu, mais si vous ne voulez pas ARRÊTER, il n'y a pas d'autre solution... Ça c'est le plus grave, tant que vous ne VOULEZ PAS... L'Eglise est beaucoup plus compréhensive que ce qu'on pense, même après ses récentes déclarations. Mais ici c'est la VOLONTÉ qui fait défaut ! J'ai déjà rencontré des cas semblables, mais il y avait un désir réel de changer. Mais vous, au contraire, vous dites : « Non, je suis comme je suis et c'est ainsi que je veux rester ! » Vous êtes dans une IMPASSE ! Vous n'êtes pas prête à recevoir l'absolution. Votre prétendu bonheur n'est que superficiel. En réalité, ceci cache bien d'autres problèmes. C'est ça la question !*

— Vous savez, parfois j'aimerais ne pas être ainsi.

— *Ah ! mais j'en suis sûr. Je n'ai aucun mal à le croire.*

— Voyez-vous, je ne vis pas bien...

— *... Eh ! qu'est-ce que je disais, vous êtes malheureuse !*

— Non, je ne vis pas bien dans cette société ; il est difficile de concilier la vie privée avec la vie publique. Mais quand je suis à la maison avec elle...

— *Oui, mais vous voyez qu'il y a un déséquilibre ? C'est ce que je vous disais tout à l'heure : l'homme est fait pour un tout autre genre d'harmonie. En tant qu'être social, il évolue au contact de ses semblables, qu'il influence et par qui il se laisse influencer. L'homme n'est pas fait pour l'« ambiguïté ». Je pense que des entretiens avec des personnes qualifiées, même avec des prêtres, en prenant un peu plus de temps — car nous sommes à Pâques — et surtout dans une position plus confortable, je veux dire, pas agenouillée comme vous l'êtes en ce moment, voilà, je pense que l'on pourrait essayer de résoudre votre problème. Si toutefois il y a de votre part la volonté de vous en sortir.*

— Eventuellement un psychologue… ?

— [petit rire] *Oui, c'est ce que je voulais dire, exactement ! Eh oui ! Mais vous savez, le psychologue… certes, c'est un cas intéressant, mais le psychologue ne va pas au-delà d'un certain point, après c'est Dieu qui intervient sur votre volonté. C'est Lui qui doit vous transformer. Mais je crois que vous êtes assez forte. Il vous faut seulement… Dans votre situation, ce n'est pas l'absolution momentanée qui va résoudre LE problème. Car je peux vous la donner pour ce que vous avez commis jusqu'à présent, mais LE problème de fond demeure, et ce n'est qu'avec l'aide de votre volonté que vous obtiendrez l'absolution totale. Vous dites que les moments passés à la maison… mais ceux que vous passez en dehors ?*

— Vous savez, mon père est persuadé que je suis habitée par le diable !

— *Eh bien ! laissons le diable là où il est. Oui, logiquement il y a une tentation… Il y a le diable, il y a cette tendance, ce désordre. Mais il suffit de tout remettre en ordre. Il vous faudrait un sexologue, plus qu'un psychologue.*

— Je vais y réfléchir, mon père. En tout cas, merci.

— *Je vous donne ma bénédiction et je vous confie au Seigneur. Je regrette. Dans quelque temps, quand vous reviendrez, peut-être serez-vous en mesure de recevoir l'absolution. Mais allez d'abord chez un sexologue !*

*
**

Italie du Nord

[Le pénitent confesse son homosexualité et sa cohabitation avec son compagnon. Pour une raison qui va se révéler évidente, je ne divulgue pas le nom de la ville.]

— […]

— *Eh bien, il me semble que l'Eglise a confirmé, même tout récemment, son attitude de bonté, de miséricorde et de compréhension spécialement envers ce genre de situations.*

— Oui, *Le Nouveau Catéchisme* exhorte à nous accueillir et à nous traiter avec gentillesse. Mais il dit aussi que nous devons vivre dans la chasteté.

— *Certes, tout cela a un sens.*

— Est-ce que vous pouvez imaginer comme c'est difficile ?

— *Il faudrait une volonté de part et d'autre.*

— Voyez-vous, si je tenais ce genre de discours à mon compagnon, il me quitterait. Après quoi, chacun recommencerait comme avant, c'est-à-dire à pécher constamment. Je crois que ce serait bien pire.

— *Non, attendez un instant. Voyons voir. Dans ce livre c'est très bien expliqué, alors* [il lit] *: « Homosexualité. L'Ancien et le Nouveau Testament désignent l'homosexualité parmi les pires dégénérescences. Dans son Epître aux Romains, après avoir expliqué pourquoi le refus d'adorer le Seigneur et de Lui rendre grâce constitue le motif principal de la dégradation humaine, saint Paul continue ainsi : « Aussi Dieu les a-t-ils livrés selon les convoitises de leur cœur à une impureté où ils avilissent eux-mêmes leurs propres corps ; eux qui ont échangé la vérité de Dieu contre le mensonge [...] perpétrant l'infamie d'homme à homme et recevant en leurs personnes l'inévitable salaire de leur égarement. »*

— Vous ne trouvez pas ce discours très dur, mon père ? Je suis né de la sorte, je ne l'ai pas choisi.

— *Je sais que c'est difficile.*

— Tout jeune j'étais déjà comme ça. J'ai même essayé d'aller...

— *Voyons un peu ce qu'il dit : « Pourtant le confesseur aura souvent affaire à des personnes qui prient et qui souffrent beaucoup de leur penchant à la perversion. Même dans ce domaine, la condition indispensable pour une aide efficace se trouve dans un esprit de discernement et une connaissance de la psychologie. S'il s'agit d'une tendance homosexuelle, il faut absolument mettre en évidence le devoir de s'y opposer de toutes ses forces. En particulier quand il s'agit d'éveiller, chez les personnes intéressées, le sens de la responsabilité pour éviter qu'elles se rendent coupables de la perversion d'autrui. »*

— Voilà, justement. Après tout, me limitant à un seul homme...

— *Cette vie à deux vous place déjà dans une condition... anormale, dirions-nous, n'est-ce pas ?*

— Je sais, mais c'est peut-être moins grave de vivre à deux toute une vie plutôt que de changer de partenaire tous les soirs, comme nous faisions, chacun de notre côté, auparavant. Maintenant, avec cette liaison, j'ai l'impression de pécher dans une moindre mesure. Je sais que c'est « contre nature », mais c'est pourtant ma nature à moi.

— *Continuons notre lecture : « S'il y a lieu, le confesseur doit même évoquer le devoir de se soumettre à un traitement. Lorsque par sa faute un homme se rend incapable de fonder une famille, il commet un péché contre lui-même et contre la société, il peut, par conséquent, devenir la cause de nombreux troubles. Si le confesseur se trouve face à des personnes qui, en dépit de toute leur bonne volonté, retombent toujours dans le péché, qu'il fasse preuve de la compassion du bon Samaritain. Une compréhension bienveillante et une exhortation respectueuse aideront davantage qu'un sévère reproche. » Je ne suis pas ici pour condamner, dit Jésus, je suis venu pour sauver.*

— Justement, pourquoi l'Eglise n'accepte pas, ou plutôt ne reconnaît pas qu'il ne s'agit pas d'un vice mais d'un…

— *Je sais, c'est un fardeau que nous devons tous supporter. C'est un lourd fardeau.*

— C'est comme ça parce que l'Eglise nous condamne, autrement ce serait une joie, comme la vie normale.

— *Eh bien, on ne peut pas appeler ça normal, mais comme l'écrit l'apôtre Paul directement aux Romains — et nous savons que ses épîtres sont inspirées par le Saint-Esprit — et l'Epître aux Romains est une des plus importantes jamais écrites par Paul… Je ne sais pas, mais l'Epître aux Hébreux, non, non elle n'est pas attribuée à saint Paul, mais en tout cas, je crois qu'un appel aussi fort nous le trouvons seulement dans l'Epître que j'ai déjà citée. Voilà pourquoi Dieu dit qu'il faut les abandonner à leurs passions infamantes : « … [ils] ont brûlé de désir les uns pour les autres, perpétrant l'infamie d'homme à homme et recevant en leurs personnes l'inévitable salaire de leur égarement. » Quoi dire d'autre, mon cher ?*

— Je sais que selon les Ecritures et l'Eglise je commets un péché, mais je ne peux pas m'en repentir ni promettre de ne plus recommencer, car je sais qu'en détruisant cette famille, permettez-moi de l'appeler ainsi, je serais malheureux et je ferais le malheur d'un autre, tout en créant de nouvelles occasions de pécher. J'espérais que *Le Nouveau Catéchisme…*

— *Vous savez bien que* Le Nouveau Catéchisme *ne peut ignorer la parole inspirée. Il ne peut ignorer l'enseignement de l'Eglise dans ce domaine qui représente pour vous, et pour tant d'autres, un lourd fardeau.* [pause] *Puis-je vous avouer quelque chose ? Moi aussi, à des moments d'extrême faiblesse, je suis quelquefois tombé amoureux, tout en étant prêtre. C'était probablement dû au traitement que je suivais, mais je suis tombé follement amoureux. Ça n'a pas duré longtemps, j'ai vite compris, j'ai immédiatement pris conscience ; il n'y a eu que de légers attouchements qui ont tout de même provoqué un orgasme chez moi et chez l'autre personne. Tout cela s'est passé en l'espace de quelques jours. J'ai fait appel à ma conscience, je m'en suis repenti, et depuis je demande toujours pardon au Seigneur. Moi aussi j'ai dû me confesser afin d'être plus tranquille avec ma conscience. J'ai réussi, avec l'aide de Dieu, à surmonter le moment difficile que je traversais. Je vous répète qu'il n'y a eu que de simples attouchements, juste ça.*

— La chasteté doit être un terrible fardeau à supporter.

— *C'est vrai. Que vous dire d'autre ? J'ai l'avantage de prier, et vous ? Je regrette de ne pas pouvoir vous offrir ce petit livre, il m'a été si utile.* [il montre un autre livre]

— Mais je peux l'acheter, si vous m'en donnez les références.

— *Vous le trouverez chez les religieuses de saint Paul* [...]. *Ce petit livre comprend la lecture de quelques Psaumes. Voilà, celui-ci je l'ai lu maintes fois, je le lis presque tous les jours. « Le Seigneur est bon et charitable, Il se met rarement en colère et son amour est grand. Il ne nous juge pas selon nos péchés, Il ne nous châtie pas selon les fautes commises. Tel un père qui compatit pour ses enfants, le Seigneur a pitié de tous ceux qui Le craignent, car Il sait de quoi nous sommes faits, souviens-toi que nous ne sommes que poussière. » ...Pardonnez-moi mon indiscrétion, cette personne avec qui vous vivez, est-elle plus âgée que vous ?*

— Non, elle a deux ans de moins que moi.

— *Il est plus jeune.*

— Oui, enfin, nous avons presque le même âge.

— *Vous dites qu'il est athée ?*

— Oui, il ne croit absolument en rien.

— *Ne pourriez-vous pas vivre un petit peu séparés ?*

— Il ne comprendrait pas. Il ne comprend pas le fond du problème. Mettez-vous à la place d'un non-croyant. C'est déjà beaucoup si j'ai réussi à ne plus lui faire dire de blasphèmes, et à ce qu'il adopte un comportement, sinon de croyant, du moins de chrétien.

— *De personne bien élevée.*

— Et même d'autres choses, par exemple, avant il maltraitait son père. Voilà, j'estime que je fais même du bien, grâce à notre relation.

— *Il faut faire des efforts. Prions le Seigneur aussi pour ça. Et prions notre ange gardien. Jésus a dit : « Laissez les enfants venir à Moi afin que leur anges voient le visage de mon Père qui est aux cieux. » J'estime que nos anges gardiens ont un pouvoir spécial en ce domaine particulier, indispensable pour chacun de nous, au point de nous aider à nous sortir de situations contraignantes et d'alléger le lourd fardeau que chacun de nous doit porter. Essayons. Vous dites que vous ne vous en repentez pas, mais, bien au contraire, je pense que oui, autrement vous ne seriez pas venu. Vous ne vous seriez pas approché de la confession.*

— Mon père, je sais que je suis condamné d'avance.

— *Non, vous ne devez pas penser cela, essayons, avec l'aide de Dieu, de surmonter cette condition particulière, d'accord? Nous ne sommes pas condamnés, et nous ne devons pas non plus nous sentir différents des autres. La différence demeure peut-être dans votre vie à deux, mais selon vous cela vous aide à éviter les pires occasions. Eh bien, je crois que ça pourrait être un premier pas pour vous en sortir, avec l'aide de Dieu.*

— Nous espérons même un jour pouvoir adopter un enfant, si les lois changent.

— *Ce ne sera pas facile, non, ça ne sera pas facile d'obtenir une adoption.*

— Heureusement que l'Etat va plus vite que l'Eglise dans ce domaine.

— *L'Etat est même allé trop loin, surtout l'Etat italien, en permettant l'avortement et le divorce. Malheureusement, l'Etat a ses lois, différentes ou totalement contraires à celles de l'Eglise et de la morale chrétienne… Je t'absous…*

***

Bologne

— J'ai un grave problème de conscience. Voyez-vous, mon père, je suis homosexuel et… personne n'est au courant. Je viens de me fiancer avec une fille, nous pensons nous marier. En réalité, si je fais ça c'est pour sauver les apparences, pour avoir une vie normale.

— *Pourquoi pour sauver les apparences ? Si cette fille veut vraiment de vous, vous devriez essayer de redresser votre situation, car je suis persuadé que la cause de ce genre de problème est souvent due à une faiblesse de caractère. Or, si vous faites ce choix qui correspond à l'ordre naturel des choses, vous en tirerez beaucoup plus de satisfaction. Ça c'est le point dont il faut tenir compte, car c'est ainsi que le Seigneur nous a créés. La Bible dit qu'en créant l'homme et la femme, Dieu a vu que c'était une très bonne chose. Dieu fait les choses comme il faut et nous les déformons. Si, dans des circonstances particulières, vous vous êtes éloigné de votre nature, vous pouvez toujours y revenir, j'en suis convaincu, quoi qu'en disent tous les « Monsieur-je-sais-tout ». Avec l'aide du Seigneur, nous sommes vraiment en mesure de réaliser Ses desseins.*

— A vrai dire, mon père, c'est ainsi que je suis né, je ne le suis pas devenu.

— *Mais non, vous n'êtes pas né...*

— Il semblerait que ce soit un problème génétique.

— *Non, ce n'est pas génétique.*

— Ce n'est pas non plus un choix.

— *Voyez-vous, ce n'est pas un problème, c'est une... nous traversons différentes phases évolutives, dont celle-ci fait partie, c'est une... on pourrait dire un rapprochement... une attraction particulière pour les personnes du même sexe, qui se transforme, par la suite en attirance pour le sexe opposé. Un blocage peut avoir lieu pendant cette phase, mais ce n'est pas du tout une question génétique, plutôt une question de volonté pour surmonter ce passage. C'est ce que je pense. Et avec l'aide du Seigneur, on peut y parvenir. D'ailleurs, si vous allez avec des femmes, n'est-ce pas, où est votre homosexualité ?*

— Non, j'entretiens des relations homosexuelles.

— *Voilà, c'est pour ça que si vous cessez ce genre de relations, en essayant de vivr... de réaliser pleinement votre union avec votre épouse demain, et aujourd'hui avec votre fiancée, vous parviendrez à un équilibre.*

— Mais, vous savez, quand je fais l'amour avec cette fille, je le fais à contrecœur et même avec un certain dégoût.

— *Et avec les autres ? Eh... la question est là ! Il y a une déviation mentale... C'est comme si on me présentait une assiette de gnocchi et une autre de spaghetti : eh bien, si je n'aime pas les gnocchi, je vais immédiatement me jeter sur les spaghetti et... alors que je devrais dire que les gnocchi sont très bons. Vous voyez, toute la question est là, c'est dans la tête que ça se passe. Derrière ce front que le Seigneur nous a donné et qui devrait marquer notre intelligence.*

— Mon père, est-ce que je dois en parler franchement à cette fille ?

— *Bah ! moi je ne dirais rien.*

— C'est vrai ?

— *Chacun a ses propres secrets. Il n'est pas nécessaire de dévoiler les relations qu'il y a eu précédemment, sauf si elles sont préjudiciables pour les enfants qui vont naître. Dans ce cas, il faut en parler, naturellement. Mais tout le monde a le droit d'avoir son petit jardin secret. Pourquoi tout dire, tout raconter ?*

— Ce n'est pas un jardin, c'est un parc, c'est toute ma vie !

— *Il y a toujours un coin, quand on prend un autre chemin, il y a forcément un virage. Moi, je serais plutôt de cet avis, essayez de... de vous engager avec l'aide du Seigneur, avec la prière et en observant les sacrements. Invoquez l'aide du Seigneur pour cette nouvelle situation qui est conforme à Sa volonté, ainsi qu'il a été dit dans les Saintes Ecritures. C'est ce genre de raisonnement qu'il faut faire. Je ne parle ni de médecine ni de psychologie, je ne pense qu'à l'aspect religieux, fondé sur la parole de Dieu. Ce que je ne peux pas comprendre, que je n'aime pas entendre, c'est votre allusion à la génétique. Ce n'est pas vrai. Dans d'autres domaines, c'est possible, pourquoi pas ? mais ce sont des choses plus... concrètes, de...* de transmission véritable. *Vous comprenez ?*

— Non.

— *Courage, ne perdez pas courage.*

— C'est d'accord, mon père.

— *Demandez sincèrement pardon au Seigneur et dites un Ave Maria à la Vierge. Je t'absous...*

***

Syracuse

— *[...]*

— Mon père, j'ai toujours été homosexuel, je me suis marié parce que je voulais un enfant et que je désirais avoir une vie normale. Je n'ai jamais rien dit à ma femme, elle n'est pas au courant et... c'est un problème, car je n'éprouve aucun désir pour elle. Ce qu'on appelle « devoir conjugal », l'est pour moi, au vrai sens du terme. Je le remplis comme je peux... Vous savez, ma femme est très entreprenante, elle prend souvent l'initiative...

— *... Il se peut que vous ayez... disons... un blocage... Depuis que vous vous êtes marié, depuis la première fois que vous avez été auprès d'elle, vous n'avez jamais ressenti aucune attirance, aucun bouleversement ?*

— Oui, ça oui, parce que je l'aime, parce que...

— *Même ce problème homosexuel... car on ne l'est pas par nature et donc, on vit un peu comme si on avait la tête à l'envers. Il est possible que dans votre enfance vous ayez eu un mauvais rapport avec votre père, que vous vous soyez senti mal aimé par lui, ou bien votre mère avait-elle un caractère trop...*

— Oui, ma mère était très envahissante...

— *Par conséquent, quand vous êtes avec votre femme, vous évoquez la figure maternelle avec son aspect masculin. Si votre femme prend l'initiative lors de l'acte conjugal, vous vous sentez presque violé... Ce serait mieux si c'était vous qui preniez l'initiative ?*

— Oui, c'est certain, mais à ma façon, car il y a des manières que je préfère à d'autres, plus conformes à la...

— *A la procréation ?*

— Ça c'est un autre problème. J'aimerais, en effet, avoir un autre enfant, qui n'arrive pas. Mais les actes que je privilégie ne sont pas les plus appropriés à la procréation... enfin, ce sont des choses qu'on fait entre hommes.

— [incompréhensible] *Cette homosexualité a des racines très...*

— Oui, enfin, non, depuis mon adolescence j'ai essayé d'avoir des rapports normaux, jusqu'à dix-huit ans, puis je me suis rendu compte que finalement...

— *Avez-vous eu une expérience ?*

— Avec une fille de mon âge, mais je me suis vite aperçu que ça ne m'intéressait pas, en revanche, j'étais attiré par mes camarades, et quand c'est arrivé, j'ai compris que...

— *Ah, vous vous en êtes aperçu à dix-sept ans ?*

— A dix-huit.

— *C'est peut-être à ce moment-là que ça s'est déclenché, à partir d'une frustration que vous avez subie dans vos relations avec l'autre sexe ?*

— Mais il y a eu tellement peu d'occasions. Je ne crois pas, avec les hommes j'éprouvais vraiment du plaisir et... avec les rares expériences féminines que j'ai eues... C'est pourquoi, avec ma femme, je préfère utiliser des accessoires, des...

— *Ça non, c'est à exclure... c'est un péché... Dans l'acte sexuel vous jouissez... C'est-à-dire, avec les hommes, vous préférez recevoir ou donner ? Enfin, vous aimez posséder ?*

— Je préfère recevoir... c'est ce qui complique les choses.

— *Je pense bien. Essayez de vous convaincre que tout ce que vous recevez d'un homme vous l'avez déjà...* [incompréhensible] *que vous l'exploitez, pensez que vous êtes aussi un homme... que vous aussi, vous avez la barbe qui pousse !*

— Je ne sais pas... A votre avis, je devrais en parler à ma femme ?

— *Je ne sais pas... Je ne sais pas si... dans une pareille situation...*

— C'est ce que je pense aussi. Evidemment ce serait plus honnête, ça pourrait peut-être nous aider, mais bien sûr ça risquerait de la dégoûter, elle pourrait décider de rompre, et comme elle n'est déjà pas très satisfaite... Que me conseillez-vous ?

— *Elle vous demandera pourquoi vous l'avez épousée, étant donné vos antécédents... si c'était contre votre gré et ce qui vous a poussé à le faire.*

— Mais je l'aimais, pas d'un amour fou et passionné, mais je l'apprécie beaucoup, je lui ai été fidèle, je veux dire par rapport à d'autres femmes.

— *Quelle chose absurde : le psychisme nous joue bien des tours ! Si vos rôles étaient inversés... Bah ! ... J'ai tendance à penser que vous avez souffert d'un manque d'affection, surtout parce que ça s'est déclenché à l'âge critique, à dix-sept, dix-huit ans. Je dirais que c'est plus un problème psychologique...*

— Vous me suggérez d'aller chez un analyste ?

— *Vous n'y avez jamais été ?*

— Non, mais on me l'a conseillé.

— *Il faudrait savoir de qui il s'agit, car parfois... moi, je n'y suis pas très favorable. Ils traitent les gens un peu comme des cobayes, or, l'être humain n'est pas un cobaye. Son équilibre est fragile. Ce qui se passe, c'est que vous allez attribuer à d'autres... et qui sait où...*

— Je pensais à un freudien.

— *A un freudien ? Ils n'ont pas vraiment une vision complète de l'être humain, du point de vue de l'esprit, du moins. Ils l'étudient comme on fait avec une machine... il ne voient que le corps et ses fonctions. Avez-vous déjà confessé vos péchés ?*

— Oui, au curé de ma paroisse.

— *Et vous donne-t-il des conseils pour surmonter votre situation ?*

— Oui, il me dit que petit à petit... il me rassure quant à mon équilibre mental et il pense qu'avec le temps nous trouverons un moyen...

— *Je dirais, voilà... faites-le en toute liberté, allez à la découverte de cet autre univers, de votre femme... savourez les moments que vous vivez avec elle. Faites un pari...*

— Mais moi, oh ! je ne sais pas, mais dans les moments d'intimité je pense souvent que c'est cruel de ne pas lui dire la vérité.

— *Mais vous ne voulez pas qu'elle le sache, non ?*

— C'est vrai. D'autant plus qu'à chaque fois qu'on aborde le sujet de l'homosexualité, elle ne cache pas son dégoût. Et puis, je n'ai pas envie de me séparer de mon enfant que j'adore.

— *En tout cas, ce mariage, vous l'avez voulu ? Vous désiriez avoir des enfants ?*

— Oui.

— *... Que dire ? Ne renoncez pas, ne vous sentez pas diminué outre mesure. Vous... zut alors ! Il y a parfois de tels mécanismes qui se mettent en place... C'est un conflit intérieur que vous vivez. Faites ce pari : essayez de tomber amoureux du monde féminin ; et lorsqu'une voix intérieure se fait entendre, ou qu'un désir irrésistible vous pousse à vous sentir femme, dites-vous que vous allez découvrir une autre manière d'être. Il faudrait déceler les raisons qui ont provoqué ce déséquilibre : d'un côté, le manque d'affection ou l'absence d'une présence masculine quand vous étiez petit et qui a empêché toute identification, de l'autre, une mère très envahissante. De votre père vous avez reçu une image humble, de quelqu'un en retrait, au point de ne pas pouvoir en faire un idéal à atteindre. Votre idée de la virilité n'est pas très exaltante, n'est-ce pas ?*

— C'est vrai.

— *Néanmoins, vous recevez celle des autres, comme si cela ne vous appartenait pas. N'ayant pas pu vous identifier à la virilité, vous avez un rapport conflictuel avec elle. Mais même si ça vous a manqué et que ça vous a fait souffrir, dites-vous bien que vous êtes un homme et que cela vous suffit! Pardonne-moi mais, du moment que nous ne nous reverrons plus, j'essaie d'établir la vérité : dans vos relations homosexuelles, avez-vous eu parfois un rôle actif?*

— Oui, c'est arrivé.

— *Et que ressentiez-vous?*

— C'était plaisant, mais ça ne me correspondait pas. Si on me le demandait, j'acceptais, mais ce n'est pas mon rôle.

— *Alors que le rôle passif...?*

— Oui.

— *En fin de compte ce n'est qu'un aspect du problème, mais c'est vrai qu'une connaissance approfondie de la nature humaine nous permet d'identifier et d'affronter les faces les plus cachées. De toute manière, il faut prendre son courage à deux mains, car tout n'est pas parfait. Après tout, celui qui clame haut et fort sa virilité, ne masque-t-il pas un brin de féminité? Et d'ailleurs, l'être humain possède en lui l'une et l'autre, à la fois. Ainsi, vous ne devriez pas vous sentir aussi différent des autres. Faites donc ce pari, essayez d'approfondir et de développer cette autre tendance qui existe en vous. Il y a des hommes qui découvrent leur homosexualité à cinquante ans, pourquoi vous, vous ne pourriez pas découvrir votre virilité? Le temps joue en votre faveur, ne l'oubliez pas, mais ne revenez jamais en arrière. C'est un serment que vous devez faire avec vous-même, sereinement. Savez-vous jouer... voilà, c'est comme quand on joue aux échecs. On avance par petits mouvements, mais toujours dans la même direction.*

— D'accord.

— *Essayez également de découvrir et d'être à l'écoute des exigences de votre épouse, mais surtout, n'utilisez pas d'accessoires, dans ces moments, concentrez-vous sur votre orgueil viril. Vous devez penser : « Les accessoires et autres me distraient, ne me permettent pas d'être moi-même, je lui offre ce que je peux. »*

— D'accord.

— *Demandez pardon à Jésus et priez beaucoup afin qu'à travers vos choix vous puissiez mériter la grâce de Dieu. Acte de contrition. Je t'absous...*

***

Italie du Sud

[Un homme et une femme demandent à être confessés. A leurs deux confesseurs, ils avouent leur homosexualité, s'être rencontrés par une petite annonce et vouloir se marier afin d'avoir un enfant et une existence « normale ». Le confesseur du pénitent a donné des conseils conventionnels : il faut se dégager de l'homosexualité, « en priant, en menant une vie droite ». La confession de la femme, en revanche, a été beaucoup plus extravagante, allant jusqu'à impliquer son compagnon. La voici.]

— *D'où es-tu ?*

— De Milan. Nous voyageons.

— *En voiture ?*

— Oui.

— *Et pourquoi avez-vous décidé de vous confesser ici ? Il y a une raison particulière ?*

— A cause de quelque chose qui a eu lieu cette nuit. Mais c'est un peu gênant d'en parler.

— *Qu'est-ce que vous êtes l'un pour l'autre ?*

— *[pause]* Nous essayons de mieux nous connaître. Nous avons l'intention de nous marier.

— *Depuis combien de temps êtes-vous ensemble ?*

— Depuis un mois. Voyez-vous, moi... Enfin, nous sommes tous les deux homosexuels.

— *Quel âge as-tu ?*

— J'ai vingt-cinq ans.

— *Et lui ?*

— Quarante-deux.

— *Qui vous a dit que vous étiez homosexuels ?*

— *[pause]* Je n'éprouve aucune attirance pour les hommes.

— *Veux-tu parler plus clairement ? Etre plus précise ?*

— Oui, mon père.

— *Alors, qui t'a dit que tu es homosexuelle ?*

— Je n'ai jamais éprouvé aucune attirance pour les hommes. J'ai essayé, je me suis forcée, mais...

— *Est-ce que tu as eu des rapports sexuels avec lui ?*

— Nous avons essayé cette nuit.

— *C'était la première fois ?*

— Oui. Mais il n'a pas eu d'érection et moi, je n'ai rien...

— *Ecoute-moi bien : ce sont des questions qui peuvent être scabreuses. Néanmoins... As-tu essayé de le masturber ?*

— Oui, mon père.

— *Qu'est-ce qu'il a eu comme réaction ?*

— *[pause]* Il était nerveux. Au début ça allait, seulement, je devais me taire et lui, il fermait les yeux pour avoir l'impression d'être avec un homme. Evidemment j'y ai mis du mien.

— *Tu avais déjà fait l'amour avec un homme ?*

— Non, jamais. J'ai essayé, mais...

— *Comment, tu as essayé ?*

— Physiquement. Je refusais mon homosexualité.

— *Mais ton partenaire...*

— Oui, il avait envie. Mais je n'y arrivais pas.

— *Mais, même si tu ne voulais pas, est-ce qu'il t'a prise de force ?*

— Non. Ça, non.

— *Mais si tu étais d'accord, il pouvait bien faire quelque chose ! L'a-t-il fait ?*

— Il a essayé de me pénétrer. Mais j'avais mal et ça l'a bloqué.

— *D'accord. Maintenant... As-tu eu des expériences avec des femmes ?*

— Oui, mon père.

— *La première fois, c'était avec une femme ?*

— Oui, j'avais dix-sept ans, avec une camarade de classe.

— *Comment c'est arrivé ?*

— Lors d'une sortie scolaire. Nous avions la même chambre. Elle s'est approchée de moi et voilà. Nous sommes restées ensemble pendant un an et demi.

— *Et elle avait déjà eu ce genre d'expériences ?*

— Oui, quelque chose comme ça, mais jamais jusqu'au bout.

— *Tu ne sais pas si toute petite elle avait subi des violences ?*

— Non, il ne s'est rien passé. Nous en avons parlé... c'était naturel, spontané.

— *Avait-elle des frères et sœurs ?*

— Un frère plus jeune.

— *Mais avant cette expérience, il s'était déjà produit quelque chose de ce genre ?*

— Non.

— *As-tu des frères et sœurs ?*

— Oui, un frère plus âgé. Je vis avec ma mère. Mon père est mort.

— *Mais avant cette rencontre, tu regardais les garçons ?*

— Eh bien... avant, je n'avais jamais eu de flirt.

— *Tu t'étais beaucoup masturbée ?*

— Oui, mais sans penser à personne. C'était la phase de la découverte de mon corps.

— *Jamais d'expérience avec des garçons ?*

— Je vous l'ai déjà dit. Après cette histoire avec cette fille...

— *Mais avant tes dix-sept ans ?*

— Non, jamais. Quelques baisers dans les boums, mais rien de plus.

— *Et quand tu te masturbais, tu arrivais à l'orgasme ?*

— Oui. Les premières fois, oui. Mais après cette aventure homosexuelle, non.

— *Ton copain a-t-il essayé de te masturber ?*

— Hier soir ? Oui. Mais sans... Enfin, mon père, c'est différent. Chez les hommes il y a cette force, cette violence... je me bloque. Avec une femme ce n'est pas pareil.

— *Quand tu étais enfant, as-tu subi des violences ? Ton frère... ton père ?*

— Absolument pas !

— *Tu voudrais avoir un enfant?*

— Oui.

— *Tu aimerais être mère ?*

— Idéalement oui. Dans les faits, non, parce que le seul moyen d'avoir un enfant c'est d'avoir un rapport avec un homme...

— *Je n'ai jamais pensé que l'homosexualité était une maladie, car on la soignerait. La médecine pourrait intervenir sur les hormones ou ailleurs. Ce n'est pas un mal physique, c'est au niveau psychologique que ça se passe. Mais on peut s'en sortir. Il faut remonter aux causes profondes.*

— Je pense que c'est un mélange entre le patrimoine génétique et les facteurs psychologiques qui en découlent.

— *Oui, le facteur génétique peut avoir son importance. Mais s'il y a une dysfonction physique, la médecine devrait intervenir. On administre bien des hormones, non ? Avec des traitements spécifiques, on pourrait te faire devenir plus féminine, au niveau physiologique, non ?*

— Pardonnez-moi, mais je n'ai pas l'impression d'avoir un aspect masculin...

— *On peut trouver les causes d'un refoulement au niveau psychologique. Ça se traite aussi. Mais ça pourrait être au niveau spirituel.*

— Mon père, je n'ai jamais traversé de crise religieuse. Je n'ai jamais douté de ma foi.

— *As-tu déjà confessé ton expérience homosexuelle ?*

— Oui, mon père.

— *Tu communiais ? Tu fréquentais l'église ?*

— Aussi longtemps qu'a duré cette relation, non. Après, je me suis confessée et j'ai communié.

— *Autre chose maintenant, autrement plus importante. Ce que tu portes autour du cou, ce sont des amulettes. Qui te les a données ?*

— La petite corne c'est le cadeau d'un ami, décédé dans un accident de la route.

— *Il est mort dans un accident ? Essaie d'imaginer la charge que cela entraîne. Et ça, qu'est-ce que c'est ?*

— C'est une médaille qui représente la croix saxonne ; c'est un ami irlandais qui me l'a offerte.

— *Ce n'est pas la croix chrétienne. Sans parler de la petite corne...*

— Mais c'est juste un souvenir ! Je ne lui attribue aucun sens particulier.

— *Ça ne signifie rien ?! Est-ce que c'est chrétien ? Pourquoi tu ne mets pas une belle croix ? Ce que tu portes est bien pire que de la superstition, ça crée des liens occultes.*

— Je vous dis que pour moi ça n'a aucun sens. C'est simplement un souvenir de celui qui me l'a offerte ! Je ne crois pas à ces choses-là, je n'y ai jamais cru !

— *Ces choses-là ont pourtant un sens. Ôte-les ! Ne les porte pas autour du cou, c'est un signe d'appartenance. Mets-toi une belle croix, car, tu appartiens à Jésus-Christ.*

— Ecoutez mon père, premièrement je la garde et deuxièmement je ne crois pas aux influences occultes, par conséquent...

— *Mais tu les subis !*

— Je les subis sans y croire ?

— *Certainement, tu peux les subir sans y croire ! Lorsque nous ne sommes pas véritablement dans la grâce du Seigneur, nous subissons ces choses-là. De plus, cette fille t'a probablement transmis des influences occultes de type sexuel. Je me demande si ton copain n'a pas les mêmes problèmes. Est-ce que tu as des maux de tête ?*

— Non, mon père, mais il y a eu un événement... Dois-je vous en parler ?

— *Tu dois tout me dire, tout !*

— Voyez-vous, il y a quelques années j'ai passé une période où il m'arrivait des incidents inexplicables, j'en voyais de toutes les couleurs. Inquiète, j'ai suivi les conseils d'une amie et j'ai ouvert mon oreiller en plumes : j'y ai trouvé trois couronnes de plumes.

— *Des tresses ?*

— Non, des couronnes. Ma copine insistait pour que j'aille voir un exorciste, mais pensez-vous ! *[...]*

— *On jeté un sort ! Quelqu'un a invoqué le démon. C'est une influence diabolique. C'est pour ça qu'on est troublé. Souvent surviennent des morts tragiques, des suicides ou des accidents de la route. Ce sont des choses maléfiques. Tu es probablement sous l'influence d'esprits impurs de type sexuel... Est-ce que tu te sens en paix avec Dieu ? Tu pratiques les sacrements, la confession, la communion ? Ta dernière confession remonte à quand ?*

— A deux mois environ.

— *Es-tu décidée à interrompre ces relations ? Tu dis que tu es homosexuelle, mais normalement on ne peut pas avoir de rapport en dehors du mariage. Etant donné ta condition, tu ne devrais pas avoir de rapports du tout ! Tu comprends ?*

— Je le sais, mon père. Sauf que, physiquement, c'est au-dessus de mes forces. Je suis ainsi faite, c'est ma nature.

— *Ce n'est pas au-dessus de tes forces. Personne n'a le droit de nous enlever le contrôle de nous-mêmes.*

— Mais mon père, avec les hommes je n'y parviens pas ! J'ai essayé !

— *Non ! Tu ne dois pas essayer avec les hommes avant le mariage.*

— Et bah voyons ! d'abord je me marie... et si ensuite je n'y arrive pas, qu'est-ce que je fais ?

— *Tu te maries en lui disant que tu as ce problème. Mais tu ne peux pas avoir de rapports avant. Je sais, hier soir vous avez essayé, mais vous n'étiez pas dans la grâce de Dieu, vous n'aviez pas Son aide. Sais-tu ce que ça signifie ?*

— Ainsi, à votre avis, je devrais l'épouser ?

— *En tout cas, si vous vous aimez, mariez-vous.*

— Nous nous sommes rencontrés par une petite annonce. Nous faisons connaissance, nous nous aimons bien, mais nous n'arrivons pas à conclure.

— *Alors, attends. Si tu as des influences de la sorte, des esprits impurs, des emprises diaboliques, tu ne parviendras pas à avoir une vraie union sexuelle, tant que tu ne t'en seras pas débarrassée. Et lui non plus, il n'y arrivera pas, s'il subit les mêmes pressions. Essayez un peu de recommencer, vous verrez... !*

— Nous nous connaissons depuis peu. Je ne lui ai pas vu d'amulettes...

— *Noon ! Ça c'est à part... ! Si la fille que tu as fréquentée était déjà influencée par des esprits impurs, elle te les a transmis ! J'ai connu une Sicilienne de vingt-deux ans qui avait eu des rapports sexuels avec un représentant de commerce. C'était une bonne catéchiste, sa famille était très croyante. Depuis ce moment-là, elle a commencé à se prostituer, tout en continuant son activité de catéchiste. Que s'était-il passé ? Le représentant de commerce avait été avec des prostituées : il avait reçu des esprits impurs et les avait répercutés sur la jeune fille. Lors de l'assemblée de prière suivante, elle a vainement essayé de prier, mais tout ce qu'elle a pu faire, c'est crier. Nous avons dû l'évacuer, à moitié dévêtue, car elle se démenait ; nous avons tenté de la calmer. Quand elle a été plus tranquille, elle nous a raconté ce qui s'était passé et nous l'avons invitée à renoncer à Satan et à ses œuvres de séduction au nom de Jésus, à renoncer aux esprits impurs et à la prostitution. Tu vois ce qui peut arriver parfois ? Surtout si on est déjà prédisposé à ça... Tu vois comme le démon s'amuse ?*

— Je n'y crois pas, mon père.

— *Bien sûr, tu n'y crois pas... ! Jésus-Christ a chassé le démon.*

— Je crois au bien, pas au mal. En tout cas, Dieu est plus fort que le démon, si toutefois le démon existe...

— *Certes. Mais Dieu ne te fait pas de violence. En revanche, si tu lui en donnes l'occasion, au démon, il te trouble, il en profite, car il ne te veut pas du bien. Alors que Dieu te tend la main pour t'en sortir, mais sans brutalité. Si l'Evangile nous présente autant de fois Jésus-Christ délivrant le possédé, cela signifie que le démon existe et qu'il incite au mal, dès qu'il le peut. Si toi, par exemple, tu as des failles, tu nourris des rancunes contre ta mère, ton frère ou autres, le démon en profite. La haine engendre le mal. C'est ce qui permet au démon de détruire notre vie. Si bien que si ton homosexualité est une maladie spirituelle, seul Dieu peut la guérir. Mais tu ne peux pas lui cacher ta condition, tu ne peux pas tricher avec Lui. Plus tard, tu remercieras peut-être le Seigneur de t'avoir fait venir ici.*

— Mais, j'ai l'intention de me marier maintenant. Et puis, si ça doit arriver…

— *En ce moment tu ressens une douleur physique ? Est-ce que tu as mal si j'appuie ici ?* [sous les oreilles]

— Si vous appuyez fort, oui, mes ganglions sont un peu enflés…

— *Ce n'est pas un problème de ganglions. Je ne peux pas te faire mal, même si j'appuie un peu. Tu as mal ici ?* [au bras]

— Non.

— *Il y a des points spécifiques.* [il touche les bras] *La magie suit des points précis. Dieu dévoile même la magie. Les points sensibles sont nombreux et à des endroits très particuliers.* [il appuie sur les genoux]

— Mais si vous appuyez fort vous me faites mal !

— *Je ne peux pas te faire de mal ! Et là ?*

— Oui, là oui. A la hauteur de la cuisse, j'ai mal.

— *C'est différent, non ? Oui, c'est différent.*

— Pardonnez-moi, mon père, mais maintenant ça suffit !

— *Je te fais mal ? Tu te sens gênée ?*

— Toujours, quand un homme me touche !

— *Après tu appelleras ton copain, comme ça tu seras plus tranquille.* [pause] *Tu devrais sentir beaucoup de douleur aux reins.*

— Pendant mes règles, toujours.

— *Ça n'a rien à voir. Ce sont les symptômes de ces influences. Est-ce que parfois tu as des douleurs lancinantes à la poitrine ou aux hanches ?*

— Parfois à la poitrine, mais ce ne sont que de banales douleurs intercostales.

— *C'est comme ça que tu les nommes !* [avec ses doigts, il touche entre les seins et les aisselles, les paumes appuyées à la poitrine] *Tu as mal ?*

— Oui. En tout cas, j'ai déjà été voir un médecin. Ce ne sont que des douleurs intercostales, tout ce qu'il y a de plus courantes.

— *Certainement. Le médecin ne trouve rien au niveau physique. Ces douleurs sont d'origine spirituelle.*

— Eventuellement, comment on les supprime ?

— *Maintenant nous allons terminer la confession, après l'absolution, nous appellerons ton copain et on parlera tous les trois.*

— D'accord.

— *Là aussi ça te gêne ?* [aux épaules]

— De toute façon, quand un homme me touche, je me bloque.

— *As-tu confiance en moi ? Ou bien tu penses que je veux en profiter ?*

— Pas en tant que prêtre. En tant qu'homme, c'est autre chose.

— *Oui, mais, en tant qu'homme, tu penses qu'en te touchant je pourrais avoir des mauvaises pensées ?*

— *[pause]* Vous pouvez penser tout ce que vous voulez ! Ce n'est pas vous le problème.

— *Oui, mais dis-moi si tu as confiance en moi.*

— Ce n'est pas une question de confiance.

— *Je m'explique : je suis un prêtre et tu es une pénitente. Si, en te touchant, je te donnais à penser que je suis un mauvais prêtre, je ne le ferais jamais. Je ne souhaite pas que ta confiance dans les prêtres soit ébranlée. Tu ressens en moi la présence de Jésus, ou tu ne vois en moi que l'homme ?*

— Franchement, je ressens chez vous l'homme plus que le prêtre. N'importe quel homme qui me touche, je... Il n'y a rien de personnel, en tout cas...

— *Tu sais, dans ta situation c'est très difficile. Au contraire, tu réagis bien, d'autres seraient peut-être parties.*

— Ça vous est déjà arrivé que des filles s'en aillent ?

— *Oui, très souvent... !*

— Parce qu'elles ont eu peur de votre attitude ?

— *Non, non. Mais elles avaient des réactions. Elles ne réagissaient pas par rapport à l'homme, mais par rapport à Jésus. Tu comprends ? Premièrement : le pardon, deuxièmement : as-tu d'autres péchés sexuels à confesser... ? Tes péchés de masturbation ?*

— Je les ai confessés, mon père.

— *Autre chose. Réponds-moi très clairement : as-tu déjà eu affaire à des cartomanciens ou à des chiromanciens ? Tu t'es fait lire les lignes de la main... ? Tu as sur toi des amulettes. Ôte-les, tout de suite. Mets une croix autour du cou.*

— Très bien, si vous insistez... J'ai parfois interprété les rêves, j'ai joué au Loto et je lis l'horoscope par simple curiosité.

— *Laisse tomber ! C'est de la magie. Ta vie est entre les mains de Dieu, elle ne dépend pas de la position des astres. A la limite, tiens compte de la psychologie, mais pas de l'astrologie. C'est clair ?*

— J'ai une amie qui a le même problème et qui est allée voir un psychanalyste.

— *S'il agit comme Freud, un psychanalyste peut faire des ravages. Freud a fait énormément de mal.* [...] *Il y en a qui te disent d'aller te prostituer !*

— Carrément... ?

— *Voilà jusqu'où ils peuvent arriver. Tu vois ? J'ai entendu dire que, ne sachant pas trouver une solution, certains psychanalystes ou psychologues ont même dit que le suicide était le seul remède.*

— Ils ont suggéré le suicide... ?

— *Eh oui ! Tu sais ce qu'il te reste à faire : confie-toi à Dieu. Est-ce que tu te souviens avoir fréquenté des magiciens, des sorcières ou autres ?*

— Non.

— *As-tu assisté à des phénomènes de divination, as-tu eu des rêves prémonitoires... ?*

— De temps en temps, je fais des rêves qui se réalisent. Mais ce sont de beaux rêves.

— *Des phénomènes d'écriture... ?*

— Non.

— *Est-ce que tu as déjà volé ?*

— Non.

— *As-tu jamais eu envie de te suicider ?*

— Non, bien sûr que non.

— *As-tu déjà touché à la drogue ?*

— De temps à autre, je fume un joint.

— *Et l'as-tu déjà confessé ?*

— Oui.

— *Et maintenant, avec la drogue ?*

— Je n'en ai pas besoin.

— *Je suis un homme. Si un homme me touchait, ça ne me gênerait pas. En revanche, si c'était une femme ça me gênerait. Toi, tu es homosexuelle : lorsque une femme te touche, tu t'excites, mais un homme devrait te laisser indifférente.*

— Non. Ça me gêne. Autrefois, je n'acceptais pas ma condition. J'essayais, je me forçais avec les hommes. Mais tôt ou tard, je me bloquais...

— *Nous allons en parler avec ton copain. Maintenant je vais te donner l'absolution... Je t'absous... Amen. Appelle-le.*

— *Eh bien, nous allons avoir un entretien très ouvert.*

Pénitent homme : — Volontiers.

— [adressé à la pénitente] *Assieds-toi là, car je vais te toucher. Sa présence devrait te rassurer, non ?*

H — Toucher ? Pourquoi ?

— *Des problèmes... occultes, de magie.*

H — Ah bon ? Tu as des problèmes de magie ?

Pénitent femme : — Le père a vu la petite corne que j'ai autour du cou. J'ai essayé de lui expliquer que je ne lui attribue aucune valeur symbolique, que ce n'est qu'un souvenir très cher.

— *Non, il peut y avoir des symptômes. Souvent, on subit leur influence sans s'en rendre compte. C'est un fait qu'il faut affronter. Car c'est là que l'homosexualité trouve souvent ses racines, par conséquent, le considérer comme un problème physique ou psychologique, ne sert à rien. Si c'est un problème spirituel, il doit être affronté comme tel.*

H — Vous dites que ça peut avoir des origines magiques ?

— *C'est possible. Nous pouvons le vérifier ensemble.* [...] *Ce que je veux dire, c'est qu'on peut surmonter l'homosexualité, et que souvent elle a des origines spirituelles. J'ai déjà parlé à ton amie d'une jeune catéchiste qui se prostituait parce qu'elle avait été séduite par un représentant de commerce. Ce dernier fréquentait des prostituées et lui avait transmis des esprits impurs. Ça c'est le Malin ! Même en ce qui concerne l'homosexualité, on peut être dérangé par des esprits impurs.*

H — Vous voulez dire qu'ils sont transmissibles ?

— *Un rapport charnel est très compromettant. Parfois il suffit d'un simple contact, d'une imposition des mains. C'est comme ça que peuvent agir les médiums qui sont, en réalité, des sorciers.*

H — Qu'est-ce qu'ils transmettent ?

— *Ils créent des influences occultes... les sorciers sont des médiums, ils se mettent en contact avec le démon qui ne demande qu'à répondre... J'ai connu des couples qui avaient fait l'amour avant le mariage et qui n'ont jamais pu le faire après, à cause d'emprises magiques.*

H — Des magies envoyées par qui ?

— *Par quelqu'un qui était jaloux, un rival qui s'était sûrement adressé à un sorcier. En dehors du mariage, tout allait bien, ils étaient même capables de se tromper l'un l'autre. Mais une fois mariés, ils ne pouvaient plus rien faire !*

F — Et alors ? Ils se sont séparés ?

— *Non, ils ont guéri. Ce sont des difficultés d'ordre spirituel.*

F — Et qu'est-ce qui les a guéris... ?

— *Ils ont demandé au Seigneur de les délivrer des sorcelleries.*

H — Ainsi donc, ce que vous conseillez, c'est une sorcellerie... ?

— *Non, non ! Au contraire ! Je dis simplement qu'on est peut-être victime d'une sorcellerie et qu'il faut l'anéantir. Et il n'y a que Dieu pour la briser. Je parle de ces choses-là parce que je les ai étudiées. C'est une expérience que le Seigneur m'a accordé de faire, je ne l'ai pas cherchée volontairement.*

H — Vous pratiquez l'exorcisme ?

— [pause] *Je n'en ai jamais demandé la permission, il faut une autorisation de l'évêque. Je dis des prières de délivrance. Mais vous, vous n'êtes pas des possédés, vous êtes, tout au plus, « perturbés », opprimés par le diable. Il vous suffit d'une prière pour vous délivrer, vous-mêmes vous pouvez la dire, si vous êtes en accord avec Jésus.*

H — Mais le diable existe et agit vraiment ?

— *Tu n'as jamais lu l'Evangile... ? Et alors, ne parle-t-il pas de possédés et d'opprimés, délivrés par Jésus, parfois même par des actions d'éclat ?*

H — Pourtant selon les derniers travaux des théologiens, l'enfer n'existe pas et s'il existe, il est vide...

— *C'est bien ce qui a provoqué tous ces dégâts ! Le monde se désinforme. Beaucoup de gens vont mal, à cause des influences néfastes, on le dit même à la télé... les gens vont mal et ils ne se rendent pas compte. Et les médecins, que peuvent dire les médecins ? Ils vous envoient à l'asile !*

H — Les malades mentaux seraient-ils possédés par le démon ?

— *Pas tous, voyons ! Mais beaucoup d'entre eux le sont.*

[longue pause]

H — Mais mon père, si Dieu m'a ainsi fait, je...

— *Ce n'est pas Dieu qui t'a fait ainsi ! Au contraire, Dieu veut que tu sois bien et que tu guérisses, tu comprends ? C'est pour ça que tu ne dois pas accepter ta maladie, Dieu ne la souhaite sûrement pas.*

F — Le sexe de l'homme me répugne, vous comprenez ? De toute manière je ne pourrais pas...

— *Mais là, impossible que tu dises que c'est uniquement physiologique. Moi, je pense que ça relève plutôt d'un blocage psychologique, peut-être même spirituel. En chassant le démon, Jésus a souvent déclaré : « Esprit impur. Esprit immonde. » Nous pourrions penser qu'il s'agissait d'*esprits d'homosexualité *qui rendaient difficile la vie de ces personnes. Mais Jésus les a délivrés.* [...]

F — Ecoutez mon père, nous aimerions nous marier.

— *Je suis d'accord. A condition de vous mettre entre les mains du Seigneur...*

H — En plus, c'est le seul moyen d'avoir un enfant, même si on doit avoir recours à l'insémination artificielle.

— *Non-non-non ! N'envisagez pas cette solution. Vous devez avoir un enfant par amour. En ce moment, je vous provoque, si vous le voulez, vous pouvez vous adresser à d'autres prêtres qui connaissent ces choses... Maintenant... est-ce que je peux te toucher ? N'aie pas peur, dis-moi où tu as mal... Mis à part la gêne, tu te sens plus tranquille ? Si j'appuie ici, tu as mal ?*

F — Si près de la poitrine, bien sûr que ça fait mal !

— *C'est comme si un clou te transperçait, tu vois ? Quand on jette un sort, on enfonce des aiguilles, ils l'ont montré même à la télé. Le médecin ne verra rien, c'est évident. Ce sont des choses d'ordre spirituel. Mais tu sens une piqûre, comme s'il y avait une aiguille.*

H — On t'aurait jeté un sort ? Vous croyez que c'est ça, mon père ?

— *Elle peut aussi en avoir hérité.*

H — Hérité... ? !

— *On peut même hériter des influences occultes. Souvent par envie, par jalousie, surtout la femme. Tu lui en a parlé ?*

F — Le père fait allusion à ma première expérience homosexuelle.

— *Voilà, si cette fille en était consciente, elle t'a contaminée, elle te les a transmises.*

F — Mais voyons... consciente de quoi ? Je vous répète que c'était la première fois pour toutes les deux... !

— *Non, non ! C'est elle qui le dit ! Toi, tu penses ça !*

F — Permettez-moi, mais je considère être mieux placée que vous pour le savoir.

— *Au contraire, elle pouvait être très rusée.*

F — Mais mon père, elle avait seize ans, nous étions...

— *Si elle avait déjà eu ce genre d'expérience, elle devait avoir appris autre chose...*

F — Mais alors, j'aurais moi-même transmis la contagion aux autres filles avec qui j'ai été, que j'ai « initiées »... !

— *C'est possible qu'elles l'aient toutes reçue. Et elles ne seront libres que lorsqu'elles diront : « Au nom de Jésus-Christ, je renonce à toute influence occulte... » Si c'est ça l'origine, toi aussi tu seras délivrée seulement quand tu diras : « Au nom de Jésus-Christ, je renonce à toute influence occulte avec... celle-là. »*

H — Cette formule est suffisante pour nous délivrer ?

— *C'est une prière. Maintenant, ici ?* [il serre la taille de la femme]

F — Non, mon père, ça suffit !

— *Ecoute, je ne peux pas te piquer ! Même si j'appuie plus fort...*

F — Non, comme ça vous me faites mal.

— *Oui, parce que j'appuie. Et même là, là et là.* [il exerce une pression en plusieurs endroits] *S'ils ont mis quelque chose là, aux reins...*

F — AÏE !

— *Tu vois ? La magie suit un schéma bien précis. Par exemple, ici la douleur devrait être très forte.*

F — AÏE ! ! !

— *Tu te sens transpercée... ici, tout autour, en forme de croix...*

F — AÏE ! Mais enfin, mon père, je vous ai bien dit que j'ai une inflammation des glandes. Tout spécialement à la poitrine... !

— *D'accord. Tu dis que c'est une inflammation. Mais tu verras, si tu t'adresses à Dieu, toutes ces douleurs vont disparaître. Et ici, pardonne-moi, tu as mal ici ?*

F — Non, pas aux reins.

— *Ce n'est pas possible. Je t'ai dit qu'ici tu aurais un...*

F — AÏE ! ARRÊTEZ, MON PÈRE ! ! !

— *Tu vois que c'est une douleur terrible ? C'est là que se trouvent les esprits impurs. Dans toute cette partie, jusqu'aux ovaires. Et là, c'est redoutable, c'est comme si une épée était enfoncée. Tu comprends ? Les esprits impurs ! Mettez-vous entre les mains du Seigneur, invoquez le nom de Jésus-Christ. En de pareilles circonstances on a souvent besoin de son soutien !*

H — Nous devons aller voir un exorciste ?

— *Mais non, ce n'est pas la peine, vous n'êtes pas possédés, vous êtes opprimés.*

H — Où est la différence ?

— *La possession c'est quand on n'est plus maître de soi-même, le démon a pris possession de nous, c'est lui qui commande. L'oppression c'est un trouble qui arrive de l'extérieur, au niveau du corps. L'obsession opère au niveau de l'esprit.*

H — Donc le sortilège serait un moyen d'appeler le démon ?

— *C'est une dépendance diabolique qui s'étend jusqu'à la haine, aux péchés sexuels, au refus de Dieu. Quand il y a ces liens occultes, le rapport à Dieu se détériore. Je prie et Il ne m'entend pas. On dit que c'est Dieu qui a envoyé la maladie, alors que ce n'est pas vrai. Lui, Il veut la guérir. Tous nos rapports se détériorent : avec les parents, les amis, les fiancés. Ça devient impossible d'être à l'aise avec les autres. L'homosexualité est terrible pour ce genre de trouble. Elle isole.*

H — Ainsi, tout le mal du monde dépendrait de cette…

— *… dépendrait du refus de Dieu. Le mal signifie le refus de Dieu, quand nous Le refusons, le diable en profite. Mais si nous sommes avec Dieu, le diable n'a aucun pouvoir.*

H — Mais mon père, si nous vivons mal notre homosexualité, c'est la faute à la société qui nous met dans un ghetto…

— *Laisse tomber la société ! L'origine de tous les maux c'est le refus de Dieu.* […] *Malheureusement… qui est-ce qui peut empêcher le démon de se servir du nom de Jésus ? Si le démon se présentait avec ses cornes… tout le monde le chasserait, mais au contraire, il vient vers nous bien dissimulé, déguisé en saint homme.* […] *Il y a même beaucoup de témoins de Jéhovah qui contaminent avec des maléfices.*

H — Ah bon ? Mais est-ce qu'ils font des choses particulières que l'on peut voir, remarquer ?

— *Oui, très souvent, mais ils sont très forts.* [il se tourne vers la pénitente] *Ton fiancé a quarante-deux ans, moi, quelques-uns de plus. Si je te caresse, ça ne te fait rien du tout. Je t'enlacerais comme le ferait Jésus, comme un père. Tu as surtout besoin de recevoir des caresses qui te débarrassent de cette sensation de gêne vis-à-vis de Jésus. Mais fais-toi caresser par les hommes. Et puis, en dehors du mariage, les rapports sexuels demeurent un péché. Il est inutile d'essayer, ça ne marcherait pas.*

H — Mais nous voulons essayer parce que...

— *Oui ! Mais ça ne marchera pas ! Si vous ne le faites pas dans les meilleures conditions, ça ne marchera pas. Dans la situation actuelle, vous êtes dans le péché et le diable va vous détruire. En revanche, au lieu de chercher le rapport complet, caressez-vous, embrassez-vous. Vous vous rendrez compte qu'une caresse ou un baiser peuvent vous rendre la liberté d'avoir un échange affectif.*

F — Mais jusqu'où pouvons-nous aller, avant le mariage ?

— *Afin de vous retrouver, vous pouvez aller aussi loin que possible. Mais ne cherchez pas l'excitation qui vous mène à la satisfaction. Ça, non. Si un baiser vous échauffe, tant mieux, mais il ne faut pas perdre le contrôle de vous-même. Quand l'exaltation vous empêche de vous dominer, c'est le moment de vous arrêter.*

F — Mon père, si vraiment nous éprouvions autant d'excitation, il vaudrait peut-être mieux aller jusqu'au bout...

— *Eh non, non ! Il ne faut pas. Vous remercierez le Seigneur de vous avoir rendu la liberté de votre corps. S'il t'embrasse maintenant, tu n'éprouves rien, au contraire, tu le rejettes. Mais lorsque tu te sentiras excitée, attirée par lui, tu devras remercier le Seigneur.*

H — Et si après le mariage...

— *Le mariage n'est pas pour demain, vous pouvez déjà vérifier vos réactions réciproques. Et quand vous vous marierez, quoi qu'il arrive, restez ensemble et priez le Seigneur afin qu'Il vous donne un enfant, mais sans passer par les voies artificielles. Mais, dès qu'un geste câlin de lui déclenche en toi...*

F — Mais mon père, si c'est lui qui me touche, ça ne me gêne pas tellement. Avec les homosexuels je me sens en sécurité.

— *Mais s'il te fait une caresse pure, en bon chrétien, tu t'affoles, tu ne supportes pas. Tant que c'est le mal, tu l'acceptes, tant que c'est une aberration, c'est bon, car tous les deux vous êtes victimes de ces troubles. Pour les couples qui faisaient l'amour ou qui se trompaient réciproquement, c'était pareil, avant le mariage, tout allait bien, mais ensuite...*

H — Nous essayerons, mon père, mais pour l'instant, chacun de nous continuera sa propre vie...

— *Vous ne pouvez pas commettre des péchés. En dehors du mariage, les rapports sexuels sont toujours considérés comme des péchés. Si quelqu'un qui n'est pas homosexuel n'en a pas le droit, à plus forte raison, toi !*

H — A plus forte raison ? ! Mais enfin !

— *Non, je veux dire... Pas de rapports en dehors du mariage. Si vous vivez dans le péché, comment le Seigneur pourrait vous guérir ?*

H — Vous vous rendez compte du rigorisme de cette loi... ?

— *Tu crois peut-être que je n'éprouve aucune attraction sexuelle ? Je suis comme tous les hommes ! Quand on voit une belle fille, on se sent attiré. Mais on n'a pas le droit de faire l'amour avec elle, sans l'avoir épousée par avance.*

H — En tout cas, si tout cela est le fruit du démon, je dirais qu'il a gagné...

— *NON !... Jusqu'à présent il n'a fait que vous perturber.*

H — Je voulais dire que tout le monde a des relations sexuelles avant le mariage.

— *Non ! Qui vous a avancé ça ?*

H — Chez nous, dans le Nord, c'est comme ça.

— *Non, non ! Quand on vit en bon chrétien on n'en a pas du tout !*

H — Nous allons réfléchir, mon père. Pourriez-vous nous donner votre téléphone ? Votre nom ?

— *Père.* [...] *Voici mon téléphone. Et vous, ôtez cette petite corne. C'est un signe d'appartenance... Mettez une croix à la place. Vous êtes-vous déjà regardés nus ?*

H — ...Hier.

— *Refaites-le, avec des gestes d'affection, en signe d'amour.*

F — C'est-à-dire nous déshabiller, nous regarder, sans nous toucher ?

— *Vous pouvez également vous toucher, mais sans faire l'amour en dehors du mariage... Contrôle de soi. Un homme et une femme homosexuels qui se regardent nus, ne devraient pas avoir de problèmes.*

H — Merci, mon père.

F — Merci, mon père.

*
**

Parme

— Je suis médecin, spécialisé dans le sport. Depuis quelque temps je travaille pour une société sportive et... je suis obligé d'administrer aux athlètes des produits anabolisants. Ces médicaments sont mauvais. Même s'ils ont un effet immédiat sur le physique et augmentent les performances, à longue échéance ils sont préjudiciables ; mon éthique professionnelle me l'interdit, mais néanmoins, les sociétés les imposent...

— *Une société sportive, vous dites ?*

— Dans le domaine du cyclisme.

— *Ces sociétés les imposent ?*

— Oui et les athlètes eux-mêmes les demandent... il n'y a rien à faire, il faut s'y plier ou on est...

— *...viré...*

— Oui. Et alors, je ne sais pas. Mis à part le problème personnel, il y a aussi un problème religieux, de conscience... Est-ce que c'est un péché ?

— *Bien sûr que c'est un péché de nuire aux autres.*

— Ils en sont tous très conscients...

— *Oui, c'est vrai, mais votre devoir moral vous l'interdit. Vous-même, vous dites qu'ils sont nocifs...*

— Je perdrais ma place.

— *Je ne sais pas. Certes, de ce point de vue, ce n'est pas très facile. Voilà... rappelez toujours les dangers qu'ils encourent... Qu'est-ce qu'ils provoquent précisément ?*

— Si on les prend pendant des années, ils détériorent l'organisme. Après la carrière sportive, quand on arrête les entraînements, les muscles deviennent flasques... et puis le cœur, le foie, tout se dérègle.

— *Il faudrait expliquer que s'agissant d'un jeu... l'important c'est de participer, de s'amuser.*

— Mais voyons, ce sont des professionnels !

— *A chaque fois qu'on leur administre ces médicaments, il faudrait rappeler à ces athlètes qu'ils sont nuisibles à la santé, ça, vous devez le faire.*

— Oui, mon père, ce serait l'idéal, mais il y a le directeur sportif, le sponsor... et même si on décourage l'athlète en lui rappelant que ça lui fait du mal... Dans ces conditions, comment agir ?

— *Quel dilemme ! D'après vous, ce n'est pas une bonne chose, et de plus, pour aboutir à quoi ? C'est un cercle vicieux. Nous sommes victimes et coupables à la fois. C'est nous qui le provoquons, mais ça nous accable. Nous devrions nous en affranchir, mais nous n'y parvenons pas. Qu'est-ce que cela signifie ? Que voulez-vous, il y a ceux qui poussent par intérêt et il y a ceux qui ne peuvent pas faire autrement, alors, si on ne veut pas succomber... De toute manière, même sans le faire systématiquement, essayez de changer un peu les choses. Je ne sais pas, par exemple, si on pouvait modifier... utiliser des produits moins nocifs... promouvoir l'idée qu'il ne faudrait pas employer ces médicaments... ça, vous pourriez y parvenir.*

— Le plus drôle c'est que je le fais officiellement. Toutes les sociétés sportives ont leurs médecins qui « militent » contre le dopage.

— *Ecoutez, en tout cas c'est déjà une satisfaction professionnelle pour moi de savoir qu'au moins on commence à comprendre ce qu'est le péché de nos jours. Car, on ne peut pas réduire le péché toujours aux mêmes choses, au sexe, etc. Le péché est aussi, sans aucun doute, une responsabilité sociale.*

— En effet, mon père, je ressens beaucoup plus cela comme un péché que... par exemple, de ne plus vouloir faire d'enfants avec ma femme. Ça, je ne le vis pas comme un péché, j'ai déjà trois enfants.

— *Vous avez fait votre devoir démographique.*

— Mon devoir de pureté, la soi-disant pureté, « ne pas faire ceci, ne pas faire cela », respecter les jours favorables, etc. Franchement, je m'en fous, je ne me sens pas coupable pour ça. Ce n'est même pas la peine d'en parler.

— *Oui, oui.*

— Probablement il en serait de même pour tous les croyants, mais il y a ce lien primitif, la « sexophobie » du catholicisme... J'ai beaucoup d'amis croyants qui sont dégoûtés par cette attitude de l'Eglise, sans parler des non-croyants, qui se servent de cette polémique facile comme d'un argument contre la religion.

— *Oui, c'est vrai. L'acte sexuel peut se faire dans des occasions diverses et de différentes manières. Le mariage a été institué pour qu'il soit transcendé. Mais, même en dehors du mariage, on ne peut pas continuer à dire... Bah ! L'Eglise s'y attelle, nombreux sont ceux qui y travaillent, je vous assure. Il faudra encore beaucoup de temps, mais ce ne sera pas toujours ainsi. L'Eglise est prudente, mais elle bouge. En tout cas, je suis ravi d'avoir parlé avec vous. Je vous absous...*

***

CONCLUSION

Dans un tribunal normal, « absoudre » signifie reconnaître l'innocence de quelqu'un présumé coupable. Au contraire, dans les confessionnaux, on absout explicitement et institutionnellement les fautifs en les « purifiant » de toute trace de culpabilité. Cette faculté extraordinaire a toujours été un des piliers de l'Eglise, à plus forte raison depuis que le pardon est accordé plus facilement et que la pénitence est devenue plus symbolique. Selon Vogel, un des plus grands spécialistes catholiques en la matière, « il est difficile de trouver une institution religieuse qui soit plus éloignée de son sens profond et de la communauté »[1]. Compte tenu de la crise générale de la pratique religieuse et des sacrements, la confession — en dépit de ses facultés miraculeuses — apparaît comme le sacrement le plus appauvri de tous. Ce phénomène est reconnu par les sources ecclésiastiques et démontré, sans aucune ambiguïté, par de nombreux sondages[2]. On peut envisager, sur la base d'une approximation

1. C. Vogel, « Alienazione del culto nei confronti della comunità cristiana » (L'Eloignement du culte au sein des conflits de la communauté chrétienne), dans *Concilium*, février 1972.

2. Selon un sondage de source catholique, en 1939, 46 % des Italiens se confessaient au moins une fois par mois et 67 % d'entre eux respectaient les rites pascals. D'après un sondage similaire, réalisé en 1970, les chiffres fournis étaient respectivement de 4 % et 18 % (N. Valentini, *Le Sexe au confessionnal*, op. cit.) D'après une enquête réalisée par la Conférence épiscopale italienne en 1982 — dans laquelle, toutefois, on ne demande pas aux Italiens s'ils se confessent — 41 % pensent que la confession n'est pas indispensable, 20 % lui sont « favorables » et 35 % « doutent » de son utilité. (E. Lodi, *Lasciatevi riconciliare* (Laissez-vous réconcilier),

pourtant précise, que, sur 100 Italiens, 4 seulement pratiquent assez fréquemment les sacrements[1]. Etant donné que 30 % déclarent se rendre à l'église une ou plusieurs fois par semaine et 18 % une ou deux fois par mois[2], il est évident que la confession est en crise surtout parmi les catholiques pratiquants. Une crise que l'on peut constater — du point de vue ecclésiastique et de la foi — non seulement par le petit nombre de confessions, mais surtout car « de nos jours, nombreux sont ceux qui *communient sans s'être confessés auparavant*, dont certains conscients d'être en état de péché mortel, mais sincèrement repentis » ; d'autres, en revanche, ne communient pas à cause d'un « prêche légaliste autour du péché mortel et de la nécessité de se confesser pour recevoir la communion »[3]. En communiant sans se confesser, les fidèles commettent ce qui pour l'Eglise est un très grave sacrilège. D'autre part, ceux qui ne se confessent pas et ne communient pas non plus, désobéissent au précepte de l'Eglise qui impose la communion régulière.

La première et plus évidente raison de la crise de la confession est la

---

Ed. Paoline, Turin, 1983. Voir également A. Gasparino, *Il sacramento del perdono* (Le Sacrement du pardon), Ed. Elle Di Ci, Turin, 1991). Dans un sondage plus récent s'adressant aux « catholiques engagés », à la question : « Quels sont les comportements les plus importants d'un bon catholique », les réponses obtenues sont : 23,6 % « la prière » ; 17,8 % « l'observance des commandements » ; 16,9 % « l'approfondissement des valeurs de la foi » et seulement 10,2 % « la confession et la communion ». (G. Brunetta/A. Longo, *Italia cattolica* (Italie catholique), op. cit.) Compte tenu du fait que l'opinion ne coïncide pas nécessairement avec la pratique, de nos jours nombreux sont les catholiques qui communient sans s'être confessés au préalable. (J. Ramos-Redigor, *Il sacramento della penitenza* (Le Sacrement de la pénitence), op. cit.) Déjà en 1952, en France, 15 % seulement de la population déclaraient se confesser au moins une fois par mois, tandis qu'en 1982, en Allemagne, le pourcentage était de 8,5 %. (Pour d'autres sondages partiels concernant l'Italie, voir également : Gianni Ambrosio, « Coscienza cristiana del peccato et modelli culturali dell'esperienza morale » (Conscience chrétienne du péché et modèles culturels de l'expérience morale), dans l'ouvrage collectif, *Il quarto sacramento* (Le Quatrième Sacrement), Ed. Elle Di Ci, Turin, 1983).

1. Ces chiffres se réfèrent au sondage effectué en 1970 : au cours de ces années, en effet, la chute de la pratique religieuse traditionnelle a été particulièrement sensible, ce qui est dû, d'une part, au concile Vatican II et, d'autre part, au sentiment général de « libération » de la société tout entière. Une sensible reprise de la pratique de la confession serait donc contrebalancée par l'importante baisse de la piété ces vingt dernières années.
2. Voir l'introduction de cet ouvrage.
3. J. Ramos-Redigor, op. cit.

diminution généralisée de la dévotion et de la pratique religieuse. L'Eglise catholique — statique et liée à des dogmes souvent incompatibles avec la réalité humaine — semble incapable de donner des réponses adéquates aux nouvelles interrogations posées par la science, par la psychologie et par les rapports de plus en plus complexes entre l'individu et la société. Par conséquent, elle n'est plus reconnue, même par la plupart de ses fidèles, comme la seule et unique autorité morale. C'est pourquoi, de nombreux pratiquants pensent qu'ils peuvent obtenir le pardon lors d'une relation directe avec Dieu et sans la médiation du prêtre[1]. Selon un important théologien, les pratiquants évitent la confession parce que c'est « le sacrement le plus dépourvu de message divin, « parlé » plus que « célébré », où le pardon est trop facile, réduit au point de ne plus laisser le temps pour une conversion progressive, détaché du vécu quotidien et livré presque exclusivement à la théologie morale [c'est-à-dire aux questions concernant la sexualité][2]. D'après plusieurs sondages réalisés en France, beaucoup de fidèles éprouvent une sorte de répugnance au fait de s'agenouiller face à un prêtre assis et de lui parler sans voir son visage ; mais ils sont davantage contrariés par « l'infantilisme de

1. Ce phénomène fait également « partie d'une tendance plus générale de la modernité occidentale la plus avancée à prétendre que les individus — dans tous les secteurs — ont la possibilité d'accéder aux moyens de leur autodétermination. Cet idéal d'aboutissement personnel et de réalisation de soi, caractéristique de la culture moderne de l'individu, atteint, aujourd'hui, la sphère religieuse. Une religiosité basée sur la spontanéité de l'expression religieuse individuelle et collective et sur l'intensification affective des liens communautaires a tendance, un peu partout, à se substituer, ou du moins à se superposer, à une religion fondée sur la stricte observance des prescriptions ecclésiastiques. [...] Les Eglises ont largement perdu de leur capacité à imposer, non seulement à la société tout entière mais également à leurs propres fidèles, un système orthodoxe de valeurs structurées, associées à un dispositif de pratiques obligatoires. Les traditions des grandes religions se présentent aujourd'hui comme un capital symbolique fluctuant auquel les individus et les groupes d'intérêts puisent librement (sans la médiation des institutions religieuses) les éléments qui leur permettent de construire leur univers religieux de référence. » (D. Hervieu-Léger, « Tendenze e contraddizioni della modernità europea » (Tendances et contradictions de la modernité européenne), dans l'ouvrage collectif, *La religione degli europei* (La Religion des Européens), Fondation Giovanni Agnelli, Turin, 1992).

2. C. Collo, « Lo stato della ricerca biblica, storico-dottrinale et teologica relativa alla penitenza » (La condition de la recherche biblique, historico-doctrinale et théologique de la pénitence), dans l'ouvrage collectif, *Il quarto sacramento* (Le Quatrième Sacrement), op. cit.

certaines formes d'accusation », par le formalisme et par le caractère routinier et mécanique de la confession. D'autres la rejettent en tant qu'obligation[1].

Voici ce que dit un autre théologien catholique, spécialisé dans l'étude de la confession :

> *« Même la forme qu'a pris la " satisfaction " imposée par le prêtre apparaît, la plupart du temps, comme quelque chose de magique ou de légaliste, sa valeur thérapeutique de réparation du péché demeurant très cachée. Souvent, même la " contrition " semble être peu sincère et peu authentique car, pour éviter les rechutes, on fait trop confiance à l'efficacité — conçue de manière surnaturelle ou presque — du sacrement qui remplace, dans la quasi-totalité des cas, l'engagement personnel. Dans beaucoup de circonstances, cette attitude peut avoir pour origine un comportement acquis durant l'enfance (une répétition de listes de péchés incompréhensibles), qui transforme la confession en une sorte de mécanique, et ceci a peu de sens pour un adulte. »*[2]

Cela dit, la confession peut, sans aucun doute, apporter un réel réconfort à des personnes très dévotes, d'une grande simplicité culturelle ou d'une confiance aveugle en l'Eglise et dans le clergé. Mais, dès qu'on s'éloigne de ces trois catégories (qui souvent coïncident), la confession a peu de choses à offrir au-delà du rite.

Le sacrement, qui avait également une utilité thérapeutique avant la psychologie et la psychanalyse, a même perdu cette prérogative pour beaucoup de fidèles. Selon un autre théologien très connu, l'avantage de la confession par rapport à la psychologie et à la psychanalyse serait que « nous ouvrons notre cœur à une personne qui représente Dieu et l'Eglise »[3]. Ce n'est pas un hasard si, dans ce même ouvrage, plusieurs confesseurs ont clairement manifesté leur réprobation vis-à-vis de la psychanalyse et des analystes, considérés comme des concurrents directs. Néanmoins, la confrontation est impossible : là où la psychologie et l'analyse cherchent à cerner les

1. Voir B. Carra de Vaux/A. Vimeux, *La Confession en contestation*, Témoignage Chrétien, Paris, 1970. Pour les références bibliographiques des autres sondages voir J. Ramos-Redigor, *Il sacramento della penitenza* (Le Sacrement de la pénitence), op. cit.

2. J. Ramos-Redigor, ibidem.

3. B. Häring, *Confessione e gioia* (Confession et joie), Ed. Paoline, Turin, 1989.

causes du malaise et à les examiner pour le bien-être du patient, la confession ne se préoccupe pas des origines (les attribuant a priori au Mal) et la sérénité du pénitent vient après la promesse de « ne plus recommencer ». Des catégories entières de pécheurs savent, pour en avoir fait la douloureuse expérience, qu'ils ne seront jamais absous : les divorcés et les homosexuels.

On peut ajouter à cela — et ici je laisse parler trois religieux qui soulignent : 1) l'« inertie pastorale des prêtres »[1] ; 2) le confesseur est souvent « difficile à cerner, insensible, incompétent, indiscret, pressé, pédant, intransigeant ou laxiste »[2] ; 3) « la paresse des prêtres ou leur manque de conviction vis-à-vis de l'apostolat de la confession ».

> *« Il faut reconnaître que pendant les dernières décennies, les ministres de ce sacrement étaient profondément insatisfaits du caractère mécanique de l'absolution accordée aux personnes âgées et aux enfants qui, généralement, n'avaient pas besoin de recourir à la pénitence sacramentelle. La proportion des adultes avait peu à peu diminué à cause des positions rigoristes en matière de morale conjugale, et parce qu'en Italie la confession était devenue un instrument de pression quant au choix de vote des chrétiens. »*[3]

Vers la fin des années 60 il y a eu, cependant, quelques améliorations dues à l'acceptation, dans les séminaires, de traités de théologie morale moins sévères, tout comme dans les années 70, l'effritement démocrate-chrétien généralisé et l'introduction du divorce et de l'avortement ont détourné les prêtres du soutien de la Démocratie chrétienne, jusque dans le sacrement. Il n'en demeure pas moins que nombreux sont les prêtres d'âge avancé[4] et éduqués selon des

1. G. Angelini, dans l'ouvrage collectif, *Il quarto sacramento* (Le Quatrième Sacrement), op. cit. Voir également L. Della Torre, *Conversione e riconciliazione* (Conversion et réconciliation), op. cit.

2. C. Collo, *Riconciliazione e penitenza* (Réconciliation et pénitence), Ed. Paoline, Turin, 1993.

3. L. Della Torre, Ibidem. Quant aux pressions politiques exercées par les confesseurs mêmes jusqu'à la moitié des années 70, voir également N. Valentini, *La politica in confessionale* (La Politique au confessionnal), op. cit.

4. En 1987, 35,2 % seulement des membres du clergé diocésain avaient moins de 50 ans, alors que 29,7 % d'entre eux avaient dépassé les 65 ans. Le rapport avec la population est le suivant : la tranche d'âge 25 à 44 ans comprend 42,6 % d'Italiens et 24,1 % de membres du clergé ; entre 45 à 64 ans, la proportion est 36,4 % d'Italiens

schémas que l'Eglise elle-même a dépassés qui restent attachés à des valeurs aujourd'hui périmées, sans parler de leur conservatisme, typique des personnes âgées.

Selon le *Rite de la pénitence*, le confesseur « exerce un rôle paternel, car il révèle aux hommes le cœur du Père et personnifie l'image du Christ »[1]. « Tu n'es pas en train de parler avec moi, mais avec Jésus-Christ », a dit, en effet, le premier confesseur de cet ouvrage, et il ajoute : « L'eau, c'est toujours Jésus-Christ, toujours, mais les robinets sont différents. Si tu as un petit robinet, tu auras peu d'eau. Si le robinet est propre, l'eau qui coule sera limpide. Est-ce que tu la prends d'un robinet sale ?... »[2]

Il y a sûrement autant d'explications théologiques que de différences de comportement et de jugement constatées chez les prêtres. Ce qui est certain, c'est que même le fidèle le mieux intentionné est dérouté et découragé face à l'inévitable constatation qu'un « robinet » peut être conciliant et un autre très sévère pour le même péché et dans la même église, selon la personnalité du confesseur. Sans parler d'un « robinet » pressé, désobligeant, peut-être même saoul[3] ou avec des problèmes sexuels évidents[4].

Même si les fidèles sont capables d'admettre les faiblesses humaines du confesseur, leur conscience peut difficilement ignorer qu'ils sont absous sans éprouver une réelle « contrition » — c'est-à-dire un profond chagrin pour avoir offensé l'amour de Dieu — mais seulement de l'« attrition », ou crainte de l'enfer, « dégoût du péché » : d'une confession à l'autre, les plus sensibles prennent conscience d'un ritualisme dépourvu du véritable contenu spirituel de ces absolutions.

Tout au long de cet ouvrage, nous n'avons rencontré que peu de prêtres ayant une capacité et une envie réelles d'instaurer avec le pénitent un dialogue ouvert, de remise en question, constructif et non dogmatique, ou du moins qui parlent du fond du cœur et avec sagesse

---

et 46,2 % de prêtres ; parmi les plus 65 ans, il y a 29,7 % de prêtres sur une moyenne nationale de 21 %. (F. Garelli, *Religione e Chiesa in Italia* (Religion et Eglise en Italie), op. cit.)

1. Conférence épiscopale italienne, op. cit.
2. Voir p. 53.
3. Voir pp. 173-175.
4. Voir pp. 279-294.

lorsque la « doctrine » les accule à un mur. La plupart d'entre eux se révèlent être des dispensateurs archaïques de pénitences, d'absolutions et de phrases toutes faites. Seuls quelques prêtres, plus consciencieux et réceptifs, conseillent aux personnes en difficulté de s'adresser à un psychologue.

Cependant, le cardinal Ratzinger, préfet de la Congrégation pour la Doctrine de la Foi, l'ex-Saint-Office, trouve que les confesseurs actuels se trompent en voulant instaurer un dialogue avec les pénitents. De l'avis du cardinal, la société laïque est en train d'exercer une pression pour que le rôle « sacré » des prêtres devienne « social » ; et les prêtres qui subissent — à tort — cette pression, ont tendance à aborder la confession :

« presque exclusivement comme un " entretien ", comme une sorte d'auto-analyse thérapeutique entre deux personnes du même niveau. Cela paraît beaucoup plus humain, plus personnel et plus adapté à l'homme d'aujourd'hui. Mais ce type de confession risque de s'éloigner de la conception catholique du sacrement, où ce ne sont pas tellement les prestations et l'habileté de celui qui est investi de l'office qui comptent. Il faut, au contraire, que le prêtre accepte de se mettre au second plan, cédant la place au Christ qui seul peut remettre le péché. Il est, par conséquent, indispensable de revenir, là aussi, au concept authentique du sacrement, où hommes et mystère se rencontrent. Il faut entièrement recouvrer le sens du scandale selon lequel un homme peut dire à un autre homme : " Je t'absous de tes péchés ". A ce moment précis — comme il advient du reste lors de la célébration de n'importe quel sacrement — le prêtre ne puise aucunement son autorité dans l'agrément des hommes, mais directement dans le Christ. Le moi qui dit : " Je t'absous ", n'est pas le moi d'une créature de Dieu, mais celui de Dieu soi-même.

Je me sens de moins en moins à l'aise lorsque j'entends désigner, avec insouciance, de " schématique ", d'" extérieure ", d'" anonyme ", la manière autrefois répandue d'approcher le confessionnal. C'est pour moi de plus en plus douloureux d'écouter certains prêtres parler — avec une autosatisfaction évidente — de leurs " dialogues pénitentiels ", devenus rares, mais " en revanche, ô combien personnels ", comme ils disent. A bien regarder, derrière le " schématisme " des confessions d'antan, il y avait aussi la gravité de la rencontre entre deux personnes conscientes de se trouver face au mystère bouleversant du pardon du Christ, qui parvient au pécheur à travers les mots et le geste. Sans oublier que dans de nombreux " dialogues ", devenus par trop analytiques, il est tout à fait humain de voir s'insinuer une sorte d'indulgence, d'auto-absolution qui — dans le flux des explications — risque de ne laisser presque plus de place au sentiment de péché personnel dont, au-delà de toutes les circonstances atténuantes possibles, nous sommes toujours responsables. »[1]

Ainsi donc, le cardinal Ratzinger préfère ces confesseurs — que nous avons découverts avec effroi dans les pages précédentes — qui demandent mécaniquement : « Ensuite ? », après l'énonciation de chaque péché, sans se donner la peine d'en explorer les causes, les effets et les souffrances, mais uniquement préoccupés de prescrire une sanction[2]. De son point de vue, il a peut-être raison : même si l'Eglise était en mesure de former tous les prêtres afin qu'ils soient capables de soutenir un dialogue laborieux au confessionnal, la confession n'a de sens que si l'on accepte, sans discuter, son « mystère » et son « scandale » qui permettent à un homme de dire à un autre homme : « Je t'absous de tes péchés ». Mais la citation de la plus haute autorité, après le pape, concernant les problèmes de la foi, souligne la lenteur et la difficulté d'une transformation de la confession, si toutefois elle a lieu, qui devrait s'inquiéter, outre leur futur éternel, davantage de l'existence terrestre des hommes.

Au terme de cette enquête, on doit reconnaître que bien peu de choses ont évolué dans les confessionnaux, depuis des études analogues menées il y a vingt ans :

« Le dialogue prêtre-pénitent n'est presque jamais clair et d'autant moins dynamique. Il a plutôt tendance [...] à prendre le chemin du soi-disant compromis. Et lorsque le pénitent refuse le diktat de la théologie ou de composer, cela se transforme en une condamnation dramatique et impitoyable. [...][3]

L'homme moderne, bien ancré dans la réalité, éprouve une intolérance instinctive à l'égard du langage du prêtre, presque toujours gauche, et qui se réfère à une mythologie désormais inacceptable. [...]

Le prêtre, figé dans une formulation doctrinale statique, n'arrive absolument pas à percer, ni même bien souvent à comprendre, la

1. Mgr. J. Ratzinger V. Messori, *Entretien sur la foi*, (trad. sous la direction de S. Exc. le cardinal E. Gagnon), Fayard, 1985.

2. Voir, pour l'exemple, les absolutions extrêmement rapides : celle de Gênes pour un entrepreneur passible du Code pénal (p. 77), et celle de Frosinone pour le militant corrompu de « Comunione e Liberazione » (pp. 86-87), etc.

3. N. Valentini, *La politica in confessionale* (La Politique au confessionnal), op. cit.

problématique de ses fidèles, plongés dans une réalité qui lui est étrangère. […] Ils sont dotés d'un bagage culturel limité et disposent de normes datant d'une période historique révolue. […]

Celui qui bénit s'est arrêté à une conception immuable de la morale et à une casuistique du péché qui prend ses racines dans une vision chrétienne moyenâgeuse de la vie, dominée de façon manichéenne par le cauchemar de ne pas être dans la grâce de Dieu. En revanche, celui qui s'agenouille est le protagoniste d'un profond processus de transformation qui amène l'homme à acquérir une conscience historique et sociale étrangère à toute forme cosmocentrique de pensée. […]

Le désarroi du confesseur est souvent évident, même s'il est presque toujours accablé par l'idolâtrie de la norme et par la terreur qu'en niant sa valeur, l'Eglise tout entière puisse s'écrouler. En réalité, c'est la norme qui s'écroulerait. En effet, beaucoup de ces normes que l'on croit inaltérables parce qu'on leur attribue une origine divine, sont, au contraire, d'origine ecclésiastique et, par conséquent, variables. [1]

[…] Il y a des pénitents chanceux (peu nombreux) qui reçoivent des conseils efficaces de confesseurs ouverts aux problèmes actuels, et dont ils tirent sans doute des bénéfices ; il y a aussi des pénitents malchanceux (les plus nombreux) qui reçoivent des conseils incompatibles avec la réalité sociale contemporaine et qui doivent en supporter toute leur vie les conséquences. » [2]

Il suffirait d'envisager l'effet dévastateur, mais aussi l'ampleur des déchirures et les dangers que pourraient avoir sur des esprits simples — persuadés que Dieu leur parle vraiment par l'intermédiaire du prêtre — les confessions recueillies dans cet ouvrage. Et, on en vient donc aux interrogations posées par cette enquête, dont le souci est de comprendre, non les problèmes de l'Eglise et des confesseurs, mais l'influence que les prêtres — avec les idées et les personnalités qui se sont révélées dans les confessionnaux — peuvent exercer sur les fidèles et, par conséquent, sur la société civile.

Naturellement, l'échelle de valeurs des prêtres est souvent incompatible avec l'éthique laïque ou avec le bon sens le plus élémentaire. Ainsi, pour un prêtre, il est plus souhaitable de cacher à son mari qu'on est enceinte d'un autre, ou d'avoir un enfant né d'une relation incestueuse avec son propre frère, plutôt que d'avorter ; il est plus grave d'aller avec une prostituée que de ne pas la payer après ; il vaut

1. N. Valentini, *Le Sexe au confessionnal*, op. cit.
2. Ibidem.

mieux *acheter* un enfant que subir une insémination artificielle ; il est préférable de rendre l'argent soustrait à la Mafia, tout comme de ne pas avouer à sa femme ou à sa fiancée son homosexualité, évitant ainsi de compromettre son mariage ; de mener une vie solitaire et désespérée, mais chaste, plutôt que de vivre heureux avec un homosexuel ; d'obtenir de la rote la déclaration que son mariage « n'a jamais existé », plutôt que de le dissoudre civilement. Ces exemples suffisent à expliquer la crise de la confession et les dommages qu'elle cause à la société. Ces phénomènes sont profondément enracinés car — depuis et pour toujours — selon l'Eglise la « loi divine » est supérieure à tout autre sorte de logique et de loi, et même aux statuts de l'Etat.

Pour la plupart des confesseurs, le péché signifie tout simplement la violation d'un précepte ; lorsque le précepte est brisé intervient automatiquement le jugement mécanique qui tient rarement compte des motivations profondes et de la situation du pénitent ; d'ailleurs, sans ce mécanisme péché/absolution, l'Eglise ne pourrait pas exercer sa fonction *réconciliatrice*, et n'aurait donc pas de raison d'être. Au cours de notre enquête, nous avons rencontré plus d'un confesseur qui, d'abord disponible et ouvert aux questions éthiques posées par le pénitent, devenait ensuite intolérant à l'énonciation du péché (spécialement sexuel), et incapable de tout dialogue s'éloignant de la « doctrine ». Quant au problème de l'importance sociale du péché, on y retrouve la même dichotomie : même les rares confesseurs sensibles à cette thématique finissaient toujours par juger avec une plus grande sévérité les comportements intimes, voire sexuels, du pénitent. [1]

Dans les cas, plus nombreux, de confesseurs peu réceptifs aux faits de société, l'incompréhension aux péchés de chair a atteint des sommets carrément grotesques. [2]

Une des plus graves découvertes qu'a révélée cette enquête est que le concept de péché en tant que « préjudice social » reste étranger à beaucoup de prêtres. Il n'y a qu'à observer le comportement du pénitent dans le cadre de son activité professionnelle ; ou encore sa responsabilité individuelle, à travers la participation à des institutions,

1. Voir la confession faite à Grosseto (pp. 69-73).
2. Voir le cas exemplaire du garde du corps du politicien corrompu, où le confesseur considère comme grave d'accompagner ce dernier chez sa maîtresse, tandis qu'il néglige le problème de la corruption (pp. 108-110).

publiques ou privées, agissant selon des critères de discrimination, d'injustice ou d'exploitation abusive, où l'individu poursuit un but égoïste et la réussite personnelle.

Le concile Vatican II a essayé d'introduire la conscience sociale du péché, mais sans conviction et sans résultat. De la même manière, *Le Nouveau Catéchisme de l'Eglise catholique* consacre une large place au péché,[1] en distinguant les « péchés mortels » et ceux qui sont « véniels », et souligne, dès le début, que « le péché est une offense à Dieu ». Ce n'est qu'à la fin qu'est rapportée une déclaration récente de Jean-Paul II :

> *« Le péché rend les hommes complices les uns des autres et fait régner entre eux la concupiscence, la violence et l'injustice. Les péchés sont à l'origine de situations sociales et d'institutions contraires à la Bonté divine. Les " structures de péché " sont l'expression et la conséquence des péchés personnels. Elles poussent leurs victimes à commettre le mal à leur tour. De manière analogue elles constituent un " péché social ". »*

Les confesseurs sont encore très éloignés de ces concepts, par conséquent, ils ne les transmettent pas à leurs fidèles. Même dans les cas de préjudice social flagrant, les prêtres sont toujours très attentifs à soulager la conscience des pénitents, plutôt que d'essayer de les dissuader d'adopter des comportements asociaux ou antisociaux. Les exemples sont légion : du prêtre de Brescia, indifférent à la pollution d'origine industrielle[2], au cas du « médecin de prison », à qui on conseille de ne pas jouer les héros et de continuer à privilégier les détenus mafieux, car « la chose la plus importante est de sauver la vie »[3]. *Sauver la vie* (en tant que « don du Seigneur ») est un principe de base du catholicisme qui malheureusement dégénère, dans son application quotidienne, en opportunisme mesquin aux lourdes conséquences : cela explique les attitudes asociales et antisociales typiques des populations catholiques. Il suffit de constater comment, à chaque fois, le confesseur a dissuadé le pénitent de se livrer à l'autorité civile,

1. Ouvrage collectif, *Catéchisme de l'Eglise catholique*, op. cit., nn. 1846-1876.
2. Voir pp. 65-66.
3. Voir pp. 124-126.

même dans des cas extrêmes comme l'homicide volontaire[1]. La seule chose qui compte, pour le confesseur, c'est que le pénitent manifeste sa juste douleur. Après quoi, il est absous — « par Dieu » — pour sa faute ; dès lors, le seul souci du prêtre est de préserver le pénitent des conséquences du jugement humain. La gravité de ce comportement — qui n'est pas dû à la faiblesse des prêtres, mais explicitement voulu par l'Eglise — découle du principe même qui l'inspire et que les religieux poursuivent même en dehors du confessionnal : le péché/délit doit être combattu avant qu'il ne soit accompli, mais une fois qu'il a eu lieu, le repentir suffit à le « laver », sans d'autres mesures disciplinaires, pas même de pénitences religieuses[2]. Cependant, au vu et au su de tout le monde, les dangers qui en découlent pour la conscience civile d'un peuple sont innombrables. Le cas d'une classe politique démocrate-chrétienne qui parvient à concilier corruption, crime et pratique religieuse en constitue un exemple flagrant. L'Eglise porte de très lourdes responsabilités pour avoir éduqué les catholiques à croire qu'on doit rendre compte du « péché » uniquement à Dieu et à ses représentants.

J'ai tout de même voulu terminer ce livre par une note d'optimisme : la confession avec le prêtre de Parme, qui dit textuellement : « ... c'est déjà une satisfaction professionnelle pour moi de savoir qu'au moins on commence à comprendre ce qu'est le péché de nos jours. Car, on ne peut pas réduire le péché toujours aux mêmes choses, au sexe, etc. Le péché est aussi, sans aucun doute, une responsabilité sociale. » Et, seul entre tous, il a conclu avec un respectueux : « Je vous absous », au lieu du rituel : « Je t'absous », dépourvu de fraternité. J'espère qu'il se rendra compte que c'est l'Eglise qui a ainsi éduqué les catholiques pendant des siècles.

L'ultime réflexion que je suggère au lecteur, la plus importante à mes yeux, concerne *les ravages immenses que les confesseurs peuvent provoquer sur l'esprit des enfants.* D'après la psychologie moderne,

1. C'est le cas de la femme policier qui a tué un voleur sans défense (pp. 110-113), et de la femme qui a renversé volontairement en voiture la maîtresse de son époux (pp. 94-96).

2. Tout cela semble être en contradiction avec la diminution des confessions : du moment qu'elles sont si « faciles » et « avantageuses », pourquoi ne pas les faire ? Parce qu'il est encore plus aisé, et apparemment plus cohérent, de demander directement pardon à Dieu, en silence, sans l'intervention d'un prêtre.

l'humain ne possède pas la conception du mal avant l'âge de dix ans. C'est pour cette raison qu'entre la fin des années 60 et le début des années 70, les évêques de Belgique, Canada, France, Allemagne et Pays-Bas ont demandé et obtenu du Vatican que la première confession ait lieu après la première communion ; cette permission a été définitivement révoquée par le Vatican en 1977[1], mais nombreux sont les évêques de ces pays qui se battent toujours en faveur de son rétablissement. Il n'en va pas de même dans les pays latins, où la tradition rituelle du catholicisme demeure la plus forte, et où l'Eglise est moins sensible aux suggestions des sciences modernes. Les ravages provoqués par les confesseurs sur le psychisme d'enfants en bas âge (ils commencent à se confesser entre sept et huit ans) devraient faire l'objet d'une étude à part ; même les auteurs catholiques savent très bien ce que sont « les témoignages d'adultes se souvenant du sentiment d'angoisse qui accompagnait leurs confessions infantiles »[2]. Soulignons, au passage, que la plupart des nombreux cas de pédophilie découverts parmi les prêtres catholiques américains proviennent justement du confessionnal. Cependant, le tout récent *Catéchisme de l'Eglise catholique* affirme : « Les enfants doivent approcher le sacrement de la pénitence avant de recevoir la première communion. »[3]

Bien avant de devenir préfet de la Congrégation Sacrée pour la Doctrine de la Foi et lorsqu'il était encore archevêque de Munich, le cardinal Ratzinger s'était prononcé pour le maintien de la tradition (tout en étant conscient que des prêtres, formés de façon insuffisante, risqueraient de produire sur les enfants « des blessures et des angoisses »). Voici les raisons invoquées : a) « La préparation à la communion comprend, par nature, sa préparation à la confession (dans sa forme sacramentelle accomplie) ; de toute manière, sa dimension essentielle serait perdue sans la confession ». Il s'agit, comme nous pouvons le constater, d'un souci théologique qui n'a rien à voir avec l'intérêt des enfants ; b) « C'est dans la prime enfance que

1. J. Ramos-Redigor, *Il sacramento della penitenza* (Le Sacrement de la pénitence), op. cit.

2. L. Della Torre, *Conversione e riconciliazione* (Conversion et réconciliation), op. cit. Voir également L. Kockerols, *I fanciulli e la penitenza* (Les Enfants et la pénitence), op. cit.

3. Ouvrage collectif, *Catéchisme de l'Eglise catholique*, op. cit., n. 1457.

sont jetées les bases essentielles de la vie humaine »[1]. C'est justement pour cela qu'il faut repousser le plus tard possible la rencontre entre les confesseurs, comme ceux que nous venons d'entendre, et les jeunes.

En Italie aussi les catholiques devraient se battre — les premiers — pour la défense de la fragilité innocente de leurs enfants ; il ne s'agit pas d'aller « contre l'Eglise », mais d'essayer de la pousser à adopter un comportement plus responsable, comme cela a été fait ailleurs, par les évêques eux-mêmes. De toute façon, ce problème ne concerne pas uniquement les parents et les catholiques : l'Etat lui-même devrait s'en inquiéter comme d'une menace envers la santé publique.

1. J. Ratzinger, « Prima confessione et prima comunione dei fanciulli » (Première confession et première communion des enfants), lettre pastorale de novembre 1977, dans *Maestri della fede* (Les Maîtres de la foi), n. 133, Ed. Elle Di Ci, Turin, 1978.

Bibliographie

Acquaviva Sabino, *L'Eclipse du sacré dans la civilisation industrielle*, Mame, Paris, 1967.
— *Eros, morte e esperienza religiosa* (Eros, mort et expérience religieuse), Laterza, Bari, 1990.
Allegra Luciano, « Il parroco : un mediatore fra alta e bassa cultura » (Le Curé : un lien entre culture et culture populaire), dans *Storia d'Italia — Intellettuali e potere* (Histoire d'italie — Intellectuels et pouvoir), Einaudi, Turin, 1988.
Alszeghy Z./Flick M., *Il sacramento della riconciliazione* (Le Sacrement de la réconciliation), Marietti, Turin, 1976.
Amato Angelo, *I pronunciamenti tridentini sulla necessità della confessione sacramentale* (Les Enonciations de Trente sur la nécessité de la confession sacramentelle), Las, Rome, 1974.
Barbero Franco (propos recueillis par), *I diritti umani nella Chiesa cattolica* (Les Droits humains dans l'Eglise catholique), Claudiana, Turin, 1981.
Biagi Enzo, *L'Italia dei peccatori* (L'Italie des pécheurs), Rizzoli, Milan, 1991.
Bouvier Jean-Baptiste, « Manuale dei confessori », dans *Venere et imene* (Vénus et hyménée), Bastogi, Foggia, 1981. (D'après l'ouvrage de Mgr. Jean-Baptiste Bouvier (1783-1854), *Les Mystères du confessionnal. Manuel secret des confesseurs*, Paris, J. Martineau, 1968).
Brunetta Giuseppe/Longo Antonio (propos recueillis par), *Italia cattolica — Fede et pratica religiosa negli anni Novanta* (Italie catholique — Foi et pratique religieuse dans les années 90), Vallecchi, Florence, 1991.
Canosa Romano, *La restaurazione sessuale — Per una storia della sessualità tra Cinquecento e Seicento* (La Restauration sexuelle — Histoire de la sexualité entre le XVIe et le XVIIe siècle), Feltrinelli, Milan, 1993.
Carra de Vaux B./Vimeux A., *La Confession en contestation. Une enquête auprès des lecteurs de Témoignage Chrétien*, Temoignage Chrétien, Paris, 1970.
Cipriani R., *La religione dei valori* (La Religion des valeurs), Sciascia, Caltanissetta-Rome, 1992.

Collo Carlo, *Riconciliazione e penitenza* (Réconciliation et pénitence), Ed. Paoline, Turin, 1993.
Conferenza Episcopale Italiana, *Rito della penitenza* (Rite de la pénitence), Libreria Editrice Vaticana, Cité du Vatican, 1989.
Debbrecht Gerhard, *Confessarsi, perché?* (Pourquoi se confesser?), Ed. Paoline, Rome, 1990.
Della Torre Luigi, *Conversione e riconciliazione nella prassi della Chiesa* (Conversion et réconciliation dans la pratique de l'Eglise), Ed. Paoline, Rome, 1983.
Delumeau Jean, *L'Aveu et le pardon : les difficultés de la confession, XIIIe-XVIIIe siècle*, Fayard, Paris, 1990.
— *Le Péché et la peur — La Culpabilisation en Occident (XIIIe — XVIIIe siècle)*, Fayard, Paris, 1983.
Del Zanna Lorenzo, *La fabbrica dei preti* (L'Usine à prêtres), Libreria Editrice Fiorentina, Florence, 1976.
Di Muzio Luigi Carlo, *Sacerdote allo specchio* (Le Prêtre devant le miroir), Rogate, Rome s.d.
D'Urso A., *Le vocazioni sacerdotali in Italia. Studio teologico-pastorale* (Les Vocations des prêtres en Italie. Etude théologico-pastorale), Pontificia Università Lateranense, Rome, 1975.
Falsini Rinaldo, *La Penitenza — Rito e catechesi* (La Pénitence — Rite et Catéchèse), Ed. O.R., Milan, 1990.
Garelli Franco, *Religione e Chiesa in Italia* (Religion et Eglise en Italie), Ed. il Mulino, Bologne, 1991.
Gasparino Andrea, *Il sacramento del perdono — Gioia e festa di Dio e dell'uomo — Conversazioni con i giovani* (Le Sacrement du pardon — Joie et fête de Dieu et de l'homme — Conversations avec les jeunes), Elle Di Ci, Turin, 1991.
Jean-Paul II (présentation du cardinal Lustiger), *La Réconciliation et la pénitence dans la mission de l'Eglise d'aujourd'hui : exhortation apostolique postsynodale. Décembre 1984*, Ed. du Centurion, Paris, 1984.
Gonzales Mario, *Nuove vie di formazione sacerdotale* (Des approches nouvelles dans la formation des prêtres), EMI, 1980.
Guasco Maurilio, « La formazione del clero : i seminari » (« La Formation du clergé : les séminaires »), dans *Storia d'Italia — La Chiesa et il potere politico dal Medioevo all'età contemporanea* (Histoire d'Italie — L'Eglise et le pouvoir politique du Moyen-Age à nos jours), Einaudi, Turin, 1986.
Gubert R., (propos recueillis par), *Persistenze e mutamenti dei valori degli italiani nel contesto europeo* (Constantes et changements des valeurs des Italiens dans le contexte européen)), Reverdito, Trente, 1992.
Guerri Giordano Bruno, *Gli italiani sotto la Chiesa — Da san Pietro a Mussolini* (Les Italiens sous l'Eglise — De saint Pierre à Mussolini), Mondadori, Milan, 1992.
Häring Bernhard, *Confessione e gioia* (Confession et joie), Ed. Paoline, Turin, 1989.
— *Paix sur vous : nouvelles perspectives sur le sacrement de la pénitence*, Apostolat des éditions, Paris, 1971.
Hesmy C.J./Canu A.M., *I cristiani parlano della confessione* (Les Chrétiens parlent de la confession), Marietti, Turin, 1970.

Karpp H., *La Pénitence : textes et commentaires des origines de l'ordre pénitentiel de l'Eglise ancienne*, Delachaux et Niestlé, Neuchâtel, 1970.

Kockerols L., *I fanciulli e la penitenza* (Les Enfants et la pénitence), Elle Di Ci, Turin, 1971.

Lea Charles Henry, *A History of Auricular Confession and Indulgences in the Latin Church*, Philadelphia, (Histoire de la confession auriculaire et des indulgences dans l'Eglise latine), Lea Brothers and Co., 1896.

Liguori Alfonso Maria de', *Istruzione et pratica pei confessori* (Instruction et pratique pour les confesseurs), Naples, 1757.

— *Theologia moralis* (Théologie morale), Naples, 1753-1755.

Lodi Enzo, *Lasciatevi riconciliare — Penitenza : itinerario di iniziazione cristiana* (Laissez-vous réconcilier — Pénitence : itinéraire d'initiation chrétienne), Ed. Paoline, Turin, 1983.

Lucà Trombetta Pino, *La confessione della lussuria — Definizione e controllo del piacere nel cattolicesimo* (La Confession de la luxure — Définition et contrôle du plaisir dans le catholicisme), Costa & Nolan, Gênes, 1991.

Luini Edoardo, *Il sacramento della penitenza* (Le Sacrement de la pénitence), Piemme, Casale Monferrato, 1990.

Luther Martin, (recueillis par V. Vinay), *Scritti religiosi* (Ecrits religieux), Utet, Turin, 1967.

Maggiolini Sandro, *Peccato e perdono nella Chiesa* (Le Péché et le pardon dans l'Eglise), Queriniana, Brescia, 1969.

— *La riconciliazione sacramentale nella Chiesa* (La Réconciliation sacramentelle dans l'Eglise), Queriniana, Brescia, 1975.

Manzelli M., *La confessione dei peccati nella dottrina penitenziale del concilio di Trento* (La Confession des péchés dans la doctrine pénitentielle du concile de Trente), Centre d'études œcuméniques Jean XXIII, Sotto il Monte, 1966.

Père Bartholomé de Medina, *Breve instrucción de como se ha de administrar el sacramento de la penitencia* (Brève instruction pour les confesseurs), Salamanca, A. de Figeroa, 1628.

Miccoli Giovanni, « " Vescovo e re del suo popolo ". La figura del prete curato tra modello tridentino e risposta controrivoluzionaria » (« " Evêque et roi de son peuple ". L'image du prêtre entre le modèle du concile de Trente et la réponse contre-révolutionnaire »), dans *Storia d'Italia — La Chiesa e il potere politico dal Medioevo all'età contemporanea* (Histoire d'Italie — L'Eglise et le pouvoir politique du Moyen-Age à nos jours), Einaudi, Turin, 1986.

Midali M./Tonelli R., (propos recueillis par), *Giovani e riconciliazione* (Les Jeunes et la réconciliation), Las, Rome, 1984.

Milani Lorenzo, *Lettres de Barbiana* (recueillies par Michele Gesualdi), Ed. Mercure de France, Paris, 1976.

Morero Vittorio, *Il coraggio di pentirsi — Teologia della conversione e della riconciliazione per i cristiani et le chiese oggi* (Le Courage du repentir — Théologie de la conversion et de la réconciliation pour les chrétiens et les églises d'aujourd'hui), Esperienze, Fossano, 1990.

Navarro (Azpliqueta Martino), *Manuale de' confessori et penitenti* (Manuel des confesseurs et des pénitents), Venise, 1557.

Ouvrages collectifs : *Catéchisme de l'Eglise catholique*, Mame/Plon, Paris, 1992.

— *Catéchisme de l'Eglise catholique — Texte intégral et commentaire théologique*, Piemme, Casale Monferrato, 1993.

— *La celebrazione della penitenza cristiana* (La Célébration de la pénitence chrétienne), Marietti, Turin, 1981.

— *Chiesa in Italia — Cronache, argomenti, tendenze, personaggi* (Eglise en Italie — Chroniques, arguments, tendances, personnages), EDB, Bologne, 1993.

— *Code du droit canonique* (texte officiel en trad. française), Centurion-Cerf-Tardy, Paris, 1984.

— *Inchiesta sui seminari in Italia* (Enquête sur les séminaires en Italie), Rogate, Rome, 1979.

— *La crisi della confessione* (La Crise de la confession), EDB, Bologne, 1974.

— *La Penitenza. Studi biblici, teologici e liturgici* (La Pénitence. Etudes bibliques, théologiques et liturgiques), Elle Di Ci, Turin, 1976.

— *La penitenza della Chiesa* (La Pénitence de l'Eglise), Ed. Paoline, Rome, 1964.

— *La penitenza, riconciliazione con Dio e con la Chiesa* (La Pénitence, réconciliation avec Dieu et avec l'Eglise), Ares, Milan, 1968.

— *Il quarto sacramento — Identità teologica e forme storiche del sacramento della penitenza* (Le Quatrième Sacrement — Identité théologique et formes historiques du sacrement de la pénitence), Elle Di Ci, Turin, 1983.

— *La religione degli europei* (La Religion des Européens), Fondation Giovanni Agnelli, Turin, 1992.

— *Il sacramento della penitenza et la sua celebrazione* (Le Sacrement de la pénitence et sa célébration), Velar, Bergame, 1983.

— *Valore e attualità del sacramento della penitenza* (Valeur et actualité du sacrement de la pénitence), PAS-Verlag, Zürich, 1974.

Paul VI, *Paenitemini* (Repentez-vous), Constitution apostolique, dans *Enchiridion Vaticanum* (Opuscule du Vatican), vol. II, EDB, Bologne, 1976.

Peri Ivan, *I seminari. Le novità dal Vaticano II ad oggi nei documenti e nelle esperienze della Chiesa* (Les Séminaires. Les nouveautés de Vatican II à nos jours, dans les documents et dans les expériences de l'Eglise), Rogate, Rome, 1985.

Pettazzoni Raffaele, *La Confession des péchés*, Leroux, Paris, 1931.

Ramos-Redigor José, *Riflessioni teologiche sul sacramento della penitenza* (Réflexions théologiques sur le sacrement de la pénitence), Elle Di Ci, Turin, 1971.

— *Il sacramento della penitenza — Riflessione teologica biblico-storico-pastorale alla luce del Vaticano II* (Le Sacrement de la pénitence — Réflexion théologique, biblique, historique et pastorale à la lumière de Vatican II), Elle Di Ci, Turin, 1992.

Ratzinger Joseph Messori Vittorio, cardinal, *Entretien sur la foi* (trad. sous la direction de S.Exc. le cardinal E. Gagnon), Fayard, Paris, 1985.

Rusconi Roberto, « Predicatori e predicazione » (« Prêcheurs et prédication »), dans *Storia d'Italia — Intellettuali e potere* (Histoire d'Italie — Intellectuels et pouvoir), Einaudi, Turin, 1988.

Sanantoni A., *La penitenza. Una pagina di storia antica utile per i nostri giorni* (La Pénitence. Une page d'histoire ancienne utile de nos jours), Elle Di Ci, Turin, 1983.

Scarvaglieri A., *Religione e società a confronto. Ricerca storico-religiosa nelle diocesi di Reggio Emilia e Guastalla* (Religion et société face à face. Recherche historico-religieuse dans les diocèses de Reggio d'Emile et de Guastalla), Bizzocchi, Reggio d'Emile, 1982.

Segneri Paolo, *Le Pénitent instruit*, Impr. de l'Année littéraire, Paris, 1801.

— *L'Instruction du confesseur*, J.-B. Coignard, Paris, 1686.

Snœck S., *Confession et psychanalyse*, Desclée De Brouwer, Paris, 1964.

Sorge Bartolomeo, *La « ricomposizione » dell'area cattolica in Italia* (La « Recomposition » catholique en Italie), Città Nuova, Rome, 1979.

Tolet F., *Instruction des prêtres : qui contient sommairement tous les cas de conscience*, Antoine Chard, Lyon, 1628.

Valentini Norberto, *La politica in confessionale* (La Politique au confessionnal), Bompiani, Milan, 1974.

— *Le Sexe au confessionnal*, (avec Clara Di Meglio), Flammarion, Paris, 1973.

Van Choote Jean-Pierre/Sagne Jean-Claude, *Miseria e misericordia — Perché e come confessarsi oggi* (Misère et miséricorde — Pourquoi et comment se confesser aujourd'hui ?), Ed. Qiqajon, Magnano, 1992.

Vogel C., *Le Pécheur et la pénitence dans l'Eglise ancienne*, Ed. du Cerf, Paris, 1982.

— *Le Pécheur et la pénitence au Moyen-Age*, Ed. du Cerf, Paris, 1982.

TABLE DES MATIÈRES

Les vrais problèmes à débattre. (Deuxième introduction à la première édition italienne) 9

Introduction 15

De la pénitence au « rite de la pénitence » : histoire de la confession 23

Note de l'auteur 41

Ethique 43

Politique 193

Sexualité 215

Conclusion 297

Bibliographie 311

CHEZ LE MÊME ÉDITEUR

ROMANS

Paul Guth.
Quarante contre un.
119 F.

Yves Jacob.
Soleils gris.
109 F.

Philippe de Baleine.
Seigneur pourquoi m'as-tu abandonné ?
109 F.

Denise François.
L'Auberge du grand balcon.
119 F.
Les Révoltés de Montfaucon.
129 F.

Pierre Lance.
Le Premier Président.
140 F.

HUMOUR-HISTOIRES DRÔLES

Richard Balducci.
Le Café des veuves.
119 F.

Laurence Boccolini.
Scènes de mariages.
89 F.

Thierry Crosson en collaboration avec Jean-Christophe Florentin.
Le Guide de l'emmerdeur au travail.
99 F.
Le Guide de l'emmerdeur en vacances.
99 F.

Jean-Christophe Florentin.
Guide con et inutile pour briller en société.
99 F.

Jean-Marc Richard.
Dictionnaire des expressions paillardes et libertines de la littérature française.
129 F.

Laurent Delaloye.
Quelle planète !
99 F.

Jacques Edouard,
illustrations de Jean-Louis Le Hir.
Petit bréviaire présidentiel.
109 F.

AVENTURES-RÉCITS VÉCUS-TÉMOIGNAGES-DOCUMENTS

Philippe de Baleine.
Nouveau voyage sur le petit train de la brousse.
95 F.
Voyage espiègle et romanesque sur le petit train du Congo.
109 F.
Le Petit Train des cacahuètes.
119 F.

Michel Bagnaud.
Profession : inventeur de trésors.
99 F.

Joe Galland.
Torpeurs.
99 F.

Patrice Franceschi.
Chasseur d'horizons.
275 F. (Album relié).

Francis Cucchi.
La Route du pavot.
119 F.

Jean-Pierre Imbrohoris.
Démences meurtrières.
99 F.

Jean-Louis Degaudenzi.
Les Enfants de la haine.
99 F.

Guy Doly-Linaudière.
L'Imposture algérienne.
99 F.

Anne Montel-Girod.
Itinéraire d'un amour.
85 F.

Gérard de Villiers.
Mes carnets de grand reporter.
99 F.

Jean-Noël Liaut.
Modèles et mannequins (1945-1965).
129 F.

Jean Bruno.
Lettre aux assassins du football.
90 F.

Muriel Canoby.
Sous l'emprise du démon.
109 F.

Docteur Pierrick Hordé.
Nouvelles Histoires incroyables de la médecine.
109 F.

Noëlle Riley Fitch.
Erotique Anaïs Nin.
169 F.

Enrico Micheli.
Le Statut du ciel.
149 F.

Louise E. Levathes.
Les Navigateurs de l'Empire céleste.
129 F.

ÉSOTÉRISME

Julia Pancrazi, Mme De Soria.
La Voyance en héritage.
109 F.

Richard Balducci.
La Vie fabuleuse de Nostradamus.
119 F.

Vlaicu Ionescu, Marie-Thérèse de Brosses.
Les Dernières Victoires de Nostradamus.
119 F.

Elisabeth et Jean-Claude Zana.
Les Stars racontent l'étrange.
109 F.

Rosita Arvigo.
Sastun.
119 F.

RELIGIONS-SPIRITUALITÉ

Nicolas Pigasse.
Croient-ils tous au même dieu ?
110 F.

Lino Sardos Albertini.
L'Au-delà existe.
119 F.
Au-delà de la foi.
119 F.
Indices et preuves de l'existence de l'Au-delà.
119 F.

Pierre Jovanovic.
Enquête sur l'existence des anges gardiens.
129 F.

Jackie Landreaux-Valabrègue.
Les Scientifiques à la recherche de Dieu.
119 F.

Dante Vacchi, Anne Vuylsteke.
Les Jésuites en liberté.
320 F. (Album relié).

John J. McNeill.
Les Exclus de l'Église.
119 F.

Jean-Claude Duluc.
Anthologie des miracles et des mystifications à travers 50 siècles de spiritualité.
119 F.

Betty J. Eadie.
Dans les bras de la lumière.
99 F.

Gildas Bourdais.
Enquête sur l'existence d'êtres célestes et cosmiques.
129 F.

Joan Wester Anderson.
Par la grâce des anges gardiens.
99 F.

Giordano Bruno Guerri.
Enquête sur les mystères du confessionnal.
129 F.

Deborah Laake.
Cérémonies secrètes.
119 F.

GUIDES PRATIQUES-SANTÉ

Docteur Marc B. Ganem.
La Sexualité du couple pendant la grossesse.
99 F.

Docteur David Elia, docteur Jacques Waynberg.
Guide pratique de la vie du couple.
189 F. (Album relié).

Jean-Claude Duluc.
Docteur est-ce une erreur ?
99 F.

Jean-Louis Degaudenzi.
Le Secret de votre groupe sanguin.
99 F.

Janet L. Wolfe.
Monsieur a sa migraine.
109 F.

Docteur Claude Chauchard, Véronique Blocquaux, Jacques Chenu.
Retraité ? Moi, jamais !
109 F.

Jacques de Schryver.
La Revanche du cancre.
119 F.

Betty de Brouhan, Yvan Katz.
Guide Smoby à l'usage des familles.
99 F.

Xavier Maniguet.
Naufragés. Comment survivre en mer.
99 F.

BEAUX LIVRES (DIVERS)

Roger Thérond, Jean-Charles Tacchella.
Les Années éblouissantes. Le cinéma qu'on aime : 1945-1952.
295 F.

Stars, les Incontournables.
275 F.

Miguel Alcala.
Le Flamenco et les gitans.
175 F.

Johnny Hallyday.
Le Dernier Rebelle.
175 F.

Gilles Lhote.
Le Cuir des héros.
199 F.
Cow-boys des nuages.
220 F.
La Légende Harley-Davidson.
240 F.

Cet ouvrage
a été composé
par l'Imprimerie BUSSIÈRE
et imprimé
sur presse CAMERON
dans les ateliers de B.C.I.
à Saint-Amand-Montrond (Cher)
en janvier 1995

Illustration de couverture :
Francisco de Zurbarán
« Saint François d'Assise » (Circa 1600).

N° d'éditeur : 1318. N° d'impression : 3171-2953.
Dépôt légal : janvier 1995.

Imprimé en France

ISBN : 2 85018 278 8